闽籍唐通事研究

A Study on the Tōtsūji
with a Family Background of
Fujian, China

李斗石 著

社会科学文献出版社
SOCIAL SCIENCES ACADEMIC PRESS (CHINA)

福建省社会科学基金重点项目

"明清之际日本长崎福建籍唐通事研究" 成果

批准号　FJ2016A018

序

刘 传 标

我国是一个海洋大国，海岸线北起与朝鲜交界的鸭绿江口，南至与越南交界的北仑河口，长达 1.8 万千米；拥有相当于陆地面积三分之一的海洋面积和丰富的海洋资源，是人类海洋文明的重要发祥地和主要缔造者之一。考古表明，早在旧石器时代，中国沿海地区先民就借助简单的竹木筏，以在江海港汊和滩涂采集水生动植物为生，创造了灿烂的海洋文明。从公元前 3 世纪至公元 15 世纪，中国古代的航海业和航海技术，一直处于世界领先水平，并有"舟楫为舆马，巨海化夷庚"的海洋战略和"观于海者难为水"的海洋意识，创造了内涵丰富的海洋文化和海洋文明。

福建是中国东南门户，是中国从海上对外交往的重要通道。福建自古以来"以海为田""海耕牧渔"，视"异域经商"为谋生与改变命运的方式。据史料记载，西汉武帝时期，冶县（今福州）是当时全国四大对外贸易口岸之一，开辟有南洋、东洋航线，往北到达日本的长崎和韩国的汉城（今首尔），往南到三佛齐（今苏门答腊）等地。

唐末五代十国时期的福州甘棠港，宋元明清时期的泉州刺桐港和漳州月港，都是中国海上丝绸之路的枢纽港，与东洋、南洋诸国的政治、经济、文化交往频繁而持久，一千多年绵延不断。福建沿海既有参与官方组织的"郑和七下西洋""三十六姓使琉球"，又有民间自发形成的海商队伍与移民海外的拓荒群体。随着闽籍商人、水手、农民、小手工业者到东洋、南洋经商、谋生，乃至僧侣传教布道，唐通事这一特殊群体诞生。唐通事携中华文化走向东洋和南洋各地，成为中华文化传播的重要使者。

当前关于海上丝绸之路和福建区域海洋历史文化的研究成果很多，所涉及的领域既有宗教信仰、民间文化艺术等，也有船舶建造、航海、海上贸易和海洋资源开发等。但从唐通事的角度研究展示中华文化传播和对外交流史的则甚少。

福建师范大学福清分校外国语学院常务副院长、日本语言文化研究所所长李斗石教授，长期从事东亚历史文化与语言的教学研究工作，他把语言优势拓展到中日交流史、历史人物、闽文化外播等领域，潜心搜集、整理与研究中日关系中一些长期被忽略的，或原本以为文献无征的学术问题。

李斗石教授对明清时期福建籍唐通事家族史料进行了搜集整理，并将其与田野调查资料相互印证，完成了《闽籍唐通事研究》一书，从多维视角、多层次展现了明清时期福建籍唐通事家族活动的历史轨迹，厘清了明清两代福建区域在日本长崎的唐通事家族的若干重要史事及其对文化传播交流的不朽贡献。

《闽籍唐通事研究》的出版问世，对研究中日交流史和海洋经济贸易史，乃至福建区域血缘文化史等均具有较高的参考价值。

在《闽籍唐通事研究》即将出版之际，感谢李斗石教授给了我先睹为快的机会，在为他的新书致贺的同时，写下一点感想，权当序言。

2018 年 10 月 19 日

目　录

第一章　绪论

一　唐通事产生的历史背景

唐通事不仅是翻译官，他们还要管理唐船①和贸易，负责唐人内部的管理，参与长崎奉行的外交，受理与通商有关的咨询业务，并从事日本与中国之间的文化交流活动。用现在的语言描述，唐通事就是集翻译官、外交官、书记（秘书）官、商务官为一体的特殊官员。唐通事是长崎地方官员，这一役职是德川幕府闭关锁国政策的产物，是长崎对华贸易的附属品。

1603 年 2 月，日本天皇任命德川家康为征夷大将军，这标志着德川幕府正式成立。整个江户时期，从 1603 年德川幕府成立到 1868 年明治维新，存续了两个半世纪，对外始终实行闭关锁国政策。限制对外贸易，但允许对中国和荷兰之间的贸易；关闭所有的港口，但保留长崎一港；限制与外国人交往，但默认中日民间人士之间的交往。中日贸易和长崎直辖地，这两个关键词是长崎唐通事存在的基本前提和根本原因。也就是说，唐通事是长崎中日贸易的附属品，随长崎中日贸易的需要而产生，随长崎中日贸易的发展而兴旺，随日本对华贸易政策的变化而变化，随长崎贸易的消退而退出历史舞台。

江户时期的中日贸易，对中国而言是民间贸易，但对日本而言是官方贸易。幕府当局参与了贸易管理，把长崎中日贸易纳入幕府"计划体制"，在江户初期就制定了一系列的政策和管理办法，并随着两国贸易的变化，

---

① 当时日本把中国人叫"唐人"，把来自中国的贸易船叫"唐船"。

做出相应调整。在这一时期，由于受到中日贸易形势的变化以及江户幕府管理贸易经验不足等诸多因素的影响，日本的对华贸易政策更迭频繁。在短短的几十年里，幕府四次调整对华贸易政策，前后使用了包括丝割符制度、相对商卖法、市法、贞享令、《正德新令》在内的五种贸易制度，平均每十几二十年便有新政策出台。[①] 在此梳理一下与唐船贸易和唐通事体制有关的几个主要对外贸易政策。

（一）长崎直辖地

德川幕府时期，除了亲藩，日本有 260 多个普通藩。从名义上看，幕府将军是各藩诸侯盟主，但各藩大名处于半独立状态，仍拥有很大的独立性，通常幕府不干涉各藩内政，他们在自己的领地上拥有行政、司法、军事和税收等权力，在自己的领地就是绝对的主宰，但受到"将军"的控制，对幕府履行政治、军事以及经济义务。长崎与普通的藩镇不同，普通藩镇的藩主叫"大名"，而长崎的管理者叫"奉行"。长崎属于特殊地区，过去属于肥前国的领地，位于九州岛西岸，是个著名的港口，是对外贸易的重要窗口，所以幕府对长崎实行直辖管理。

最早确定长崎为直辖地的不是德川幕府，早在 1588 年丰臣秀吉时代就确定长崎为直辖地。1592 年丰臣秀吉对朝开战，他在名护屋督战期间，已经了解到九州地区有很多华人，并嘱咐长崎官员，要善待"壮年才略"之华人，给他们许配日本女子为妻，并供应官粮，划拨宅基地，使他们安居乐业，为实现他的"亚洲大帝国"的美梦储备人才。

德川幕府政权没有改变丰臣秀吉的做法，继续按照自治地管理长崎，由幕府派遣长崎奉行。第一任长崎奉行是旗本小笠原一庵。小笠原在任时间只有两年（1603~1604），这期间根据对华贸易的需要，实行唐通事制度，并任命山西籍的冯六为第一任唐通事。冯六（？~1624）是唐通事的鼻祖。

（二）唐船长崎集中令[②]

1567 年，明朝实行了近两个世纪的禁海令开禁，允许商船出港到南海

---

① 何宇. 清前期中日贸易研究 [D].济南：山东大学，2010.
② 以下参考山协悌二郎. 長崎の唐人貿易 [M].東京：吉川弘文館，1939：8-198.

一带。但还是不准商船去日本，禁止中日贸易。而成立不久的德川幕府的创建人德川家康，迫切地希望恢复明代初期的勘合贸易。1610 年，家康命老中本多正纯，给福建巡抚陈子贞写信，请求恢复勘合贸易。这封信由日本江户初期的著名儒学家、汉学家林罗山（出家后法号"道春"，1583～1657）起草，委托应天府（今南京）贸易商周性如转交给陈子贞。但幕府的这一要求遭到明朝政府的拒绝。福建贸易商不知通过什么途径获知幕府的意图，突然掀起对日贸易的热潮。当时的华商主要停靠在萨摩（今属鹿儿岛县）的鹿儿岛、坊之津、京泊，肥前（今属长崎县）的平户、五岛、大村、横濑浦、唐津，大隅（今属鹿儿岛县）的口之津，筑前（今属福冈县）的博多等港口。1631 年，到上述各地的中国商船有 70～80 艘，贸易品主要是生丝。

德川家康不希望华商分散到九州各地。1614 年，德川家康在骏府城（今属静冈县）接见周性如，并发给他一份朱印状，其中所规定的贸易地为长崎。第二年颁发的朱印状同样把贸易地确定为长崎。1616 年，萨摩藩主岛津家久给华人下发的谕书，也强调同样的内容，命到萨摩的贸易船，绕行到长崎港停泊进行互市。此时，海上霸主郑芝龙也把根据地从平户转移到长崎。但一开始唐船长崎集中令实施效果不明显，来自中国南部的贸易船还是愿意到萨摩，所以第二代将军秀忠有所妥协。到了第三代将军家光，于 1635 年下死令，只准外国贸易船停靠在长崎一港，并只允许在长崎交易。其目的，一是防止基督教徒的潜入，二是限制白丝贸易，三是防止白银的流失。

唐船只能停靠在长崎，对外贸易只能在长崎进行，所以定居于周边的华人纷纷移居长崎。这给长崎奉行在管理上造成很大的压力，他所采取的对策就是加强唐通事队伍建设。这是唐通事地位提高、待遇优厚、职级分流的直接原因。在长崎执行唐船长崎集中令的直接产物是唐年行司和唐船请人两个管理役职，前者是管束华人的职位，后者是为唐船提供身元保证书的役职。

（三）丝割符制度

丝割符制又称"白丝割符"，是江户幕府为防止日本银超量流出而限制白丝输入的贸易法，始于 1604 年。

从江户初期到中期，长崎大宗输入品主要是生丝。1633 年前后，一年进口量达到 150 吨~200 吨。最初，生丝贸易是自由开放的，主要由朱印船、西班牙船、唐船、荷兰船输入日本。1604 年，京都、堺、长崎大商人组建生丝商会，名为"丝座"，由其成员出资购买外国进口生丝，按照定额分配，再批发给国内丝商。按照一定的比例分配，这就是所谓的生丝"割符"，意即"分割"。后来幕府介入丝割符，在京都、长崎等地设置白丝管理人员，叫"丝挂役"。丝挂役经与外国商人商定价格后，由管理人员统一购入白丝，再批发给国内丝商和工厂。在购入价与批发价之间，保持一定的高利润率，由管理机构获取。1635 年，中国商船的停泊地被限定在长崎一港，输入的白丝全部被纳入丝割符制。到 1655 年存续了 52 年后，丝割符制度被废止，又于 1685 年重新生效，18 世纪初才被彻底废除。

长崎有两个华人——漳州籍欧阳云台和福清籍何毓楚曾担任过丝挂役，他们两位都是来自福建的商人，具有一定的经济实力。

（四）市法

1635 年到宽文元年（1661），幕府的贸易统制（限制）制度初步形成，到宽文十二年（1672）初步形成体系。贸易统制的法令是 1671 年颁发的市法，1672 年开始适用于唐船贸易，一直到 1684 年。颁布这个法令的主要目的有两个：一是控制进口货物的价格；二是控制贸易数量。到 1680 年，唐船入港数控制到 31 艘，出售额 10435 贯目（1 贯目 = 1000 文目 = 16.7 两金），与前三年相比缩减了三分之一。唐船贸易受到沉重的打击。

（五）贞享令与唐人屋敷

贞享元年（1684），幕府又调整了贸易政策，颁布了贞享令。其背景是，清政府于 1661 年为削减郑成功的势力，正式发布迁海令，1683 年消灭郑军主力，收复台湾后，第二年颁布展海令。实施展海令后赴长崎的唐船数量骤然增加，从 1683 年的 24 艘，增加到 1685 年的 85 艘。幕府害怕大量的金银流出，随调整贸易政策，把以往以金银交易改变成以铜交易，限定唐船贸易额为 6000 贯目，限定荷兰船贸易额为 5 万两黄金。

唐人屋敷是实施贞享令的配套措施。1688 年，幕府下达命令，在长崎郊区原幕府乐园地建设唐人屋敷，要把所有唐人聚集到这里，不准散居于市区。其目的：一是防止走私，以此减少白银的暗道流失；二是监督铜交易中的铜价；三是进一步管控基督教徒。

建设唐人屋敷的直接后果是，华人在长崎的生业——船宿的倒闭，这导致不少华人失业。为了解决华人再就业问题，长崎奉行采取的对策是设置内通事小头职位。内通事小头就是为唐船服务（装卸货物等）的小头目，属于广义上的唐通事。

（六）《正德新令》与信牌

实行贞享令的结果是，贸易用的铜枯竭了，无法应对贸易。由此产生的新贸易政策是《正德新令》。1715 年《正德新令》二十三条颁布实施，以进一步限制贸易，其内容有两方面：一是唐船贸易铜的售出量限制在 150 万千克；二是唐船入港数限定在一年 30 艘，贸易额限 6000 贯目。

限制进港唐船的措施是实行信牌制度，即每年向清船发放固定数目的一次性信牌。凡领有信牌的清船，可根据照票上规定的时间赴长崎进行一次贸易，如有逾越行为，则失去重新获得信牌的权利。信牌制的实行，使长崎的中日贸易完全被纳入幕府的计划贸易体制。从此中国商船不能再自由赴日贸易。18 世纪 30 年代以后，对清船的限数又有所下降，直至幕末前每年大体在 10～20 艘。运往中国的输出品主要是铜、海产品；输入日本的货物主要是生丝、药材等。由于当时幕府与清朝没有建立外交关系，为避免误会，委托唐通事发放信牌。图 1-1 是《通航一览》一书中的信牌格式，是叶姓等七位唐通事发给宁波船主郑朗伯的信牌，右上角方框内印有"永以为好"四个字。信牌中明确写道："长崎译司樊、愈、熊、林、叶、林、刘特奉镇台宪命，为择商给牌贸易，肃清法、纪事……"图 1-2 是长崎县立图书馆藏的信牌原件照片，这是熊姓等八位唐通事联名发给宁波船主杨敦厚的信牌。

根据《正德新令》，原来只针对生丝贸易的"值组"制度，适用于所有输入品。这是一种对进口货物先进行估价，然后按照估价竞标的交易制度。唐通事也介入值组交易，其职位是值组定立合通事，名义上属于大通

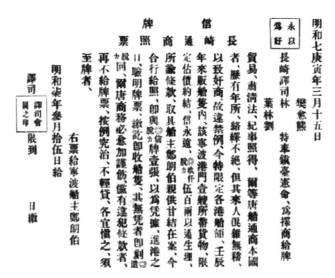

图 1-1 1770 年发给宁波船主郑朗伯的信牌

资料来源：通航一览［M］.早川纯一郎编辑发行，1913.

图 1-2 1815 年发给宁波船主杨敦厚的信牌

资料来源：大庭修.日中交流史话［M］.大阪：燃烧社，2015.

事之上的高级役职。

　　幕末闭关锁国的国策随着 1853 年发生的黑船事件而告终，从此日本国门被打开了，曾经的对外贸易唯一窗口失去了往年的魅力。随着长崎对华贸易的衰退，唐通事体制也宣告解体。

二　本课题研究现状

日本江户时期实行闭关锁国政策，不仅给唐船贸易带来了很大的影响，而且给移居日本的唐人以改变命运的机遇。唐通事是日本闭关锁国政策和中日贸易的产物。唐通事体制与整个江户时期共命运，存续了两个半世纪，为中日经济、文化交流做出了不朽的历史贡献。但国内对唐通事缺乏了解，更谈不上研究。

（一）国内唐通事研究现状

国内研究唐通事的学者很少，而且起步晚。在整个 20 世纪，国内基本无人知晓唐通事的存在，不仅没人研究、介绍唐通事，而且在其他中日关系史研究里，很少有人提及唐通事。1988 年汪向荣先生的《日本教习》出版。在该书中，作者作为附录收录了《明清之际任译司诸归化家族世系》，列举了 30 家唐通事家族简谱（只列名单），这是国内第一部介绍唐通事的资料。1992 年出版的《福建省地方志·华侨志》列举了林楚玉、卢君玉、陈冲一、欧阳云台、俞惟和等日本华侨的名字。

进入 21 世纪，学术界开始关注唐通事，有些人物辞典收录了唐通事。2001 年杨保筠主编的《华侨华人百科全书》（人物卷），收录了林道荣、陈道隆、刘宣义等几十位唐通事的条目。21 世纪初，以“唐通事”为主题的学术论文已经超过 10 篇，如：邵继勇的《长崎贸易中的唐通事》，刘小珊的《活跃在中日交通史上的使者》，许海华的《幕末长崎唐通事体制》，蒋春红的《从“唐话课本五编”管窥唐通事的汉语教育》。他们的研究侧重点在于唐通事产生的历史背景，唐通事体制与唐通事的职责以及唐通事的唐话教育等问题，只有童家洲先生的《明末清初日本长崎福建籍华侨述略》，涉及部分福建籍华人（唐通事）。更可喜的是，从 2012 年开始部分硕士研究生关注唐通事，以唐通事为主题的硕士论文出现 5 篇。其中，多数把研究重点放在唐通事体制及其产生的历史背景，只有少数涉及唐通事人物。如，沈丁心的《唐通事在明治维新期发挥的历史性作用》涉及幕末对明治维新有贡献的何礼之、郑永宁等末代唐通事；吕田的《从〈忠臣藏演义〉看江户期唐通事周文次右卫门的汉译手法》，以泉州府籍华人周辰官的第六代孙周文次右卫门（？～1825）为中心，比较详细地介绍了周辰官及其第六代孙周文次右卫门，其研究重点是周文次右卫门的汉译《忠臣藏演义》的翻译技巧。福清籍魏之琰及其后孙，不仅把明代乐器带到日本，而且传播、普及明代音乐，所以中日两国音乐界学者主要从音乐角度研究魏之琰及其后孙，其研究论文和论著有上百篇，最具代表性的是漆明镜教授的《魏氏乐谱》。漆明镜在其论著中介绍了魏之琰及其曾孙魏皓的生平。

（二）日本对唐通事的研究情况

唐通事诞生于日本长崎，对日本而言，无论是江户时期，还是明治维新时期，唐通事都对日本做出过重要贡献。所以日本对唐通事的研究起步早，研究成果比较丰富。

在日本，以唐通事为主题的研究论文有50余篇，多数集中于21世纪，少数发表于20世纪末。其研究侧重点放在唐通事唐话教育、唐话教育教本，从教育学角度研究的居多，少数研究唐通事产生的历史背景和唐通事体制，极个别论文涉及何礼之、林道荣、高玄岱等唐通事，这属于个案研究。

但是记录唐通事历史与人物的文献非常丰富。现列举主要文献。

（1）田边茂启的《长崎实录大成》。这是手抄本，田边茂启作为长崎地役人，记录了他任职期间所发生的历史事件，其中有高寿觉、林时亮等33位长崎住宅唐人的名字。本书中住宅唐人的名字主要参考这部文献。

（2）颖川君平的《译司统谱》。这是唐通事颖川君平于1897年编写梓刻的历史文献，记载着从1604年到1861年258年间，各级唐通事（含广义上的唐通事）的姓名，共1654人次，实际为836人。这是本课题研究的重要参考文献。但此文献只罗列唐通事的名字与部分人的生卒年以及任职、免职时间。在郑永宁的跋文中考证了27家唐通事始祖。

（3）宫田安的《唐通事家系论考》。这是本课题研究中最基础的参考文献。宫田安考证了48个唐通事家族和1个东京①通事，其中来自中国的

---

① 这里的东京并非日本的城市东京，而是越南古地名，为区分二者，之后提到此东京时后面括注"越南"二字

有 47 个。可以判明原籍为福建的有 23 个,约占中国籍唐通事家族的 49%。按地区统计,福州府 12 个,漳州府 6 个,泉州府 4 个,延平府 1 个。

(4) 李献璋的《长崎唐人之研究》。分十一章比较全面地考证了部分住宅唐人以及江户初期的主要唐通事。

(5) 增田廉吉的《锁国之窗》。记述了锁国时期,锁国之窗——长崎发生的逸闻趣事 40 多件,其中讲述了林道荣、魏皓、郑干辅、蔡慎吾等唐通事的一些鲜为人知的故事。

(6) 林陆朗的《长崎唐通事——大通事林道荣和他的周边人物》。林陆朗是福清籍华人林时亮的嫡后孙,曾经到福清港头镇前林村进行过寻祖访问,于 2017 年初离世。他在书中以丰富的历史文献为依据,详细地考证、记述了以林时亮为始祖的林氏唐通事后代在日本活跃的历史。这部论著虽然是著名唐通事林道荣的个案研究,但比较详细地阐述了唐通事产生的历史背景、唐通事体制、唐通事的职责与待遇,还涉及与林道荣及其后代同时代的唐通事以及隐元、木庵和即非等东渡名僧。这是研究唐通事不可多得的重要文献。

(7)《光风盖宇》。这是二战前福济寺出版的图片集,收录了几十幅长崎"三福寺"(兴福寺、福济寺、崇福寺)的住持与檀越的画像图片以及他们的墨迹图片。本书中的住宅唐人与唐通事的画像图片主要来自这部文献。

三 唐通事研究意义

明清之际在日本长崎活跃的唐通事中,福建籍华人及他们的后裔占多数,他们为中日经济和文化交流做出了巨大贡献,他们扎根于长崎这片土地,与异国他乡结下了深厚的情缘,留下了难以磨灭的印迹。

但是,查阅福建省各级地方志后发现,个别唐通事的名字零散地记载其中,普遍缺少这些福建籍唐通事的家族背景以及他们对中日经济与文化交流所做出的贡献等内容。全面、系统地整理福建籍唐通事资料,具有很重要的现实意义。

（一）大学日语教师的使命

树德育人是新时代中国特色社会主义教育思想的重要内容。教书育人历来是教师的光荣使命。作为大学教授，在教书育人的同时，还要进行科学研究，在学术上创新；要利用所掌握的知识，在本学科领域面向社会普及科学知识，推广技术；要为地方社会献计献策，为地方社会与经济发展服务。

（1）笔者的专业是日语，在大学主要负责日本语言文化的教学与研究，侧重点是日语翻译的教学与研究。

本课题研究，从表面上看似乎与本专业没有关系，有人可能会说："你这个课题是历史研究。"没错！这个课题按照学科分类，肯定属于历史学科，但既不完全属于中国古代史，也不完全属于世界史。从宏观角度考察，本课题属于中日经济文化交流史，从微观角度分析，属于华侨史。因此，可以将本课题归于专门史研究范畴。但其本质上属于交叉学科，其外延涉及中国史和日本史，而且历史学与历史文献学交叉，内涵包括思想、宗教、法制、民俗、文学、艺术、社会、教育、经济、语言等人文社会科学领域，最关键的是这又是翻译家群体研究。

在研究过程中，首先把唐通事作为翻译家群体来研究，因为研究日语翻译家是笔者职责所在。本研究的文献资料主要来自日本，多数是日文，需要收集、整理、翻译大量日本历史文献，这需要利用语言工具。简言之，本课题研究是，利用日语语言工具，研究日本江户时代长崎华人翻译家群体。所以，本课题的研究没有脱离日本语言文化这一专业。

（2）作为大学语言类教师，如何为社会服务呢？笔者在从事日语翻译教学与研究工作的同时，利用语言工具，积极为地方社会发展开展了咨询、服务工作。笔者曾经翻译出版了日本东亚同文会编撰的《福建省全志》，译稿由福建省地方志编纂委员会编入库藏并精装印刷成册。同时，笔者被聘为福建省地方志第二批专家库成员和第六届福建省地方志学会理事，2017 年又受聘为福建省方志文化专家委员会委员，还与有关单位签订了多项合作项目。事后，博得不少同行好评，国内日语界知名教授也给予了充分肯定，指出：李斗石教授翻译日本历史文献，解决地方社会实际问题，弥补地情文献的不足，而且为青年教师指明了语言如何为地方社会服务的方向，并树立了榜样。本研究，对福建地方志、华侨史和中日关系史研究领域而言，都是有益的补充，有些文献资料在国内是首次出现。

（3）本课题的研究，也为日语专业建设提供了重要启示。笔者的科研成果以及利用语言服务社会的经验，为自己所承担的日语翻译教学提供了丰富的营养，有效提高了教学水平。课堂教学素材，大量来自笔者的译文，翻译实践成果为翻译课教学提供了取之不尽用之不竭的素材。在课堂上讲解翻译技巧时，笔者结合教学内容介绍自己的翻译经验，并以自己翻译过的实例进行讲解，活跃了课堂气氛，提高了教学效果，使学生很容易理解掌握。另外，笔者为学生举办专题讲座，开展沙龙活动，带学生参观黄檗文化场所，宣传黄檗文化与唐通事的历史功绩，感染了不少同学。根据翻译实践经验撰写的翻译体会，发表在相关刊物上，总结了笔者翻译实践的几点经验，并将其升华至理论的高度。在进行课题研究过程中，邀请青年教师参与，履行传、帮、带义务，引导他们参与科研活动，为他们创造平台，努力提升他们的科研能力与教学能力，为培养青年教师做出微薄贡献。几年来，已有七八位青年教师参与了笔者的科研项目。

（二）在本课题研究过程中的体会

通过本课题研究，笔者所获得的启发和体会很多。唐通事这一翻译家群体的案例，为我们如何进行语言类专业建设，如何培养实用型语言类人才，如何做新时代外语人，提供了有益借鉴。

（1）外语人要做"双语人"。"双语人"就是母语与外语都要精通。著名的唐通事都是精通双语的华人后裔。唐通事多数出身于有才华的华人儒商家庭，他们习得双语的家庭环境是，父亲是有文化的华人，母亲是日本大家闺秀，他们从襁褓开始就受到良好的家庭教育。江户时代的长崎，不仅是华人集聚的地方，也是日本崇尚中华文化的对外窗口，有文采的华人受到人们的青睐，"双语人"得到重用。我们现代外语人要努力做"双语人"，这是高校外语教育的最高理想。现在不少人担心学外语无法就业。在此借用朱舜水的一句名言："但患不读书，不患读书无所用也。"也就是说，我们作为教育工作者，应该忧虑的是学生不努力做"双语人"，而不应忧虑"双语人"无用武之地。

（2）要做有文化的外语人。在唐通事中出现了不少有文化的才子，只有有文化、有才华的唐通事才可以成为著名唐通事。被誉为唐通事"双璧"的林道荣和刘宣义，不仅是"双语人"，而且博览群书，通晓天文地理，是著名的诗人、书法家、学者。他们因有才华衬托着，才使其唐通事身份显得更加华丽。我们外语人不仅要努力掌握双语，也要深入学习两国历史文化。不懂历史文化的外语人，成不了大器。

（3）要做专技型外语人。本通事（大通事和小通事）不仅是语言的翻译人员，同时也是商务官、外交官、秘书官，他们大多从事外贸、商务管理工作。只懂得汉语和方言土话皮毛的人，有时也叫内通事，但他们主要负责卸货、仓储保管、船只维修等工作。目前，我国外语类人才市场供大于求，就像在汽车普及的时代，专业司机纷纷下岗一样，只懂得外语的人才，找不到就业门路。面对如此严峻的现实，笔者所在的学校从前几年开始进行了"外语＋专技"型人才培养模式改革，由原来的"日语＋文学"，调整为"日语＋商务管理""日语＋旅游管理"。其理念就是受唐通事的启发。

（4）要融入外国社会。外语人模仿外国人的生活是有必要的。唐通事在日本，表面上看像日本人，这在日语里叫"日本风"。部分唐通事改姓，用祖宗的郡望作为姓氏（如颍川、钜鹿、彭城、河间），用"左卫门""藤兵卫"等日式名字，主动融入日本社会，受到长崎奉行的重用，也得到日本民众的信任。这是唐通事代代相传的秘诀所在。其实，改革开放后，外国人来华学汉语，也有不少人给自己起中国名字。我们身边有很多外国人，相对而言，我们更容易接受使用中国名字的外国人。外语人要学好外语，还要到外国去。笔者作为高校外国语学院负责人，积极为学生创造出国留学、实习的条件和机会，鼓励他们像唐通事那样融入外国社会。凡是去过外国的学生，其语言能力都有明显的进步。

（三）本课题研究的社会意义

利用日语语言工具，研究唐通事——翻译家群体，不仅有助于日语专业建设、日语人才培养以及日语翻译教学，也对福建有很重要的现实意义。

（1）有利于促进中日文化交流。历史上，福建与日本的关系很密切，日本是福建人进行对外经济贸易和文化交流的主要对象国，在日本有很多福建籍华侨。福建籍华人后裔唐通事，才华横溢，有的成为著名的医学家、音乐家、天文学家、书法家，他们大都擅长书法和诗文，把灿烂的中华文化传播到日本，成为名副其实的文化使者。通过收集整理日本闽籍唐通事的历史文献，挖掘中国与日本的关系史，不仅有利于传承中国与日本友好交流的历史，也有利于我们加深对日本文化的理解，更有利于促进中日民间友好关系继续健康发展。以史为鉴，才能继往开来。唐通事在日本的光辉历史，是如今两国人民之间友好往来的重要历史前提。

（2）有利于丰富福建地情文献。历史科学的研究需要有可靠的史料做支撑，史料的保存、整理、公开和科学地使用是历史学研究的基础性工作。日本保存下来的有关唐通事的历史文献是研究中日关系史的重要依据。在历史上，不少福建人在日本为传播中华文化做出突出贡献，这些人在日本史册上都有比较详细的记录。但福建人对这些历史人物和史料了解甚少。收集、整理、编译、公开这些历史文献，不仅有利于丰富福建地情文献，也能够为中国与日本关系史的研究提供可靠的文献依据。

（3）有利于深入研究闽籍华侨历史。福建籍唐通事是华侨的重要组成部分。通过挖掘他们在日本活动的史料，有利于丰富华侨历史文献，进一步明确华侨对中日文化交流所做出的贡献。清末，我国在与日本的外交关系上，始终处于被动地位，其重要原因是我们没有自己的翻译队伍，失去了话语权。而且清政府忽略了日本长崎现成的华人后裔翻译家群体的存在，没有关心、安抚他们，使其为我所用。这是沉痛的历史教训。

（4）有利于挖掘和弘扬黄檗文化。福建籍住宅唐人不仅捐资建寺院，而且邀请福建籍黄檗僧人到日本，为黄檗文化的普及做出了重要贡献。隐元是黄檗文化的代表人物，但黄檗文化的传播者是一个华人群体，不仅包括以隐元为代表的华僧，也包括以唐通事为代表的长崎华人，还包括一小部分崇尚中华文化的日本人。其中，唐通事是黄檗文化传播的中坚力量。因为，唐通事家族经济实力雄厚，是黄檗文化传播的经济后盾；唐通事是

"双语人"，他们扮演着黄檗僧人在日本生活的向导者和语言传译者等重要角色；唐通事家族里出现的书法家、诗人、学者、本草学家、医学家、雕刻艺术家、音乐家、天文学家、兵学家等著名人物，是黄檗文化各个领域的主要代表者。其实隐元到长崎之前，华人集聚生活在长崎，已经有50多年历史。"隐元豆、隐元豆腐"早在隐元东渡之前就已传播到日本长崎，只因隐元是闽籍华人的杰出代表，后人才用隐元的名字命名而已。长崎传统文化中包含很多福建地方文化元素，这些都是以唐通事为代表的华人传播和弘扬的。林道荣、刘宣义等华人后裔（唐通事）与隐元、木庵和即非等黄檗禅师亲密交往，这是黄檗僧人在日本生活的缩影。所以，唐通事研究也是黄檗文化研究的重要组成部分。

（5）有利于增强中华文化自信。唐通事是中华文化的传承者和传播者，也是黄檗文化传播的桥梁和中坚力量。在长达两个半世纪的历史中，以唐通事为代表的华人，源源不断地把中国先进文化与科学技术传播到日本，而且唐通事家族中涌现了著名的科学家、医学家、书法家等人物。在日本长崎，灿烂的中华文化具有旺盛的生命力，从此走向全日本，在日本生根发芽，繁荣壮大，不少日本人跟着华人学习汉语，他们崇尚汉学，崇拜华人。中华文化在遥远的古代日本就已具有如此巨大的魅力，更何况如今我国已经迈入中国特色社会主义新时代，优秀的中华文化依然是我们引以为豪的底气。长崎地方文化中的福建地方文化元素，更是福建人的骄傲。深入研究唐通事，是我们增强中华文化自信的重要历史依据。

四 本课题研究内容

本课题研究的主要任务是，首先，全面梳理福建籍唐通事家系情况。据笔者的初步考证，福建籍唐通事主要出自林、陈、刘等25个家族，他们都是最早东渡日本的住宅唐人。其次，全面整理福建籍唐通事为中日文化交流所做出的突出历史贡献与主要人物的典型事迹。

第一章至第三章是前奏部分，主要内容包括绪论、长崎唐通事概述、福建籍唐通事概略。在绪论部分，主要考察唐通事产生的历史背景以及本课题的研究现状、研究意义、研究内容、研究方法和研究过程；在第二章，介绍江户时期长崎唐通事体制，唐通事的选拔与世袭制度，唐通事的职责与待遇，唐通事唐话教育，个别唐通事违法犯罪问题以及对唐通事的客观评价等内容；第三章介绍整个长崎唐通事家系概况，包括长崎福建籍住宅唐人，福建籍唐通事家系概况和非福建籍唐通事家系概况。

第四章至第八章，是本书的重点部分，着重介绍 5 家著名福建籍唐通事家系，包括福清籍林时亮、长乐籍刘一水、龙溪籍陈冲一、福清籍魏之琰、沙县籍卢君玉唐通事家系。这 5 人是江户时期长崎最具代表性的住宅唐人，前三家是长崎最具代表性的唐通事世家，魏之琰家是日本明代音乐家世家，卢君玉家是日本科学家世家。

第九章至第十三章，按照唐通事出生地，分章介绍 20 家福建籍唐通事家系。包括：福清籍林氏、何氏、俞氏、王氏等 4 家唐通事家系；长乐籍郑氏、马氏 2 家唐通事家系；福州府籍陈氏（两家）、薛氏、田氏等 4 家唐通事家系；漳州府籍陈氏、欧阳氏、蔡氏、吴氏（两家）、高氏等 6 家唐通事家系；泉州府籍吴氏、方氏、蔡氏、周氏等 4 家唐通事家系。

第十四章，是笔者近几年进行的“唐通事专题研究”，包括“福建籍末代唐通事与日本明治维新”和“隐元东渡及其对唐通事的教育意义”等两个专题。

最后是参考文献，主要列举本书研究过程中收集到，并参考过的部分研究论文和论著等。

五 本课题研究过程

“明清之际日本长崎福建籍唐通事研究”（FJ2016A018）是 2016 年度福建省社会科学基金重点项目。在本课题获得立项之前，笔者已经收集到不少文献资料，并取得初步成果。获得立项后，笔者集中精力按照计划进行文献的梳理、翻译、整理工作，并在此基础上顺利完成了写作任务。

（一）文献收集过程

笔者曾经留学日本数年，具备一定的双语能力，又因多年从事高校日语专业教学与研究工作，积累了比较丰富的日本学研究经验，具备一定的科研组织能力。由于笔者本科学经济学，硕士攻读教育学，现在从事日语翻译与研究工作，因此学科知识背景比较广泛，虽然看起来比较杂乱，但对完成本课题的研究任务而言，无疑提供了胜人一筹的信心和前提条件。

二十多年前，在日本留学期间，笔者接触到很多有关长崎华人、唐通事、黄檗文化等的文献资料，但由于受当时的研究课题以及地域等条件的限制，没有深入关注唐通事问题。其实，着手研究唐通事的契机是，笔者调到福建，并在黄檗文化的发源地——福清，从事高校日语专业的教学与研究工作，那时是 2004 年夏季。笔者把福建当作第二故乡，深深被勤劳、勇敢、智慧的福建人民所感动。

本课题研究方法主要采用历史文献分析法和跨国合作方式。由于本课题的文献资料主要来自日本，因此收集文献是最关键的一环。在收集资料的过程中，笔者得到国内外学者、同事、弟子以及好友的协助。日本关西大学名誉教授松蒲章和东京外国语大学名誉教授井上史雄是历史学和语言学领域的著名学者，不仅为本课题研究提供了部分资料，而且提出了很好的研究思路。丽泽大学教授陈玉雄和日本大学博士金山泰志作为本课题组的成员，主要负责收集日本有关唐通事的学术论文。在日本做访问学者的金玉花博士（福州大学），提供了《长崎先民传注解》等珍贵文献。在长崎进修的吉星女士，冒着风险到长崎历史遗迹地，拍摄魏之琰等华人的墓地照片。此外，日本华侨陈东华先生提供了林时亮和林道荣的画像照片。正因为有了这些在日本的学者和好友的无私帮助，笔者才以跨国合作的方式，顺利解决了在国内无法解决的问题。

有些文献资料以及研究思路，同样得到国内一些学者的协助。浙江工商大学王宝平教授和许海华博士，厦门大学林观潮博士，福建省社会科学院刘传标研究员通过各种途径，为本课题提供了一些资料。

借此机会向国内外学者和好友表示谢忱。

（二）实地考察唐通事祖籍地

田野调查方法是本课题的重要研究方法。田野调查又叫实地调查或现场研究，属于传播学范畴，广泛运用于人文社会学科。在 25 个福建籍唐通事家族中，比较详细记录其始祖祖籍地或出生地的有 5 家。这 5 个唐通事家族的始祖都是闽籍华人，其中 2 位原籍是长乐，3 位原籍是福清，他们都是当时长崎最有势力的第一代华人，是具有较高文化素养的儒商，极具代表性。根据日本有关文献记载的线索，笔者带着助手深入唐通事的出生地，查询族谱，核对确认部分唐通事的家世。

（1）林时亮的出生地是福建省福清县化北里前林村，也就是现在的福清市港头镇。在前林村，笔者受到了村委会主任林珍兴，村文统林崇兴，村老年协会会长林珍明，还有94岁高龄的林福桃等村民的热情接待。他们都是林氏宗亲，与林时亮是同一支派。笔者在此得到《长林族谱》副本，并在家谱中找到林时亮父亲林瑞如的名字，以此确认林时亮的出生地就是前林村，之后笔者为该村林氏祠堂提供了林时亮和林道荣父子的画像照片。2017年5月，首届"黄檗禅文化与海上丝绸之路高级论坛"召开期间，50多位日本学者和华侨访问过该村。村民们打扫村路，粉刷墙壁，清理祠堂，以崭新的面貌热情迎接客人，他们以著名的唐通事林道荣为荣，为林时亮与林道荣认祖归宗感到高兴。

（2）刘一水的祖籍地是福建省长乐县筹港，也就是现在的长乐区潭头镇二刘村。我们课题组到二刘村后，在彭城刘氏宗亲刘群俤老人的帮助下，查阅了乙丑年（1985）修订的几十册印刷本刘氏家谱。刘氏宗亲刘传标先生（福建省社会科学院研究员）为我们提供了手抄本刘氏家谱复本。根据这些家谱文献可以确认刘一水的祖籍地就是潭头镇二刘村。

（3）魏之琰出生于福清市东瀚镇陈庄村西坊自然村。笔者通过钜鹿魏氏宗亲魏春先生（福鼎民族中学校长），找到文林钜鹿魏氏第三十九代后孙魏若群先生。在他的陪同下，踏访了魏氏总祠所在的文林自然村。在这里古稀老人魏氏宗亲会理事长魏季斌老先生接待了我们，并给我们复印了《钜鹿魏氏总谱》（手抄本）。我们查到了魏之琰与魏毓祯兄弟俩的名字，而且收获了日本学者所不知道的重要信息：魏之琰是唐代著名宰相魏征的后孙。

（4）马荣宇的出生地是长乐县，但日本学者没有指出具体的乡镇村名，只说马荣宇是马铎的后裔。明代的马铎出生于福建长乐，永乐十年状元。马铎的故居在今长乐区潭头镇岭南村。课题组到岭南村后，在村委会主任陈氏的帮助下，查阅了《岭南村马氏家谱世系简图》（手抄本），在家谱里没有找到马荣宇及其父亲马唯仁的名字。后来在陈主任的协助下，联系到了福建马氏宗亲会的马昌盛先生，据他介绍：从马铎以后，岭南村马氏居民多数移居到周边村庄，现在岭南村的马氏居民只有几户。通过踏访马铎故居，可以确认马荣宇的出生地不是岭南村，但他的祖籍地是岭南村。

（5）林楚玉的出生地是福清县灵德里，也就是现在的福清市上迳镇上迳村。东渡名僧隐元出生于上迳村的邻村——东林村。为了查明林楚玉与隐元的出生地，笔者数次踏访上迳村与东林村，在上迳村林氏祠堂，约见迳江林氏宗亲会理事长林顿班先生（迳江林氏第十九代）。在此荣幸获赠2005年新修订的《迳江林氏家谱》一套。通过考证，笔者确认隐元和林楚玉都是入闽始祖林禄公的后孙，隐元与林楚玉属于同一支、不同干派，上述林时亮则属于林每再公支系。

通过对部分唐通事始祖的原籍考察，笔者获得了5本家谱（副本），核对、确认了部分唐通事家族始祖的原籍。这是日本学者无法做到的事情，据前林村与二刘村村民介绍，也有不少日本学者到村里"寻祖"，但多数人没有找到任何线索。通过"寻祖"访问，意外的收获也有很多。笔者十分感佩中华民族的血脉传承，通过家谱（族谱）记载世代祖先，不忘祖宗的恩德，这是中华民族的优良传统。家谱所记载的内容，不仅是一个氏族的血脉传承史，是中国历史的有机组成部分，同时也是地方社会演变史的佐证材料。福建人的家谱还反映了几千年中国移民历史。事后，我们为上述5个村提供了日本华人的历史资料，这些资料将成为他们修订家谱的重要依据，将认祖归宗的日本华人写入他们各自的家谱中。5个村的村民纷纷伸出大拇指，夸我们"功德无量"，此时笔者感到了一丝的安慰，笔者的苦心总算没有白费。唐通事的研究资料，对这些氏族修订家谱而言，是不可多得的有益补充。

（三）召开首届"黄檗禅文化与海上丝绸之路高级论坛"

在同行的建议下，为充实本课题研究内容，笔者围绕本课题，筹备了一个小型学术研讨会。最初设定的会议名称是"唐通事在黄檗文化传播中的贡献"。令人欣慰的是，学术研讨会策划书一出台，便得到福清黄檗山万福寺的鼎力支持。福清市黄檗禅文化研究院、福清市社科联等单位以及社会各界人士纷纷表示给予配合并提供经费支持。时任日本福建经济文化促进会会长的陈秀姐女士，在日本积极宣传，推荐几位华侨学者带着论文参会。于是小型学术研讨会无意中扩大化了，最后会议名称变成首届"黄檗禅文化与海上丝绸之路高级论坛"。主题仍然定为"华人（唐通事）与黄檗文化"。

首届"黄檗禅文化与海上丝绸之路高级论坛"，于2017年5月15日至17日在福建师范大学福清分校五马山校区盛大召开，引起海内外新闻媒体与社会各界的广泛关注。这次论坛学术水平高，会议规格高，参会人数多，记者采访踊跃，社会影响广泛。这是国内首次以"华人（唐通事）与黄檗文化"为主题的学术盛会。

第一，深入研究源于福建福清的黄檗禅文化对海上丝绸之路所产生的影响以及江户时期福建籍华侨的杰出贡献，对于践行"一带一路"构想具有重要的现实意义。

第二，在中日邦交四十五周年之际，召开这次论坛，有利于增进中日两国人民的相互理解，促进中日民间交流健康友好发展。

第三，在黄檗山万福寺360年后重兴与喜迎福建师范大学福清分校建校四十周年之际，适时召开此次论坛，对弘扬黄檗文化，宣传华侨之乡，扩大福清分校的影响，起到很好的辐射作用。

第四，福建师范大学福清分校日语专业教师利用语言工具，介入黄檗文化和唐通事的研究，既有利于弘扬黄檗文化，也有利于丰富福建籍华侨历史文献，同时为国内外语类高校教师开辟了服务地方社会的有效途径。

在这次论坛期间，共收到18篇学术论文。中国社科院荣誉学部委员杨曾文和中国佛教协会副会长、江西省佛教协会会长、南昌佑民寺方丈纯一法师发表了主旨演讲；日本关西大学名誉教授松蒲章，厦门大学王荣国教授，日本法政大学王敏教授发表了主题演讲；日本长崎大学王维教授，日本武藏野美术大学廖赤阳教授，日本同志社大学余项科博士发表了专题演讲；日本正眼短期大学讲师村濑正光，日本滋贺县大雄山第二十八代住持、黄檗画院院长内藤香林，日本黄檗宗滋贺县米原市永明寺住持住谷光和，香港湛山寺常位释莲海，福清佛教协会原会长释悲昇等黄檗宗法师发表了黄檗禅文化专题演讲，日本黄檗山万福寺田中智诚虽然未能莅会，但提交了论文。

在这次论坛上，杨曾文、松蒲章等著名学者不吝赐稿，极大地提升了这次论坛的学术层次。十几位日本学者和旅日华侨，借助日本黄檗文化原始资料的优势撰写高质量论文，有力地提升了这次论坛论文集的文献价值。内藤香林等7位黄檗宗高僧，是隐元临济宗的嫡法孙，他们继承了隐元的衣钵，参与黄檗文化研究，从亲身体会出发，考证自己的法脉，呼吁弘扬黄檗禅文化，提出耳目一新的学术观点。福建师范大学福清分校的部分教师结合本专业，参与唐通事与黄檗文化文献的挖掘与研究，考证了部分唐通事的祖籍地，吴章燕博士首次提出隐元是"习禅"诗人的观点。总之，诸位学者提供的论文主题鲜明，学风严谨，资料丰富，具有较高的学术价值。这次论坛丰富了以唐通事为代表的长崎华侨的历史文献，极大地充实了本课题的研究内容。

厦门大学吴光辉教授，福建师范大学戴显群、谢重光教授，福建省社会科学院刘传标研究员，日本中央政策研究所后藤锦隆研究员等学者、教授也应邀莅会并主持了各场演讲会和研讨会。福建省佛教协会副会长释本性法师，福建省地方志学会会长方清先生，NPO法人田汉文化交流会理事长田伟（田汉侄女），以及日本华侨代表、福建省地方志部门代表、福建省部分高校日语教师、福清市黄檗禅文化研究院代表150多人参会。

这次论坛的论文集《黄檗流芳》，已由社会科学文献出版社出版发行。

第二章　日本江户时期长崎唐通事概述

唐通事是长崎地方官员，是特殊的翻译家群体。这一役职是德川幕府闭关锁国政策的产物，是长崎对华贸易的附属品。在了解福建籍唐通事之前，必须了解唐通事体制、唐通事的选拔、唐通事的唐话教育以及唐通事的历史功绩等的概况。

第一节　长崎唐通事体制

一　长崎管理机构

1603 年 2 月，德川幕府正式成立。这是日本历史上最强盛，也是最后一个武家政治统治集团。整个江户时期，幕府是实际上的统治者。日本的军政大权掌握在幕府手里，德川幕府为了巩固统治权，建立起幕府严密控制下的政治体制。

幕府实行了亲藩、谱代、外样三级制度。[①] 江户时代幕府将军是最大的封建主，直接管理日本四分之一的土地和许多重要城市。德川幕府直接掌握的领地叫亲藩，亲藩代官叫亲藩大名，都是将军的姓德川，是由德川的儿子开创。江户时期的将军不直接执政，而是由谱代大名来代行。谱代大名是关原之战之前服侍德川家的武士阶层。幕府的最高职位叫大老，非常设，相当于宰相，辅佐将军处理政务，幕府的重要决策由大老负责策划，大老从领地在 10 万石以上的谱代大名中选拔。幕府的常设役职叫老中，是幕阁的主持者，从领地在 2.5 万石以上的谱代大名中选拔。除此以

---

① 陈杰. 江户幕府 [M]. 西安：陕西人民出版社，2013：1 - 11.

外，还有若年寄、奏折番、寺社奉行、京都所司代、大阪城代，这些职务都由谱代大名担任。归属老中直辖的役职有御三卿、留守居、高家、大目附、町奉行、勘定奉行。

在亲藩大名和谱代大名以外，还有一个重要的统治基础就是旗本。旗本是幕府将军的直属武士，领地一般在 1 万石以下，具有直接谒见将军的资格，叫作御目见。旗本分为三个等级：布衣以上（朝廷赐予的官位）、布衣（非朝廷赐予）、布衣以下（200～600 石领地）。他们是幕府统治的重要基础，担任幕府的中低级役职。旗本的最高职务是管理江户城与大奥等处警备事务的留守居。其他一般役职有：町奉行，负责江户城下町的治安、行政、执法，由领地在 3000 石左右的旗本担任；勘定奉行，负责幕府的财政，由领地在 3000 石的旗本担任；大目附，负责监察事务，由领地在 3000～5000 石的旗本担任。远国奉行，是幕府设置在长崎、骏府、伏见、奈良、佐渡、浦贺、下田、兵库等要害之地的管理者，其中除伏见因位于京都，由谱代大名担任外，其他全部由旗本担任。

外样大名，是指关原大战以后归服德川家的大名。外样大名具有广大的领地，不担任幕府的役职，受到幕府的严厉监视，略有一点过错就可能遭到没收领地或者削减领地的惩罚。

长崎奉行，由旗本大名担任，这是远国奉行中最重要的职务，由于长崎是对外贸易的唯一窗口，"油水"很多，成为许多旗本大名竞相争取的肥差。长崎奉行与其他远国奉行一样，是长崎的行政司法长官，除此之外还有三个特殊的职责：防备外敌入侵和基督教传播的警备司令官，负责贸易事务的商务官，与前来长崎的外国人交涉的外交官。除了管理贸易之外，长崎奉行还是幕府政策的有力推行者，有时长崎奉行的职权范围不仅仅限于长崎一地，根据实际需要，可以遍及整个九州乃至西国。出任长崎奉行者，共计 124 任，123 人。他们卸任后一般担任勘定奉行等更重要的职务。

长崎奉行最初仅有一人，后来幕府不放心将如此重要的职位委于一人，所以人数增至两人。之后，以岛原之乱为契机，长崎奉行开始了交代制度。一人在江户，一人在长崎，在江户的称为在府奉行，在长崎的称为在勤奉行，每年九月交代。后来由于来长崎的商船，尤其是中国商船数量激增，所以在贞享三年（1686），长崎奉行增至三人。交代制度也有了变化，两人在立山奉行所和西役所在勤，一人在江户。元禄十二年（1699）之后，奉行人数增至四人，二人在勤，另二人在府。清朝雍正继位（1722）之后，清政府又重新实行海禁。长崎奉行也因此由四人降为三人，一年后，再降为两人。之后，直至幕末，人数基本维持不变。日本长崎奉行是长崎最高统治者，兼有行政、司法、警备、商务、外交等权力。奉行下面设置支配组头、支配下役、支配定役下役、与力（相当于警察署署长）、同心（警察）等等级森严的管理机构。长崎奉行是幕府中央政府派来的官员，一开始只有一人，而且只有半年在长崎。所以，长崎奉行只能靠町年寄（管理城市的地方首领）及其下设的町方诸役和长崎代官下设的在方诸役（管理周边农村）等两个地役人机构，也就是靠地方官员来进行管理。所谓地役人，不同于中央派来的"单身赴任"的官吏，他们是住在本地，有一定的土地和住宅，与妻子和儿女一起生活，不被派到异地，履行长崎奉行所赋予的职权，属于地方官员。

町年寄下设机构有：町方诸役，官员叫町乙名（町长）、组头（辅助官）；唐方（中国）役，官员叫唐通事、唐年行司、唐船请人；兰方（荷兰）役，官员叫阿兰陀通词（荷兰通词）、出岛乙名。除此之外，还有管理商务的会所诸役，御船头、远见番等番方诸役。长崎奉行下属的管理机构非常庞大，不仅官职分类细，而且人员编制多。1681 年在编 1041 人，1724 年 1801 人，1838 年 2069 人，仅唐通事就有 70 多个编制，几乎长崎市内每 13 个人就有 1 人有官职。[①]

长崎早在 1588 年（丰臣秀吉统治的时代），就被确定为直辖之地。德川幕府继续沿袭，将其作为直辖地。不同于其他藩国，长崎市行政开支与地役人的薪俸都是由中央财政下拨。

唐通事就是，幕府—谱代大名（老中）—旗本大名（长崎奉行）—长崎町年寄之下的最基层官员。唐通事有别于荷兰通词，从其名称上看，通事的职权大，管理范围广。"通事"不仅是语言翻译人员，也管事，主要

---

① 李斗石. 明清之际日本长崎福建籍唐通事家系概略［J］.福建史志，2014（3，4）.

负责贸易、外交事务，此外还管理唐船和住在长崎的华人。而"通词"就是单纯的语言翻译人员。

二 唐通事体制①

1603 年德川幕府成立后，继承丰臣秀吉的做法，把长崎确定为直辖地，第一任长崎奉行是小笠原一庵，他于 1603 年上任，次年（1604）任命出生于山西的冯六为第一任唐通事。唐通事职级由简到繁，由少至多，职级分类很细，等级森严。唐通事由本通事与内通事构成，本通事是狭义上的唐通事，是真正意义上的唐通事，由大通事、小通事和稽古通事三级构成。广义上的唐通事还包括唐年行司、内通事小头、唐船请人。除此之外，还有很多叫内通事的私人通事，这是编外的特殊群体，有时被私人雇用，待遇低，无保障。

（一）大通事

一开始，唐通事没有分级别，1640 年才开始分大通事和小通事。在此之前的唐通事实际上都是大通事。编制数，最初只有 1 人，庆长（1596 ~ 1615）和元和（1615 ~ 1624）年间也只有二三人。

日本宽永年间（1624 ~ 1643），随着幕府锁国体制的完善，唐通事的编制数也有所增加，1640 年其职级分为大通事和小通事两级，编制数分别为 4 人和 2 人，1658 年调整为各 4 人，1672 年大通事 4 人、小通事 5 人。这就是所谓的唐通事九家，即本通事，被称为"仲间"，也就是说唐通事的真正职权掌握在 9 人手里，相当于 9 个"常委"。那么，这 4 位大通事与 5 位小通事，谁领导谁，哪个是头目？在唐通事头取和唐通事诸立合出现之前，大通事和小通事有年番，轮流当值，年番大通事和年番小通事就是大头目和二头目。江户时期很多官职实行轮番制，如幕府老中役职，定员 4 ~ 5 人，不存在首席老中，采取轮番制，每个月当值者 1 人，负责日常工作，只有重大事情采取合议制。长崎奉行和町年寄等役职也都是轮年制度，这是防止权力过度集中的一种措施。

---

① 以下参考林陆朗. 長崎唐通事—大通事林道栄とその周辺 [M]. 東京：吉川弘文館，2000.

本来大通事是不分等级的，1713 年临时设置大通事格，不占大通事编制，享受相应的待遇。1751 年新设大通事助，作为大通事的助手。1819 年又增设大通事过人，不占大通事编制，因人任命。这三种大通事职级，名义上都属于大通事，大于小通事，但都是临时性职位，起到大通事助手的作用，待遇也比大通事低，比小通事高。从 1604 年到 1857 年，总共有 84 人任大通事及大通事级别的职务（见表 2-1）。

表 2-1　大通事职级划分

	役职名称	设置年份	职责
特殊大通事	唐通事头取	1782 年（天明二年）	荣誉性役职
	唐通事诸立合	1736 年（元文元年）	在任唐通事头目
	御用通事	1725 年（享保十年）	将军家御用通事，为其采购贸易品
	风说定役	1699 年（元禄十二年）	采集、编写风说书（收集情报）
	值组定立合通事	1727 年（享保十二年）	《正德新令》后，负责对进口货物进行估价（值组）
	唐通事目附	1695 年（元禄八年）	唐通事监察
大通事级别	大通事	1640 年（宽永十七年）	本通事最高职位
	大通事格	1713 年（正德三年）	临时设置
	大通事过人	1819 年（文政二年）	无定额，不占大通事编制，因人设置
	大通事助	1751 年（宝历元年）	辅佐大通事

在大通事上面，还设置了 6 个特殊的大通事，这些职位名义上高于大通事，但待遇不如大通事。一般在任大通事晚年会被任命为特殊大通事。1782 年设置唐通事头取，这是荣誉性职位，也可以说是唐通事最高职位，共有 4 人获得过这个荣誉。第一位唐通事头取是，福清籍林时亮的第五代孙林梅卿，还有冯六的第五代孙平野善次右卫门，柳屋治左卫门（原籍不明，柳姓），陈冲一的后孙颖川四郎八。1736 年设置的唐通事诸立合，是在任唐通事的头目，第一位唐通事诸立合也是林时亮家的后孙，先后共有 10 人担任此职务。1725 年首次设置的御用通事，是临时性的职位，是为将军家采购贸易品的特殊唐通事，在大通事中选拔，第一位御用通事是刘焜台（原籍不明）的后孙彭城藤治右卫门，共有 4 人担任过此职务。1699 年设置风说定役，也是临时性职位，其职责是收集整理唐船商人口述的国外

情报，共有 6 位大通事担任过此职务，第一位是林时亮的嫡子林道荣。
1727 年设置的值组定立合通事，也是临时性职务，是执行《正德新令》的
产物，共有 17 人担任过此职务。唐通事目附是唐通事监察役，1695 年首
次设置唐通事目附，是常设役职，一直延续到幕末，不一定由大通事兼
任，有时从小通事中直接提拔，共有 36 人担任过此职务。

（二）小通事

小通事始于 1640 年，最初被任命的是福清籍的林仁兵卫（林守墅）
和漳州府籍的颍川藤左卫门（陈道隆），最初有 2 人，1658 年增加到 4 人，
1672 年再增加到 5 人，这个编制数一直持续到幕末。

由于 1672 年后小通事的 5 人编制是固定不变的，许多优秀的后生无法
被提升，只能窝在稽古通事位置上，无法施展才华，所以 1718 年，在小通
事下面设置小通事末席，从稽古通事中选拔 2 个佼佼者就任，1735 年增加
到 8 人，1830 年达到 20 人。1739 年在小通事末席上面增设小通事并，没
有编制限制，因人任命。1751 年，设小通事助，辅佐小通事，职级在小通
事并之上。1815 年设置临时性职位小通事格，1829 年在小通事并之上又设
小通事过人，这是准小通事，一旦小通事位置空缺，可优先擢升为小通
事。这些名目繁多的小通事级别，都在年番小通事的领导下，按照分工履
行职责，在待遇上有区别，擢升正式的小通事须按照这些职级顺序一步一
步晋级。打个比方，唐通事制度就像我国现行大学职称制度，分助教、讲
师、副教授、教授，各级职称里面还分等级。小通事好比副教授，虽然七
级副教授有破格跃升四级教授的可能，但多数从七级开始，每隔几年逐级
晋级。最高级（五级）副教授，不会自然升至四级教授。那么，各级副教
授之间有何区别？其实，他们都履行教学和科研职责，只是在任职年限与
待遇上有区别。小通事下面的 5 个小通事级别，也是资历与待遇上的区别
（见表 2 - 2）。

表 2 - 2 小通事职级划分

	役职名称	设置年份	职　责
小通事	小通事	1640 年（宽永十七年）	本通事第二级

续表

	役职名称	设置年份	职　责
小通事级别	小通事格	1815 年（文化十二年）	临时性职位
	小通事过人	1829 年（文政十二年）	小通事下最高职位
	小通事助	1751 年（宝历元年）	小通事助手，位于小通事下第二级
	小通事并	1739 年（元文四年）	小通事下第三级
	小通事末席	1718 年（享保三年）	小通事下第四级

（三）稽古通事

稽古通事是内通事的有机组成部分，大通事位于最高层次，小通事仅次于大通事，第三层就是稽古通事。稽古通事具有培养唐通事的性质，在日语里"稽古"一词来源于古汉语，但被赋予新的含义，是武艺、技艺领域练功之意。

1653 年始设稽古通事，最初由大小通事的子弟担任，主要职责是会话练习和贸易实务的操练，具有唐通事辅助性质。稽古通事的设置，除了培养唐通事的目的外，也是为解决优秀的华人后裔无法施展才华的问题而设置的。不少家格低微的稽古通事，一辈子在最下层唐通事职位上，默默无闻，其中不乏优秀的人才。如，同安籍蔡昆山家第八代孙蔡恒次郎（1817～1858），从内通事小头见习末席升至内通事小头，最后进入正式唐通事门槛，成为稽古通事，他是蔡家第一位正式唐通事，也是优秀的唐通事。

稽古通事最初没有编制限制，而是因人设置，第一位稽古通事是浙江籍陈九官（独健和尚）的嫡子颍川九次郎，日后成为大通事。此后的大小通事，都要经历稽古通事，这是唐通事的起点，担任这个职务的唐通事人数最多，其中少数荣升大小通事。所以，也可以说，稽古通事是唐通事这个金字塔的塔基。1699 年设稽古通事见习，从唐通事名门子弟中选任，多数为无薪，真正具有培养后继者的性质。1734 年增设稽古通事格，从内通事小头中选拔优秀者任命。

（四）广义上的唐通事

长崎唐通事体系，除狭义上的本通事外，还有广义上的唐通事。广义上的唐通事还包括唐年行司、唐船请人和内通事小头。他们是唐通事体系的重要组成部分，具有辅助长崎奉行管理体系的职能，也有编制，有薪水。

1. 唐年行司

唐年行司这一职位是 1635 年开始设置的。其设置的背景是 1635 年幕府当局下令全面实行禁海令。由于唐船全部集中于长崎，九州周边的华人也都云集在长崎，因此这一政策给长崎奉行在管理上造成很大的压力。长崎奉行为了防止华人冒犯"国禁"，也为便于调解纠纷，决定设立"唐年行司"职位，在有威望的住宅唐人中遴选任职官员。

首批被任命为唐年行司的有：欧阳云台（漳州府籍）、何三官（福清县籍）、江七官（泉州府籍）、张三官（四川省籍）、何八官（原籍不明）、陈奕山（福州府籍）等 6 人。第二年（1636），林时亮（福清县籍）被任命为唐年行司。之后还有 5 位住宅唐人，分别是 1649 年被任命的薛六官（原籍不明），1651 年被任命的吴一官（晋江县籍），1666 年被任命的陆一官（原籍不明），1678 年被任命的王三官（福州府籍）和黄二官（原籍不明）。这 12 人都是第一代住宅唐人，之后都是由他们的后代袭任，是世袭制，共有 51 人担任过此职务。

1674 年，增设唐年行司见习，多数无薪，由唐年行司的子弟担任，先后有 30 多人担任过此职务，一直延续到幕末。

1851 年，又增设唐年行司格，作为临时性职位，只有 6 人担任过此职务。

唐年行司一开始拥有很高的地位，可以说他们扮演着华侨领袖的角色，主要职责是管理唐人，当唐人违反禁令，发生纠纷时出面调停。但后来随着唐通事的势力膨胀，唐年行司的地位逐渐被削弱。1669 年，长崎奉行建立了唐人屋敷（相当于唐人馆），所有渡航唐人只许住在这里，禁止杂住于市区，随后唐年行司的影响力完全消失。尽管如此，唐年行司这一役职一直延续到幕末。

2. 唐船请人

唐船请人制度始于何年？因《译司统谱》"唐船请人"栏里，没有记入第一任蔡三官的始任时间，所以无法确定。但唐船请人与唐年行司一样，都是幕府实行禁海令的产物，是限制外国船只带进基督教徒的一种手段。凡是进入长崎的唐船都须经唐船请人做担保，方可登陆进行贸易。唐船请人是有编制、有待遇的低级唐通事。

继同安籍的蔡三官之后，宽文三年（1663），又有 6 位唐船请人，他们是泉州籍江七官、浙江籍杨一官、福州籍薛八官、福州籍陈九官、南京籍李八官、漳州籍王二官。一般来说，这 7 家的后代世袭这一职位。但也有特例，如，蔡昆山（三官）的长子蔡长左卫门没有接任此职位，而是接替漳州籍王二官家的职位。担任唐船请人职务的先后有 51 人。

3. 内通事小头

内通事小头也是广义上的唐通事。内通事小头从 1666 年开始设置。在长崎有上万华人，除少数几十家任高薪的唐通事外，其余多数从事贸易活动，还有几十户经营船宿。船宿就是以唐船贸易商人为服务对象的旅店。船宿经营者雇用若干名华人或日本人，接待唐商住宿、协助卸货、看护船只、联系维修船只、张罗进货。1633 年之前，每年有上百只唐船进入长崎。规模大的船宿叫本宿，一次可以接待整船上百名船员和商人，规模小的叫中宿或小宿，两三家合伙接待。效益最好的年份，接待一艘唐船的利润（口钱）多达 12 贯目，接近正式小通事的俸禄，当时船宿经营者富得流油。可是好景不长，1636 年开始，幕府当局限制唐船数量，而且减少船宿的利润。不仅如此，还限制长期以来被华人垄断经营的船宿，指定一部分船只的接待由官办旅店负责，这叫作"指宿"，有一段时间也采取各町（日本城市行政区划，相当于街道）轮流接待的方式。华人垄断经营的船宿，其利润不断减少，无法维系，濒临倒闭。为了解决船宿从业人员的问题，长崎奉行采取的措施就是设置内通事小头，1666 年任命首批 7 个内通事小头。所谓内通事小头就是内通事的负责人，给三个地区分配的名额（也就是编制）是，南京方 48 人、福州方 48 人、泉州方（含漳州）72 人。这是按照中国三个地区到长崎的船只数量之比来确定的。《译司统谱》记载了 106 位内通事小头的名字

17 世纪 80 年代末，华人的铁饭碗彻底丢了，1689 年幕府建立唐人屋敷后，不允许唐船商人和船员散住在市区民房或船宿。此时，三个地区的内通事小头进驻唐人屋敷，被称为"诘番内通事"。

所谓内通事，就是跟正式的唐通事不同，虽然也叫通事，但不是从事唐船贸易中的翻译工作，其业务主要是搬运货物，给唐船贸易商引路，联系油漆工和木工，安排船只的修补，偶尔做口头翻译，巡视、守护唐船。说白了就是唐船贸易商的杂役，跑腿的帮手。

1708 年增设内通事小头见习，从内通事小头子弟中选拔任命，具有培养、练习的性质，有 30 人担任过此职务。1796 年增设内通事小头格，作为临时性职位，只有 2 人担任过此职务。1810 年编制外又增设内通事小头助。

虽然内通事小头是非正式的唐通事，是从事体力劳动的役职，但它打开了升入本通事的大门。如，太田长左卫门就是内通事小头，他从编外的唐通事起步，辛勤劳作，把太田家族撑起，使其成为长崎令人羡慕的正式唐通事世家，培育出 4 位小通事级别的后孙，1 位晋升至大通事级别的唐通事目附。

第二节　唐通事的选拔与世袭制度

一　唐通事的选拔

担任唐通事必须具备两个前提条件：一是出身于有势力的住宅唐人家庭；二是具备日汉双语能力，才华出众。多数唐通事出身于林时亮、刘一水、陈冲一、林楚玉等第一代著名的住宅唐人家庭，第一代华人中只有山西籍的冯六、浙江籍的陈九官等少数人直接任唐通事。这些第一代老华侨（华人）有很高的学识，很注重对子弟的教育。林道荣、刘宣义、陈道隆、林守墅等人就是儒商家门出身，是既有语言天赋又有才华的第二代杰出代表。

唐通事除了要具备上述两个条件外，还受唐通事定员名额的限制。狭义上的唐通事，也就是大通事和小通事的编制数到 1672 年定格于 9 人，一直延续到幕末。这就是所谓的唐通事九家，亦称本通事。1653 年增设具有培养唐通事性质的稽古通事。大小通事和稽古通事等"三役"合起来构成唐通事的实体，并随着时代的推移，不断细化，增设各种名目的新职级达二十多个。狭义上的唐通事就是上述三个阶层的本通事。到 1867 年在任各级唐通事人数达到 75 人。① 所以，进入唐通事的门槛，好比登天，不少人只好中途放弃。

唐通事任命、升迁的决定权在长崎奉行，确定人选后还要呈幕府报备，得到幕府的认可才算进入唐通事门槛。但唐通事的人选与升迁，不由长崎奉行直接提名，因为长崎奉行到长崎任职时间短，每年只有半年在勤，或者隔年在勤，交替频繁，不可能掌握唐通事的每个细节。唐通事人选的基础是唐通事九家——也叫"仲间"（相当于常委）提出的"内证吟味"。"吟味"一词，在日语里有品味、鉴定、调查等含义。"内证吟味"就是 9 位大小通事，经过认真、严肃的内部调查和审查，之后形成候选人名单。

二　唐通事的世袭制度

一旦被任命为唐通事，就意味着其家族获得了唐通事的继承权（或称"继承资格"）。在长崎，唐通事的继承资格叫"役株"（就像股票的股权），唐通事由家族世代相传，也可以有偿转让。宫田安在《唐通事家系论考》前言中提到有人买卖役株的问题。龙溪县籍陈冲一家分家 B 第一代颍川太藏（1755～1785）的唐通事役株，就是从陈三官（原籍不明）家第四代颍川吉次郎家花钱买的，这在唐通事历史上很少见。

即使是大通事家族的子女也未必一定能担任大通事，他们从稽古通事见习做起，根据资历、能力以及定员情况逐级升迁。没有能力，尤其是不具备语言能力的唐通事家族的子弟，即使其父辈是最高级别的唐通事头取，也未必能成为唐通事。大通事刘宣义的嫡子就是因唐话水平低，未能进入唐通事门槛，连稽古通事见习也没有担任。唐通事的后代并不一定是本家族的嫡系子孙，当本家族后代里没有合适的人选时，要么招婿入赘，要么收养义子，女婿和义子必须使用该家族的姓氏，跟嫡子一样具有继承唐通事的资格。收养义子和女婿作嗣子，不是随意的事情，要经过审查，

经长崎奉行批准。龙溪县籍大通事陈道隆家，因没有嫡子继承其役株，所以女儿十五六岁时便被许配给同乡人叶我钦的长子叶茂猷，所以陈家第二代唐通事开始实际上成为叶姓。长乐籍的刘宣义生有二子一女，长子伊之助和次子市郎左卫门（恒道）都很短命，也由于没有语言能力未能继承家业，所以他家的唐通事役株由具有日本血统的义子武冈三右卫门继承。

具有唐通事役株的华人家庭总共有 70 家。出本通事（大通事和小通事）的家庭 40 家，出两个以上大通事的才 19 家，这 19 家可称为唐通事名门。唐通事名门中的名门只有 7 家。龙溪县籍陈冲一和浙江籍陈九官颍川（陈）氏两个家族，福清籍林时亮与林楚玉林氏两个家族，长乐籍刘一水、江苏籍刘凤岐和刘焜台（原籍不明）彭城（刘）氏三个家族等三大氏族基本垄断了唐通事职位。

其实，世袭制度是江户时代的一种传统。日本向中国学习过很多制度，但唯独没有学中国的科举制度。江户时代等级制度森严，所有的公民被划分为武士、农民、手工业者和商人，他们的身份是固定不变的，武士家的子弟永远都是武士，农民家的后代也无出头之日。唐通事虽然不是武士，但作为长崎地役人，与町年寄等役职一样都是世袭的。长崎町年寄都由日本人袭任，但也有过例外，在长崎唐通事活跃的 258 年历史上，只有一个华人家庭的后孙担任过町年寄。他就是福清籍林时亮的第五代嫡孙林梅卿（1727 ~ 1794）。他曾任过大通事，是第一位唐通事头取，后任町年寄末席，是唯一一位担任过此职位的华裔。

第三节　唐通事的职责与待遇

一　唐通事的职责①

唐通事不仅仅是语言翻译，他们是身兼翻译官、商务官、秘书官、外交官等职务的特殊的役人。他们的职责范围比较广，但在不同时代有不同职责，随着幕府对外贸易政策的变化而发生微妙的变化。

---

① 以下参考邵继勇. 长崎贸易中的唐通事 [J].江南大学学报，2008（5）.

第一，翻译官业务。语言翻译是唐通事的基本业务，没有语言能力（当时主要指南京话及闽语）就无法胜任唐通事。通常唐船商人到长崎以后一般滞留三四个月，这期间唐船商人的生活、交易活动都依靠唐通事的语言翻译。语言翻译一开始比较简单，主要是对进口货物登记造册，传达幕府与长崎奉行的命令等。1699 年后，语言翻译的业务增加，包括采集、翻译、制作《唐船风说书》。

第二，唐船管理业务。唐船从进港到出帆，检查、审核手续繁杂，大概需要 16 道程序，其中登船宣布禁令、登记船员姓名、翻译货物细目、船员下船入住、检斤、检查样品、招标和投标、投标商看样品、确定进出口商品价格、卸货入仓、货船的检修、出口货物装船等环节都是唐通事的主要业务。

第三，商务官业务。江户初期，幕府实行丝割符制度，限制生丝的进口，以防日本银超量流出。1635 年，中国商船的停泊地被限定在长崎一港，输入的生丝全部被纳入丝割符制。此时唐通事介入生丝贸易业务，参与生丝价格的估价。1715 年，日本对外贸易政策发生变化，实行《正德新令》后对所有进口商品进行估价，特设值组定立合通事。

第四，秘书官业务。制作各种贸易账目，整理造册，都是唐通事的文字秘书业务。除了唐通事风说定役制作《唐船风说书》以外，还要起草呈给幕府的各种请愿书。

第五，外交官业务。长崎奉行身兼幕府外交官一职，经常与前来长崎的外国人交涉。唐通事作为长崎奉行的下属官员，自然要承担外交翻译、秘书业务。唐通事最有影响力的外交业务是替幕府发放信牌。《正德新令》施行后，对中国商船做出如下规定：每年允许的贸易船数为 30 艘；贸易银额限 6000 贯目；为控制船数，实行信牌贸易制度。信牌就是以唐通事的名义每年向清船发放固定数目的一次性信牌。凡领有信牌的清船，可根据照票上规定的时间赴长崎贸易一次，如有逾越行为，则失去重新获得信牌的权利。信牌制的实行，使长崎的中日贸易完全纳入幕府的计划贸易体制。当时清朝与日本没有外交关系，江户幕府当局为了管控对清贸易，委托华人（唐通事）发放贸易许可证（信牌），以此回避清朝政府对日本政府干预贸易的嫌疑。沙县籍卢君玉曾孙卢草拙出任过与信牌发放有关的工作。

二　唐通事的待遇[①]

有关唐通事待遇问题的文献很少，林陆朗根据有关文献，列举了唐通事的俸禄情况。

第一，唐通事与荷兰通词的比较。1681 年开始，荷兰通词有大通词和小通词之别，大通词有 4 个编制，当时每人的俸禄是 27 贯目[②]，小通词也是 4 人，每人的俸禄是 12 贯目。唐通事也分大小，大通事 4 人，每人俸禄（平均）33 贯目，小通事 5 人，每人俸禄 10 贯目。显然，大通事比荷兰大通词待遇高，但小通事的待遇稍微低于荷兰小通词。

第二，唐通事与町年寄的比较。町年寄俸禄大约为 41 贯目，年番大通事俸禄约为 35 贯目。也就是说，唐通事的待遇在长崎地役人里面低于町年寄，高于其他通词。但这仅仅是名义薪水。一般大通事家庭都是长崎豪门望族，家财万贯，可与大名贵族相媲美。他们的俸禄只是家庭收入的一部分，还有其他家庭经营等方面的收入。

第三，各级唐通事内部的俸禄情况。从大通事到内通事，等级繁多，俸禄待遇相差很大。年番大通事俸禄高达 35 贯目，而内通事小头的俸禄只有 250～590 文目，年番大通事的俸禄是唐年行司和内通事小头的 70～140 倍。所以，低级唐通事无法养活家庭。具体收入情况，见表 2-3。从名义上看，风说定役与唐通事目附位于大通事之上，但待遇低于大通事，唐通事目附的待遇还低于小通事。稽古通事虽然位于本通事的最低级，但成熟老练的稽古通事待遇也不低，高于末席小通事。稽古通事见习基本无薪。

按照银两制，发给唐通事的薪水相当于现在的人民币多少？这个问题经常被人问起。1 贯目相当于现在的 8 万日元。年番大通事的俸禄相当于 285 万日元，而唐年行司见习的俸禄相当于现在的 4 万日元，俸禄 250 文目的唐船请人只有 2 万日元。还有一种说法，普通大通事按照石高制发薪水的时候，其俸禄达到 550 石（年薪），相当于现在的 4000 万日元。

---

① 林陸朗.長崎唐通事一大通事林道栄とその周辺［M］.東京：吉川弘文館，2000.
② 除特别注明的外，俸禄均指月俸。

表 2 - 3　唐通事俸禄情况（1708）

唐通事职级	编制数	每人月俸禄（文目）
风说定役	1	23458
唐通事目附	2	13700
年番大通事	1	35562
大通事	3	33182
年番小通事	1	17147
小通事	3	15567
小通事（新任）	1	8770
稽古通事（一级）	1	11347
稽古通事（二级）	4	4550
稽古通事（三级）	7	4130
稽古通事（四级）	4	500
唐年行司	5	6147
唐年行司见习	2	500
内通事小头		250～590
唐船请人		300～510

资料来源：林陸朗. 長崎唐通事—大通事林道栄とその周辺［M］.東京：吉川弘文館，2000. 另外，林陆朗的唐通事薪水表里没有内通事小头与唐船请人的薪水数据，此表里的相关数据由笔者根据颖川君平的《译司统谱》整理。

第四节　唐通事的唐话教育

一　江户时期日本教育制度

江户时期，日本教育体制比较完备，从幕府到地方都设有教育机关，从武士到农民都有机会接受不同程度的教育。这是明治时期义务教育迅速普及的基础。

（1）昌平坂学问所。这是于1790年成立的江户幕府直属的教育机关，也是东京帝国大学的前身之一。从这所学校毕业，相当于最高学府本科四年毕业生。这所学校成立比较晚，招收对象为武士。长乐籍郑宗明后孙郑干辅在这所学校就读过，毕业后回到长崎唐通事职位，升到大通事，成为日本第一个学满语、最早学英语的语言学英才，他培养了一批具备英、汉、日三语的幕末语言学人才，为明治维新做出贡献。

（2）藩学。[①] 为藩政支撑者藩士的子弟开设，在宽政年间（1789～1801）创建，教学内容以汉学、武术为主，同时培养统治民众所需的文字写作能力，使学生掌握统治者所需的教养，练就健壮体魄。到幕末有200多所，几乎每藩一所。比较著名的藩学有会津藩日新馆、米泽藩兴让馆、熊本藩时习馆及水户藩弘道馆等。

（3）乡学。属于民众教育机构，分为大藩的支族或家臣为他们的子弟开设的学校和庶民在乡村设立的学校两种。前者类似藩学，后者类似寺子屋。

（4）私塾。也属于民众教育机构，是由学者个人在各地创设的学校，它对江户时期文化科学的发展起了很大作用。

（5）寺子屋。这是城市市民和乡村农民自发开设的具有启蒙性质的基础教育机构，在江户初期多设在寺院，后来设在寺院以外的寺子屋逐渐增多。到明治维新前夕，寺子屋已发展到2万余所。寺子屋的主办人，有武士、僧侣、医生和神官，也有平民。学生被称为"寺子"，他们来自社会各阶层，以平民居多。学习科目主要是读、写、算。它是一种群众性的教育机构，为明治维新以后普及初等教育奠定了一定的基础。

二　唐通事的唐话教育

唐通事的教育问题是中日两国语言学研究者讨论的重点话题。唐通事在江户时期，有没有接受上述藩学、乡学、寺子屋等的教育？答案是"否"。除了长乐籍郑宗明的后孙郑干辅自费到江户昌平坂学问所就读过以外，其他唐通事的子弟没有就读过这类教育机构。

长崎是幕府直辖地，也是中日民间贸易的唯一窗口。唐通事因中日贸易而诞生，随中日贸易的兴旺而壮大，随中日贸易的结束而退出历史舞

---

① 山住正己. 日本教育史［M］. 东京：岩波书店，1987：11－12.

台。唐通事由有学问的长崎第一代华人及其后代担任，其前提是熟练地掌握日中双语。唐通事必须掌握唐话（汉语），这是任唐通事的前提条件，是部分华人生存的手段，是华人好比赶考一样出息的重要途径。

（一）唐通事子弟教育机构

家庭教育是唐通事前期子弟教育的重要途径。唐通事子弟教育一开始没有专门的教育机构，都是在家里，通过父母，从襁褓里牙牙学语开始，学习掌握唐话的。一开始，唐通事由少数有势力、有学问的第一代住宅唐人担任，其代表人物是山西籍冯六和浙江籍陈九官。之后，多数唐通事出身于有才华的第一代住宅唐人家庭。他们的共同特点是，父亲是来自中国的儒商，有学问、有胆识，按照丰臣秀吉的遗嘱，受到日本九州各地藩主和长崎奉行的优待与尊重，娶日本大家闺秀为妻。他们身上有强烈的爱国心，注重子女的教育。其代表人物是福清籍林时亮的嫡子林道荣、长乐籍刘一水的嫡子刘宣义、龙溪县籍陈冲一的嫡子陈道隆、福清籍林楚玉的嫡子林守璧。这批优秀的华人及其后生，不仅熟练掌握包括闽语方言的中日双语，而且阅读中国古典著作，通晓天文地理，受隐元等儒僧和朱舜水等明代遗臣的影响，成为长崎著名的书法家、儒学家、诗人。尤其是林道荣和刘宣义被誉为唐通事"双璧"。进入唐通事九家的四位大通事和五位小通事以及任过风说定役等役职的人，其语言水平自不必说，都是有才华、有文采、有学识的英才。

大通事林道荣曾经被长崎奉行指定为稽古通事的导师。稽古通事具有培养唐通事接班人的性质。大通事不仅注重对自己子弟的教育，还关心其他华人子弟的成长，也经常收养有培养前途的华人或日本人的子弟为义子。他们长大后获得唐通事役株另立门户，林道荣家就有五个唐通事役株。

江户中后期，长崎出现过华人举办的私塾。关于华人私塾问题，没有现成的文字记录。但日本学者研究发现①，当时长崎确实存在过唐话私塾。私塾里使用过一本教材《小孩子》，其中有一段写道：

---

① 喜多田久仁彦. 唐通事の中国語について ［J］. 研究論叢, 2016（87）：9-20.

在我的背后，讲日本话的时节，鬼话连天，只管多嘴，一日到晚总是不住口，脸皮铁也似厚。若说起唐话来，不但是脸皮薄像个耳聋口哑一般，闭住口在那里……

我和你说，你们大大小小到我这里来读书，先有了三件不是的事情等我分说一番，……你们须要牢牢地记在肚里，不要忘记原来人家幼年间到学堂读书，不是学人不正经，要是学好……

通过这段文字可以得知：一是他们平时的用语是日语；二是长崎有了唐话学堂；三是他们的唐话是在学堂里跟着先生学的。

在长崎的华人还举办过圣堂，时间是江户中期。"圣堂"是指祭拜孔子，从事教学活动的场所，类似孔庙。沙县籍卢君玉的曾孙、著名天文学家卢草拙（1675～1729）曾任过学头。学头是这个机构里的主要负责人，相当于校长，也指首席教师。

幕末长崎成立了译家学校。这是末代唐通事，按照大通事郑干辅的遗嘱，于1861年在郑干辅发起创建的长崎崇福寺三门内附设的唐通事教育机构，主要目的是给唐通事后代传授汉语和英语。译家学校成为日本最早的英语教育机构之一，颍川重宽等人在此担任过教授方（教师），很多末代唐通事及其后代在这里习得汉语和英语。但它幕末才成立，基本没有发挥唐通事教育机构的功能。

（二）唐通事教育内容与教材

唐通事教育的首要内容是语言——唐话。前几代的唐通事，主要通过家庭教育习得语言。福清籍林时亮的夫人是日本人，其家庭日常用语除日语外，在家里父子之间使用南京话（普通话），遇到福清同乡人还讲福清话（闽东话）。林道荣在这样的语言环境中成长，自然跟父亲一样，会讲三种语言，日常生活中与母亲讲日语，与朱舜水、隐元、木庵等华人交往时使用南京话，与林守墅等福清老乡讲的是福清话。林道荣的语言是父亲林时亮口传的，没有语言学教材，但林道荣阅读过"四书""五经"等中国经典著作，通读过隐元带到日本的所有书籍。

过了几代后，唐通事的子弟已经基本被日本人"同化"，日常使用的是日语，已经无法通过家庭教育做到既会讲南京话，又会说方言。后来唐通事子弟的唐话教育是通过华人创办的学堂完成的。

唐话发音练习，最初使用《三字经》《大学》《论语》《孟子》《诗经》等教材。进而从"恭喜""多谢""请坐"等二字话入手，接着学"好得紧""不晓得"等三字话，然后进一步学四字话以上的句子，所使用的教材是《译词长短话》（五册）。程度较深的阶段使用《译家必备》（四册）、《养儿子》（一册）、《三折肱》（一册）、《医学摘要》（一册）、《二才子》（二册）、《琼浦佳话》（四册）。学完这些基础课程，在提高阶段加深教育内容，跟着先生阅读唐本《今古奇观》《三国志》《西厢记》。自学读本有《福惠全书》《资治新书》《红楼梦》《金瓶梅》等。

唐话学堂所使用的这些教程是谁编写的呢？这些教材有的是手抄本，有的是梓刻本，日本学者说是唐通事编写的，但没有指出人名。魏之琰的家仆、魏熹的曾孙魏五左卫门（魏龙山）是东京（越南）通事，懂三国语言，也懂闽东话，于1796年誉写福州话读本《译词长短话》，这是在闭关锁国的年代，少有的语言学教材，唐通事把它视为珍宝。这是把唐话、安南（今越南）话、东京（越南）话、梵语、荷兰语、印第安语等多国语言，用魏氏假名标注的语言学书籍。

（三）唐通事所使用的唐话种类

江户时期，在长崎的华人通用的语言是南京话。南京话是当时所谓的普通话。构成唐通事九家的本通事，所讲的唐话首先是南京话，他们与寓居在长崎的朱舜水等儒学家交流，给隐元做翻译，所使用的都是南京话。唐通事也提倡讲南京话。可以说，使用南京话是身份的象征，使用方言的华人往往都是无身份地位的底层劳工、杂役。

长崎县立图书馆渡边文库里有一本书叫《唐通事心得》①，这是由黄檗僧人旭如（1664～1719，杭州府钱塘县人，宇治黄檗山第十代住持）记录的白话文教本，内容是劝诫唐通事要励精图治，勤于练习唐话，勿利欲熏心，是唐通事品行修养方面的教材。书中有一篇《某漳州通事》，描述了

---

① 木津祐子.《唐通事心得》译注稿［J］.京都大学文学部研究纪要，2000（39）：1－50.

一位漳州通事，克服舆论障碍，努力学官话的动人故事。这位漳州通事学官话——南京话的原因很明确：在外出公差，与三江人交涉，由于语言不通无法沟通。

某漳州通事

有一个漳州通事，年纪不过二十二一岁，做人慷慨，士气大得紧。聪明是不消说，百伶百利，问一知十，凭你怎么样琐碎的事情，半吞半吐，略略说把他听，他就会意了然明白，像个经过手的一样。这几天，到我家里来学官话。他的主意，自己虽然曾讲漳州话，在公干出去，见了外江人，说话不大通的时节，纵或有胆量，敢作敢为，会得料理事情，也是碍手碍脚，未免做得不停当了。所以他学官话。他不过这两日才起的，不但是讲得大好，他学了一日，倒赛过别人家的向学一年了。我（教）导他第一句话，第二句是他就自家体谅得出，只当猜哑谜一样的了。有一个问他说道："你原来漳州的人中，如今讲外江话，岂不是背了祖考，心上有些一说不通了。"他原来乖巧得紧，大凡替人来往的书札，相待人家的说话，水来士掩，兵来将挡，着实应答得好。他回复说道："我虽然学讲官话，那祖上的下南话，不是撇下了竟不讲。这个话也会讲，那个话也会讲，方才算得血性好汉，人家说的正是大丈夫了。口里是说什么话也使得，心不背祖宗就是了。"

但是，在中日贸易过程中，唐通事也使用中国方言。中国方言用"口"来表示，如福州口、漳州口、南京口，其中南京口就是南京官话，代表华人的通用语言。在唐通事人员配备上，三种方言结构基本均衡。这里有几个有力的佐证材料。

第一，唐通事九家的原籍结构中，三种方言持有者基本上按照3∶3∶3的比例均衡搭配。1661年，唐通事九家名单如下：

大通事：颖川藤左卫门（陈道隆）——漳州（口）

　　　　彭城仁左卫门（刘宣义）——福州（口）

　　　　柳屋次左卫门（柳友少）——南京（口）

　　　　阳惣右卫门（欧阳国润）——南京（口）

小通事：林仁兵卫（林守壂）——福州（口）

　　　　林市兵卫（林道荣）——福州（口）

　　　　东海德左卫门（徐德政）——南京（口）

　　　　颖川藤右卫门（叶茂猷）——漳州（口）

　　　　西村七兵卫（陈道秀）——漳州（口）

　　第二，内通事小头的编制也是按照方言地区均衡分配的。1666年内通事小头职位设置时，按照中国三个地区到长崎的船只数量之比来确定三方名额：南京方48人、福州方48人、泉州方（含漳州）72人。

　　第三，1689年唐人屋敷建立后，馆内服务人员也按照地区分为：漳州方诘内通事、泉州方诘内通事、福州方诘内通事、南京方诘内通事。这里的"诘"意为"在哪里驻扎"。

　　日本学者在唐通事研究过程中，无法理解福建省的方言，他们不明白为什么有的时候叫"泉漳口"，有的时候分别称"泉州口""漳州口"。其实，福建方言非常复杂，泉州人和漳州人的方言都是闽南话，但有所区别。泉州闽南话属于北片方言，漳州闽南话属于南片方言，二者之间存在外人无法听得懂的微妙区别。当时长崎有很多来自福州地区的华人，他们的原籍主要是福州府城区、福清、长乐等三个县（区）。这三个地方的人都讲闽东话，但这三个地方的方言，在腔调上有一些差别。

第五节　个别唐通事违法犯罪问题

　　江户时期长崎唐通事制度持续两个半世纪，多数唐通事与幕府和长崎奉行和睦相处，深得他们的信赖。尤其江户初期前几代唐通事兢兢业业、恪守职责，基本没有发生违法、违规的事件。但到了后期，有的唐通事家族由义子或女婿继承役株，他们没有继承家产或家族没落，为生计贪图钱财，走上了犯罪的邪路。但少数唐通事的违法犯罪行为，如白玉瑕疵，并没有影响唐通事的良好形象。

一 高岛秋帆与唐通事彭城清左卫门

在长崎，唐通事违法犯罪的案例发生十来起，其中彭城清左卫门的犯罪案例比较特殊，在整个日本家喻户晓。其原因是，唐通事彭城清左卫门的走私案件与日本著名的兵学家高岛秋帆有关联。先看一下高岛秋帆是什么人物。

高岛秋帆[①]（1798~1866），江户幕府末期的兵学家、炮术家，通晓西洋军事，是日本近代制炮技术之祖，系长崎的高岛四郎兵卫茂纪之第三子，统称四郎大夫，晚年改名喜平，号秋帆。他幼时研修兰学及军事，向荷兰人学习火药制炮技术，深得要领，创西洋式高岛炮术。此外，还精通步、骑、炮兵组织及战术，1840年清朝在鸦片战争中战败，他向幕府建议改革兵制，指出清朝的失败在于没有先进炮术。幕府老中水野忠邦对鸦片战争的情报做过认真的分析，认识到日本在军事、经济和政治方面均处于劣势。1841年，水野忠邦将高岛秋帆叫到江户，命他在武藏国德丸原（今东京都板桥区德丸町）举行西式步兵、炮兵的实弹射击演习。水野忠邦非常赏识高岛秋帆的才能，他于九月命高岛秋帆"可于直参中择热心此道者一人传授之"，次年七月又允许向"诸家之热心者"自由传授炮术。重用高岛秋帆和允许其传授西洋炮术，是水野忠邦"天保改革"的重要内容，这表明幕府决心进行军备的西欧化。可惜好景不长，随着老中水野忠邦的失势和倒台，幕府刚刚起步的军事改革戛然而止。反对军事改革的顽固派，这时纷纷造谣中伤高岛秋帆，污蔑他"阴蓄私兵、图谋不轨"。十月二日，高岛秋帆被鸟居耀藏逮捕，弘化三年（1846）七月二十五日，幕府下令将他监禁于武藏国冈部藩（幕府旗本安部家）。自1854年美国海军马休·佩里黑船来航后，幕府大为震惊，应江川英龙请求，赦免高岛秋帆，让他协助完成创建保卫江户海岸的品川炮台，1855年创设讲武所，出任讲武所炮术教头及武器奉行。高岛秋帆译有《高岛流炮术传书》。

---

① 成春有，汪捷主编.日本历史名人词典［M］.南京：南京大学出版社，2010：364.

高岛秋帆入狱的理由是以下几个：一是拥有武器，与其身份不符；二是家里拥有过多的物资；三是包庇小通事末席彭城清左卫门走私贸易案件。[①]

彭城清左卫门走私案案由：1839 年 4 月，唐船船主王云帆的船上有一名商人叫施世弟，委托时任小通事末席的彭城清左卫门秘密走私货物。

1840 年 11 月，长崎奉行得到密报，便命人调查。调查结果属实，于是没收走私物品，遣送施世弟回国，禁止再次进入日本。而彭城清左卫门还未等调查，便畏罪逃到五岛，隐姓埋名，伺候五岛侯，改名为山田苏作。其实，此案的主谋并不是彭城清左卫门，而且此案属于走私未遂，如果及时坦白，可能以罚款或闭门思过了结，但他这一逃逸，引起幕府和长崎奉行的不满，命唐通事和长崎地役人继续调查。不过在交通、通信不发达的时代，寻找一个畏罪逃逸的人，实在是大海捞针。

彭城清左卫门原来就是唐通事，不仅会说唐话，还会写字，记账等对他来说是小事一桩，所以他很快得到五岛当地人的信任，被任命为"笔算通辨"（记账员、文书、翻译类的职务），扶持五岛侯。不久大通事神代德次郎（原姓熊，祖籍不明）到五岛承包鲸渔业，彭城清左卫门受五岛侯的派遣协助神代德次郎，这样山田苏作的化名暴露。恰好此时，高岛秋帆被逮捕，被幕府怀疑包庇彭城清左卫门的走私案件，遂彭城清左卫门被押送到江户，经过幕府调查，上百人受到牵连，但还是没有找到确凿的证据。高岛秋帆与彭城清左卫门都是长崎人，相互之间很熟悉，"包庇"的罪名只是幕府单方面的猜测和联想，高岛秋帆被逮捕是幕府高层内部斗争的结果。因此，此案最后从轻处罚，两人被流放到丰后国立石藩（今大分县）。

彭城清左卫门被流放到立石藩后，并没有受到任何折磨，反而得到藩主的关照，获得不少官粮（扶持米），生活比较充裕。彭城清左卫门也没有因此气馁，而是振作起来，与流放地官民友好相处，把多余的钱粮赊贷给当地农民，帮助他们添置牛马农具，鼓励农民改良农田，使得农民增产增收。另外，他还召集当地农民子弟，传授知识，其事迹传遍整个立石藩。

---

① 增田廉吉. 鎖国の窓 [M].大阪：每日新聞社出版局，1943：138－152.

彭城清左卫门于元治元年（1864），客死于立石藩，享年71岁。为感谢他对当地教育事业的贡献，当地农民自发捐款，请求藩主设立学校教育基金，并给他封"随缘院痴鹤玄达信士"戒名，以示纪念。当地教育会也记录了彭城清左卫门的事迹，保存至今。

彭城清左卫门名义上属于彭城氏分家C第六代，彭城本家始祖为长乐籍刘一水，刘一水之子就是著名的唐通事刘宣义。彭城清左卫门实际上是福清籍儒商魏之琰的第五代嫡孙。魏之琰给后代留下巨额财产，而且彭城清左卫门作为唐通事末席，其待遇也比较丰厚。按理说，彭城清左卫门并没有因贪财而走私的主观意图，但因受高岛氏案件的牵连，使事态扩大化，轰动整个日本。

二　唐通事违法犯罪的案例

在258年唐通事历史中，大多数唐通事遵守日本法律，忠于幕府和长崎奉行，恪尽职守。但个别唐通事，因贪图蝇头小利走上犯罪的邪路，有的受到相关案件的牵连，受刑或受处分。

（1）以长乐籍刘一水为始祖的彭城氏分家C第六代，彭城清左卫门，小通事末席（1836年任），因黑市交易被发现，被开除唐通事职位。

（2）以福清籍林楚玉为始祖的林氏第七代，林幸兵卫，原名牧之助、金左卫门，林家第六代林丰古女婿，小通事末席（1763年任），1768年因犯私藏人参罪被开除公职，从此林家失传。

（3）以福清籍俞惟和为始祖的河间氏家族有两人犯罪。一是第四代俞良直（1702～1784）的第八子，河间丰吉（1755～1798），职级为小通事（1782年任），因走私被追放（开除）。二是第六代俞英直（1780～1846），俗称河间八兵卫，字泰和，俞家第五代子，小通事末席（1802年任），1821年与唐人走私，被免职。

（4）以长乐籍马荣宇为始祖的中山氏分家第三代，中山直次郎（1746～1778），原名藤左卫门、直右卫门，讳自骏，马家女婿的后代。任稽古通事（1761年任）期间，因盗窃罪，被处以死刑。

（5）以龙溪县籍陈潜明为始祖的西村氏有两人被除名。一是第七代西村俊三郎（1787~1858），第六代西村金兵卫长子，大通事（1828年任），唐通事诸立合兼唐通事目附（1841年任），1843年受高岛秋帆案件的牵连，被判刑，被流放到兵库县。二是第八代西村德三郎，小通事末席（1837年任），1846年受父亲的牵连受除名处分。

（6）以漳州府籍欧阳云台为始祖的欧阳氏第五代，阳市郎兵卫（？~1755），原名吉十郎，号其明。大通事（1742年任），值组定立合通事（1747年任）。因隐瞒不正行为（家仆盗窃），受到免职处分，但仍然享受俸禄10贯目。

在本书考察的25个福建籍唐通事家族中，因违法犯罪被判刑或除名的案例发生8起。其中，3起走私案件，其主谋并不是唐通事，他们的始祖都是富商，家财万贯，他们没有贪图钱财的主观意图，起因是受不法华商的诱骗，属于管束不严的行为。2起私藏和盗窃案件，案犯都是福建籍华人义子或女婿，犯罪动机显然是贪图钱财，其原因是他们虽然继承唐通事役株，但可能没有继承家产，处于低级唐通事职位上，俸禄少，无法维持生计，遂产生贪财的邪念。另外3起，属于受牵连的案例。大通事以及大通事级别的唐通事，由于幕府实行"高薪养廉"制度，除了个别人受其他案件的牵连受刑或受处分外，没有一人因贪图钱财犯法或违规。他们兢兢业业，恪守职责，深得幕府和长崎奉行的信任。个别唐通事的违法犯罪行为，并不影响唐通事的整体形象，处罚罪犯或处分管束不严者，起到了重要的警示作用。

第六节　对唐通事历史功绩的客观评价

对唐通事历史功绩的评价，要本着实事求是的态度，依据马克思辩证唯物主义哲学思想，一分为二地分析，客观地评价。既不能无条件地夸大其历史功绩，也不能一概贬为一文不值。唐通事身份特殊，他们在中日关系史上所起的作用，受历史条件的限制。江户前期，他们的作用是积极的，促进了中日贸易和文化交流；江户末期，他们的历史作用，对于日本而言是积极的，而站在中国立场而言是消极的，甚至是反动的。

一 对江户前期唐通事的评价

(一) 第一代住宅唐人是爱国华侨 (华人)

长崎第一代住宅唐人是明清朝代更替时期东渡日本,并按照丰臣秀吉
"壮年才略"的标准留下来的儒商,有的人是富商巨贾。

他们在长崎是华人的杰出代表,扮演着华人领袖角色。他们大多数在
日本元和至宽永年间 (1615~1643) 东渡日本,拥有一定的财力,在华人
圈拥有很高的威望,受到日本人的尊敬,得到长崎奉行的重用。他们中的
多数是儒商,既有儒者的道德修养和聪明才智,又有商人的财富与成功,
魏之琰、林楚玉、何毓楚、王心渠等人是富商巨贾,是商界的精英,还有
一些人是治病救人的名医。

他们的共同特点是有涵养、威望高;有诚信,深得长崎奉行的信任;
有学识,有素养,广泛结交文人墨客;是华人的领袖,各地华人帮头领;
笃信佛教,慷慨解囊捐建佛寺;注意培养后代,民族自信心很强;具有强
烈的爱国主义精神。

优秀住宅唐人的后代,成为令长崎华人羡慕的唐通事。

(二) 江户初期的唐通事是中华文化的传承者

多数唐通事虽然出生于日本,但他们的祖籍都是中国。他们身上具有
诸多双重性。具有中日两种血脉、和汉双语人、官儒双重身份、佛俗融
合,不仅受日本达官贵族的崇敬也受华人的爱戴,是中日两国人民的骄
傲。他们传承中华文化,具有强烈的民族自信心,他们自己经常表明自己
是华人。

日本当局要求他们改姓,但何、吴、郑、蔡、王、杨、周、卢、薛、
李姓等唐通事家族还是一直沿用本姓,即使改姓也没有忘记祖籍,用祖籍
地名代替姓氏。如"颍川"是祖籍为河南颍川的陈氏,"彭城"是祖籍为
河北彭城的刘氏。

林道荣、刘宣义、陈道隆、林守墅等大通事具有强烈的民族认同感,
家里摆放着世代祖宗的画像,格外强调自己出身于华人家族。日本长崎有
很多华人家族历史文献,都是这些唐通事记载保存的。

福清籍的林道荣和长乐籍的刘宣义是长崎著名唐通事，被誉为唐通事"双璧"。他们两人同时是日本江户早期的著名诗人、书法家、学者。

（三）出自华人家庭的著名人物

江户前期，长崎华人家族里涌现了一批杰出人物，有的被列入《长崎先民传》和其他史册。现列举其中主要人物。

（1）刘宣义（1633～1695），日本名彭城仁左卫门，讳宣义，字曜哲（耀哲），号东阁，法名道诠。长乐籍华人刘一水之子，著名唐通事、诗人、书法家。

（2）林道荣（1640～1708），原名市兵卫，讳应宷、应宰，字款云，号墨痴、官梅、罗山，法名熟也。福清籍林时亮长子，长崎著名唐通事，与长乐籍刘宣义并称唐通事"双璧"，也是远近闻名的诗人、书法家。

（3）叶雅昶（1669～1723），日本名颍川四郎左卫门，讳雅昶、道树，号严正，是漳州府籍叶茂猷的嫡子，母亲是陈道隆的千金玉娘，雅昶是陈道隆的外孙。他是知识渊博的学者、书画收藏家、旅行家、社会活动家，也是知名唐通事，曾任大通事格、风说定役。

（4）北山寿安（?～1701），也叫道长，号友松，别号寿庵、逃禅庵。是长乐籍华人马荣宇的长子，他出生于长崎，并在长崎学医，后到大阪行医，成为日本名医，被载入沙县籍卢千里撰写的《长崎先民传》。

（5）高玄岱（1649～1722），字子新，高超方（漳州府籍高寿觉嗣子，日本人）之子，是日本江户时期著名的汉学家、医学家和书法家。高玄岱与林道荣齐名，被誉为书法界的"二妙"。

（6）卢草硕（1647～1688），通称德兵卫，讳玄琢，号葆庵，字草硕，是沙县籍卢君玉的嫡孙。1658年，12岁开始跟随日本医师小野昌硕学医，学成后从医，成为长崎名医。1673年，27岁时上京（京都）进入桂草叔（医师）门下深造，年底回长崎。他对本草、医学有很深的造诣，被称为江户时代日本本草学的鼻祖。

（7）卢草拙（1675～1729），通称元右卫门，讳元敏，号葆真、草拙，幼名卯之助，又叫平吉，是卢草硕之子，卢君玉第四代曾孙。他是江户中期的天文学家，长崎文化人，嗜好读书，知识广博，号称"博览强记"

（活辞典的意思），特别在天文学领域威望很高。

（8）魏皓（1728～1774），原名富五郎，讳皓，字子明，号君山，在日本一般使用钜鹿民部。魏皓是魏之琰的嫡曾孙，追溯其家系，曾祖魏之琰—祖父魏贵—父魏明规。魏皓是日本江户时期的著名音乐家，他出身于华人富商家庭，不迷恋家产，也无心继承家业，专心追求音乐、传播音乐，把自己短暂的生命全部献给音乐普及事业，他是中日两国人民的骄傲，他的英名永远铭刻在中日两国音乐人的心里。

（四）以唐通事为代表的华人是黄檗文化的桥梁与纽带

（1）唐通事是"三福寺"的建造者。随着旅居长崎的华人数量增多，华人社会逐渐形成。华人进行社交活动的场所是寺院。1623年，陈九官等三江地区的住宅唐人建造了兴福寺；1628年，陈冲一和陈道隆父子等漳州府籍华人捐资建造了福济寺（俗称"漳州寺"）；1632年，林楚玉、魏之琰、王心渠、何毓楚等福清籍住宅唐人建造了崇福寺（俗称"福州寺"）。华人社会以寺院为基础，以他们的原籍为核心，形成了三江帮、福州帮、泉漳帮和广东帮（后来兴起）等四个帮派。

（2）唐通事是"三福寺"的经济后盾，也是"三福寺"僧人的衣食父母。"三福寺"有强有力的檀越队伍，不像日本电视剧里的僧人，靠化缘维持生计。在日本"檀越"是指为僧人提供与衣食住有关的物资，并为寺院的开基出资的信徒，也就是寺院的经济后盾。

（3）唐通事是隐元等华僧的推举人。有了寺院就得有僧人，"三福寺"及其檀越们，纷纷邀请华僧东渡入住。隐元到长崎之前，先后有16人应邀到长崎"三福寺"，还有1人遇难。邀请隐元前夕，福济寺有了住持蕴谦禅师，他是福济寺的第一檀越陈道隆邀请来的高僧，得到檀越的支持。崇福寺的住持超元禅师也得到众檀越的爱戴。而兴福寺的无心性觉和逸然性融还没有得到檀越的充分认可，这两位禅师自己也觉得修禅不够，自觉邀请大陆名僧，一开始根据无心禅师的推荐，逸然禅师邀请了也懒，但也懒应邀东渡途中遇难。之后无心禅师推举隐元，逸然禅师决定联合"三福寺"的众檀越（主要是唐通事），发起四次盛情邀请隐元的活动。

（4）唐通事是隐元东渡的动员者、感化者、推动者、操办者。长崎的住宅唐人与唐通事，曾两次联名写信给隐元，恳请隐元到长崎弘法。在第一次邀请信的 13 位檀越中，8 人是唐通事，其中渤海久兵卫和高应科是同一人，即漳州府高寿觉的嗣子，也叫高超方。在第二次邀请信中，4 人是唐通事，其中渤海久兵卫与高应科还是高超方，也许高超方邀请隐元的心情迫切，为表达诚意，才重复署名。唐通事的态度是积极、热情、诚恳的，行为是紧凑、具体、细致的。1653 年，古石禅德作为专使，带着第四封邀请信到福清黄檗山，陈述长崎华人诚恳邀请大师的实情。唐通事的诚恳邀请感动了隐元，他已经无法再拒绝，即使是铁石心肠也要被感化，最后他下了东渡的决心。没有唐通事的诚意，隐元可能不会动心，所以有些学者称，唐通事数次恳请是隐元东渡的直接外因。①

二　对江户后期唐通事的评价

（一）幕末明治初期杰出的华人后裔

1. 幕末一批华人后裔唐通事仍然是中华文化的传承者

同安籍华人蔡昆山第八代孙蔡恒次郎（1817～1858）是蔡家第一位正式唐通事，虽然级别低，但属于正式唐通事。他性格刚毅，具有很强的民族认同感。幕末幕府当局强令华人后裔唐通事学习满语，遭到长崎华人后裔的强烈反对，态度最坚决的人就是蔡恒次郎。他性格严毅耿介，刚直不阿，毫不顾忌个人的安危和利益，在唐通事中，只有他一人坚决拒绝学满语。他说："我们华人远离先祖的故地，漂洋过海来到异国他乡寓居，就是因为憎恨夷狄（左衽），现在怎能让其后人学'野蛮的'语言。"留下豪言壮语后，愤然辞职，另谋生路。

1871 年签订的《中日修好条规》是个基本上平等的条约，它的签订标志着中日关系进入一个新的时代。末代唐通事郑永宁等人参与了这个条规的整个签订过程，他不仅担任外务大臣的翻译，还负责起草文件。向外务省提交的情况报告，多数署有他的名字。

1872 年发生的玛利亚·路斯号事件，时任神奈川县一等翻译，兼权典

---

① 林观潮. 临济宗黄檗派与日本黄檗宗［M］.北京：中国财富出版社，2013：140－143.

事的林道三郎介入调查，及时妥善处理，得到外务省和清政府的嘉奖。在此，华裔外交官扮演了和平使节的角色，他们虽身为日本政府官员，但没有忘记自己是华人，不仅传承了中华文化，还为华人做了很多有益的事情。

末代唐通事出身的外交官颖川君平晚年（1897）编写了《译司统谱》，记载了从 1604 年到 1861 年 258 年间，各级唐通事（含广义上的唐通事）1654 人次（实际 836 人）的姓名。在这本书里，唐通事出身的著名政治家何礼之和外交家郑永宁分别撰写了序言和跋文。唐通事的姓名和家系之所以能够流传到现在没有被遗忘，得益于这部文献。

2. 不少末代唐通事是日本明治维新的功臣

日本幕末和明治初期，在遣清使节团和岩仓遣欧美使节团等重要对外考察团以及其他重要的外国访问活动中，都能找到华裔末代唐通事的身影。他们在考察活动中所承担的工作不仅仅是简单的语言翻译，更重要的是借助语言优势参与考察外国的形势，以及政治、外交、法律、军事、经济、教育、文化、风俗习惯，回国后还要整理撰写考察报告，翻译有价值的外国书籍。幕末日本人主要通过"千岁丸"使节团的报告获得外部信息，了解鸦片战争后的中国和其他国家的基本形势以及太平天国农民起义后的中国情况。

刚刚诞生的明治政府，也是通过遣欧美使节团的考察报告，才开始真正了解资本主义制度，认识到发展工商业是实现民富国强的根本途径，要发展资本主义经济，就要彻底改革日本封建的政治体制，健全法制，加强教育，重视人才培养。何礼之在遣欧美使节团里所起的作用，除了给全权大使担任英语翻译官外，也参与了对欧美国家政治制度的调查，还翻译了大量西方书籍，传播西方进步的政治制度，对明治维新以及后来的自由民权运动产生了积极的影响。他的译著也传播到中国，上海等地曾经出版过何礼之译著的汉译版。

幕末明治初期，多数末代华裔唐通事率先学习英语，成为日本最早习得英语的英才。他们兴办英语教育机构，培养英语人才，编撰英语辞典，普及英语，造就了何礼之等日本最早的华裔英语教育家。他们凭借英语才华进入日本政界和外交界，并担任了要职，为明治维新文明开化做出了贡献。长乐籍华人郑宗明的嫡后孙郑干辅是其中具有代表性的人物。

（二）优秀的末代唐通事在明治初期日本外交舞台上扮演重要角色

幕末和明治初期，由于刚刚打开国门，既缺乏外语人才，也无外交经验，日本外交处于十分被动的地位。日本外交部门一开始没有设专门的翻译官职位，每当与外国交涉或与外国发生纠纷的时候，都是由具有外语才华的官员临时充任翻译。率先掌握英语的末代唐通事，虽然处于各级政府的普通官员位置上，但一遇到外交事务或外事纠纷，首先承担了各类翻译工作。这些末代唐通事不负众望，在外交界和其他领域展示了外语才华，赢得了日本政府的信赖。日本外交正是依靠这些华裔，打破了被动的局面，走向了世界。

从 19 世纪末开始，日本在世界各国设立大量驻外领事机构，到 1933年为止，仅在中国就设了 55 个领事馆。在这些驻华领事机构里担任重要职务（副领事以上）的末代华裔唐通事就有 5 人，还有不少人担任书记官、翻译官，起到了不可替代的作用。凭借英语优势，担任美国领事的末代华裔唐通事就有 2 位，有的在外务省、内务省、海关、地方政府任要职，完全融入日本政界，还出现了杰出的政治家（何礼之）和外交家（郑永宁）。

这些华裔外交家，对于明治政府而言，都是宝贵的难得的人才，对日本外交事业做出过巨大贡献。

（三）在特殊历史条件下个别唐通事成为日本军国主义的帮凶

甲午战争之前，在清政府里一直没有日语翻译官。直到甲午战争后，1895 年李鸿章到日本马关与伊藤博文进行谈判的时候，才开始有中方的日语翻译官。据《日本外交文书》记载，此次谈判共进行七次，中方翻译官卢永铭和罗庚龄始终在谈判席上担任李鸿章的翻译。据查证，这两个日语翻译官是 1882 年后中国驻日公使馆培养的首批翻译官。甲午战争之前中日两国间的交涉，大多由日方人员担任翻译，而日方的汉语翻译又大多是华裔唐通事出身的外交官。

在和平时期，中日之间进行平等外交往来的时候，华裔外交官和翻译官起到和平使节的作用。但在近代中日外交史上，不平等的外交活动占多数，和平外交活动是很少的，中国始终处于被欺负、受凌辱的地位，华裔在中日和平交流中所起到的作用也是有限的。每当日本觊觎中国、侵略中国的时候，这些华裔外交官不管是否愿意，但在事实上，成为日本军国主义的帮凶。从明治初期到甲午战争发生，中日之间签署了不少不平等条约，也发生了琉球漂民事件、日军入侵台湾事件以及中日甲午战争。在这些事件中，末代华裔唐通事充当了外交官和翻译官，为日本政府所利用，为日本侵华战争充当"马前卒"。

不仅如此，不少华裔唐通事还亲自参与了这些战争。据初步核对，华裔唐通事参与侵华战争的事例有：福建省沙县籍卢君玉的第九代传承人卢高朗和江苏省淮安府籍华人刘凤岐第十一代后人彭城大次郎，参与"牡丹社事件"（出兵台湾事件），前者受伤九死一生，后者死于台湾；江苏省籍华人刘凤岐的分家第十一代后人彭城邦贞参加了 1894 年甲午战争，后任台湾总督的翻译官；以福建省漳州府籍吴振浦为始祖的唐通事家族第十代后裔吴大五郎，在甲午战争期间配合情报部门破译清军电报密码，致使清军损失惨重。

甲午战争以前，在中日外交较量中，中国始终处于弱势，频频败给对方。导致这种结果的根本原因是清政府政治腐败、经济落后以及大部分官员不作为。但中国外交上的失利，也与没有自己的翻译官有一定的联系。没有自己的翻译官，等于失去话语权、主动权，但这不能不说是一个沉痛的教训。

第三章　长崎福建籍唐通事概略

江户时期，长崎是华人主要旅居之地，是福建、浙江、江苏、广东等沿海地区贸易商向往、憧憬之地。16 世纪 80 年代至 17 世纪初，已经有大量来自中国南方沿海地区的华人定居于日本九州地区。进入江户时期后，幕府实行闭关锁国政策，对外贸易港锁定长崎一港，各地华人聚居在长崎。长崎华人在异国他乡，谱写了一部波澜壮阔的历史篇章。

第一节　长崎福建籍住宅唐人

唐通事主要出自旅居长崎的华人家族，并世代传承，一直延续到幕末。要了解闽籍唐通事家系情况，首先要考察旅居长崎的住宅唐人。

一　华人移居长崎

日本江户时期实行闭关锁国政策，不仅给唐船贸易带来了很大的影响，而且给移居日本的唐人以改变命运的机遇。

幕府政权在 1633 年至 1939 年下达五道锁国令，驱逐日本境内的天主教势力，禁止奉书船以外的日本船渡航，禁止在外五年以上的日本人归国，禁止长崎以外的唐船贸易，禁止定居日本的唐人往海外渡航，最后只允许中国和荷兰船只与日本通商，且通商地限制在长崎一个港口①，禁止新来的唐人定居日本，并严禁给航渡到日本的唐人介绍日本女子为妻。

闭关锁国政策直接导致以下两个变化：一是所有中国贸易船都汇集到

---

① 浙江大学日本文化研究所．日本历史［M］.北京：高等教育出版社，2003：138.

长崎；二是多数旅居日本的华人聚集到长崎。锁国令实施后，中国船和荷兰船纷纷到长崎，长崎成为当时日本最繁华的地方，给当地带来了可观的经济收益。在长崎的对外贸易中，中国商船凭借地理上的优势，在数量上大大超过了荷兰商船，所以中日贸易实际上占据了主流地位。据日本学者大庭修《江户时代日中秘话》①记载，在第五次锁国令发布的 1639 年前，到达长崎的唐船每年达到近百艘。这些贸易船主要来自广东、福建、浙江和江苏等中国南方沿海地区。

华人于日本锁国之前开始居住在九州各地，其中福建籍华人占多数。据唐通事后裔林陆朗②（著名唐通事林道荣的后孙）介绍，16 世纪 80 年代至 17 世纪初，大量唐人（华人）定居九州各地，如丰后国的臼杵和府内（今属大分县）、日向（今宫崎县北部）、萨摩（今属鹿儿岛县）、大隅（今属鹿儿岛县）、肥后（今属熊本县）等地都有不少华商往来，一部分逐渐定居于这些地方。其上限可追溯到丰臣秀吉把长崎划定为直辖地的 1588 年（天正十六年），下限为 1604 年（庆长九年），这一年德川家康政权实行垄断生丝买卖的丝割符制度。

江户初期，幕府实行朱印船贸易制度之时，就有闽籍华商获得朱印状，从事日本南洋贸易。据史料记载，1604~1636 年日本共颁发 356 份朱印状，主要发给日商和小部分在日本定居的外国人。郑、黄、欧阳、薛、魏、李、林和张等 8 个姓氏的 11 个在日华商共获得 43 份朱印状。他们都是长期从事南洋贸易的家族，大部分来自福建。③综合分析各种史料后，可以确认几位参与朱印船贸易的福建籍华商身份，他们是郑芝龙（郑成功之父）、欧阳华宇（与欧阳云台有族缘关系）、薛八官（薛禄）、魏之琰、魏毓桢（魏之琰之兄）、林三官（泉州人）、李旦（日本学者推测为泉漳人）等 7 人。

实行锁国令之后，居住在日本各地的中国人纷纷移居长崎。定居长崎的唐人叫"住宅唐人"，以便与"渡航唐人"区别。江户幕府在长崎设置

①　大庭脩 . 江户时代日中の秘话 [M]. 东京：东方书店；1980.
②　林陆朗 . 长崎唐通事—大通事林道荣とその周辺 [M]. 东京：吉川弘文馆，2000：1 - 2.
③　吴伟明 . 17 世纪的在日华人与南洋贸易 [J]. 海交史研究，2004（1）.

长崎奉行，派遣高级幕臣（直参旗本——直接侍奉幕府将军的大臣），将长崎作为直辖地进行管理。长崎奉行给住宅唐人划拨宅基地，承认他们的永住权，实际上已将他们归化为日本人。当时有多少住宅唐人，至今没有准确的数据。据童家洲先生介绍，日本元禄年间（1688～1704），旅居长崎的中国人约有 1 万人，约占当时长崎总人口（1696 年长崎的总人口为64523 人）的近六分之一，其中福建籍唐人数量最多。① 但是，这些华人是不是都是住宅唐人，现在无法说清。

二　福建籍住宅唐人

田边茂启在《长崎实录大成》第十卷中列举了高寿觉等 33 位住宅唐人的姓名，颍川君平在《译司统谱》"住宅唐人之觉"中列举了 10 位住宅唐人。这两部文献所列的住宅唐人有的名字重复，合起来实际为 38 位。② 其中，可以判明原籍（含祖籍）为福建的有 25 人（见表 3 - 1），约占66% 。

表 3 - 1　闽籍住宅唐人一览

序号	姓名（生卒年）	原籍（祖籍）	身份（到日时间或在日时间）	备注
1	高寿觉（深见）	漳州府	医师（1596～1614）	
2	林时亮（林）1598～1683	福清县	儒商（1623）	1636 年任唐年行司
3	陈冲一（颍川）? ～1658	龙溪县	医师（17 世纪初）	
4	欧阳云台（阳）? ～1647	漳州府	医师（1596～1614）三江帮头人	1635 年任唐年行司
5	林楚玉（大卿）1572～1645	福清县	儒商（1609）	
6	刘一水（彭城）? ～1646	长乐县	医师（1618 年从平户移居长崎）	

① 童家洲. 明末清初日本长崎福建籍华侨述略［J］.福建师范大学学报（哲学社会科学版），1990（4）.

② 颍川君平. 译司统谱［M］.1897：118 - 119.

序号	姓名（生卒年）	原籍（祖籍）	身份（到日时间或在日时间）	备注
7	陈潜明（西村） ? ~1632	龙溪县	商人（日本元和年间，1615~1623）	
8	何毓楚（南坊何、高财） 1598~1671	福清县	儒商（1628）	
9	俞惟和（河间） 1605~1674	福清县	儒商（1622）	
10	魏之琰（钜鹿） 1617~1689	福清县	乐器收藏家、音乐人、儒商（1672）	
11	马荣宇（中山） ? ~1654	长乐县	儒商（1615~1623）	
12	王心渠 1594~1678	福清县	儒商（1632）	1678年任唐年行司
13	卢君玉 ? ~1632	沙县	儒商（1612）	
14	吴宗园 1603~1638	龙溪县	商人	
15	郑二官（郑宗明） ? ~1715	长乐县	商人	
16	薛八官（薛禄） 1597~1678	福州府	商人（1628年前后）	唐船请人
17	蔡昆山（蔡三官） ? ~1664	同安县	商人（宽永年间，1624~1643）	唐船请人
18	吴泰官（吴荣宗） ? ~1678	晋江县	商人（17世纪20年代中期）	唐年行司
19	周振宇 ? ~1683	泉州府	商人（1645）	
20	陈九官 ? ~1686	福州府	商人（1632）	唐船情人
21	江七官 ? ~1688	泉州府	商人（1670~1688）	唐船请人
22	蔡二官 ? ~1682	漳州府	商人（1615）	
23	陈奕山 1574~1651	福州府	商人（17世纪初）	唐年行司 福州帮头领之一
24	魏高 1650~1710	福清县	商人（1672）	

续表

序号	姓名（生卒年）	原籍（祖籍）	身份（到日时间或在日时间）	备注
25	魏贵 1661～1738	福清县	商人（1672）	

此外，长崎还有张三官①（唐年行司、漳泉帮头领之一）、何八官（唐年行司、福州帮头领之一）、欧阳华宇（漳州人，明万历中期东渡日本）、张吉泉、陈朴纯（漳州府石码人，先祖曾任宋朝宰相，1640年东渡日本）等人物经常见于日本文献。

在第一代闽籍住宅唐人中，欧阳云台、张三官、何八官、陈奕山、林时亮（一官）、王心渠、吴荣宗等7人被任命为唐年行司，蔡昆山、江七官、陈九官和薛八官等4人曾任唐船请人。当初，唐年行司与唐船请人完全融入幕藩体制。

三　丰臣秀吉的遗嘱与幕府对华人精英的安抚政策

为什么华人到九州地区后得到当地藩主的关照？为什么长崎历代奉行尊重华人儒商，给他们创造条件，设置唐年行司、唐船请人、唐通事等官职，让优秀的华人担任，而且可以世袭？其实，幕府当局有不可告人的目的。

先考察丰臣秀吉生前的嘱咐。据增田廉吉《锁国之窗》记载，太阁丰臣秀吉，文禄元年（1592）在肥前名护屋（今佐贺县）督战时，对着前来伺候的长崎市地役人说："西海诸道沿海各地有明船前来互市，听说有商人在此寄宿。如果发现其中的壮年才略的人物，悉数拉致到崎澳，许配国妇，附与官谷，让其安居，将来大有用处。"②

据丰臣秀吉的年表，文禄元年（1592）日本侵略朝鲜，丰臣秀吉赴名护屋。③ 名护屋位于今九州佐贺县，古代这个地区叫肥前。佐贺县位于九

---

① 林陆朗在《长崎唐通事——大通事林道荣和他的周边人物》中提到张三官为漳泉帮头领，何八官和陈奕山为福州帮头领。

② 增田廉吉. 锁国の窗 [M]. 大阪：每日新闻社出版局，1943：47－48.

③ 铃木良一. 丰臣秀吉 [M]. 郝迟译. 哈尔滨：黑龙江人民出版社，1983：159－163.

州最西部，其南部与长崎毗邻，对朝鲜发动侵略战争期间，丰臣秀吉在名护屋修建了城堡，作为征朝指挥部兼后勤基地，仅次于大阪城。对朝开战的 1592 年，丰臣秀吉到名护屋督战，了解到九州地区有很多华人，于是对长崎地役人下令，要善待"壮年才略"之华人，给他们许配日本女子为妻，并供应官粮，划拨宅基地，让其安居乐业，为实现他的"亚洲大帝国"的美梦预备人才。刚开始对朝开战，就想到下一步。丰臣秀吉侵略朝鲜的真实目的并不仅仅是吞并朝鲜，吃掉中国才能实现他的"宏伟战略"。丰臣秀吉于庆长三年（1598）怀着遗憾闭目，临终之前留下了内容相同的遗嘱，千方百计要善待"壮年才略"的华人。

德川家康原来是丰臣秀吉的"五大老"之一，但两人是政敌。丰臣秀吉死后，1603 年德川家康被任命为征夷大将军，德川幕府政权成立。他与丰臣秀吉遗臣之间的战争持续到 1615 年，在大阪夏季之战中才彻底消灭丰臣秀吉的遗臣。丰臣秀吉和德川家康虽然是死敌，但在国家根本利益面前，在对外政策上是一致的。虽然德川幕府敌视丰臣秀吉，还要消灭丰臣秀吉的遗臣，但德川幕府政权建立后，丰臣秀吉的遗嘱仍然有效。德川幕府对中国有成见，但它在统治期间没敢发动侵略战争。中日之间虽然没有官方的外交关系，但民间贸易活跃，交流频繁。幕府和长崎奉行对长崎华人采取"以华制华"政策，优待安抚华人，选拔优秀的华人及其子弟为唐通事，为幕府外交与贸易事务服务。幕府统治期间，唐通事很平凡，他们没有做出过令幕府惊喜的大事，只是作为长崎地役人，勤勤恳恳、默默无闻地服务于幕府。

如上所述 17 世纪初期被认定的住宅唐人，都是有才华的儒商、具有一技之长的医生，都符合"壮年才略"的条件。日本幕府安抚郑芝龙就是典型的例子。郑芝龙于 1612 年到长崎，奉将军之命北上江户，陈述很多异国形势。将军大喜，在长崎特赐土地，供给官粮，其后因贸易上的关系，移居平户，娶田川氏家的女儿为妻，所生的儿子就是郑成功（乳名福松）。①

---

①　增田廉吉．鎖国の窓 ［M］．大阪：每日新聞社出版局，1943：23 - 29．

17 世纪 50 年代后，日本对新来华人的审查更加严格，他们必须得到幕府的认可，得到定居许可的只有寥寥数人，屈指可数。在此列举四位主要人物。

（1）颍川入德。浙江杭州人，原姓陈，名明德，日本庆安年间（1648～1652）到长崎，是日本小儿科医学始祖，因有一技之长才获得特许登岸。

（2）隐元（1592～1673）。符合"壮年才略"的标准，经幕府批准后，于 1654 年被长崎华人邀请到长崎。幕府考察 4 年多后，几经周折，1658 年 11 月德川家纲才接见隐元，次年允许他选址建寺。

（3）朱舜水（1600～1682）。明清之际的学者、教育家，浙江绍兴人，清兵入关后，流亡在外，参加反清复明活动。1661 年朱舜水到日本，未能获准登岸，困守舟中，后经大学者安东守约等人的努力，才破例获得幕府的批准。他在长崎、江户（今东京）授徒讲学，传播儒家思想，很受日本朝野人士推重。

（4）魏之琰（1617～1689）。最晚到长崎的商人是魏之琰，1672 年才获准定居长崎，之前他往来于东京（越南）与长崎之间，为长崎崇福寺捐献过巨款，他是豪商巨贾，也是日本明乐传播者。

到了幕末和明治时期，日本当局对外扩张的野心勃发之后，这些华人后裔，才证实了丰臣秀吉所说的"将来大有用处"的预言。幕末和明治初期，日本对外考察，随行翻译人员是末代唐通事；幕末最早习得英语的英才是末代唐通事，他们是明治初期的第一批语言学家、语言教育家、翻译家，当时日本了解世界靠华人；在外交事务上，在对华关系方面自不必说，在对欧美关系方面，也都有末代唐通事参与；有的末代唐通事及其子女直接参军，参与对华战争，充当了帝国主义帮凶。

四　长崎华人东渡日本的直接原因

按照丰臣秀吉的遗嘱，日本九州各地藩主，尤其是长崎奉行以优厚的待遇安抚"壮年才略"的华人。这仅仅是华人东渡安居乐业的客观原因，或者叫外因。那么，华人东渡的直接内因是什么？

多数住宅唐人都强调其东渡是为了躲避战乱。江户时期，华人东渡日本的时间，多数在日本元和至宽永年间（1615~1643）。明末万历至天启年间，政治腐败，社会矛盾重重，但不至于发生大战乱。1616年，努尔哈赤建立后金政权，萨尔浒之战后迁都沈阳，1636年皇太极称帝，建立大清，1644年李自成攻占北京，当年顺治帝迁都北京，清军入闽时间是1646年。长崎第一代华人去日本的年代，福建一带虽然有倭寇来犯，但基本没有特别的战事。只有1640年以后东渡日本的华人如朱舜水、魏之琰等少数人是为躲避战乱，他们都参与过反清复明运动，东渡日本（或海外）是为躲避清军的追杀。

有些学者认为华人东渡日本是为了脱贫致富。由于福建多山，耕地稀少，福建居民不得已渡海谋生。① 但是，江户时期长崎的第一代华人，尤其是长崎奉行认定的住宅唐人都是"壮年才略"的华人，他们没有一个人是因贫困潦倒，生活所迫到日本的，他们中大多数人的身份是商人，少数人是医师，基本没有靠体力劳动赚钱谋生的人。此时，因受渡海条件限制，福建还没有兴起移民热潮，福建居民大批移民到海外发生于清末民初，主要移民目的地是新加坡、菲律宾等地，他们多数是从事体力劳动的最底层劳工。②

长崎华人东渡日本的直接内因是经商。追求最大限度的利益，是商人冒险东渡的最重要的直接内因。17世纪初，尽管日本和明朝政府都实行"禁海"政策，但是民间贸易十分活跃，而且福建沿海地区的居民历来有闯海外淘金的历史传统。林时亮、刘一水等华人去日本的行为可以断定为经商，他们的身份就是商人。能证明他们商人身份的还有两个有力的材料：一是林时亮（公琰）、刘一水等华人最初落脚于长崎以外的九州其他地区，并在那里居住若干年，其间经常往返于这些地区与长崎之间，后来干脆在长崎租船宿；二是日本幕府颁布"唐船长崎集中令"后，住在九州各地的华人集聚长崎，林时亮从大村，刘一水从平户移居长崎。对商人来说，长崎就是发财之地。

---

① 林观潮. 临济宗黄檗派与日本黄檗宗 [M].北京：中国财富出版社，2013：109-115.
② 东亚同文会编. 福建省全志 [M].李斗石译. 延吉：延边大学出版社，2015：12-16.

第二节　福建籍唐通事家系概况

唐通事的原籍（祖籍）主要是福建、浙江、江苏等沿海地区，少数来自山西、江西和四川等内地。在日本文献里，约有 70% 的唐通事家族明确记载了始祖的出生地（原籍）。越是有名望的家族，越详细记录家谱，反之，充任低级唐通事的家族，往往忽视对家谱的修订，甚至没有留下任何痕迹。

一　唐通事原籍概况

颖川君平在《译司统谱》[①] 里，记载了从 1604 年到 1861 年 258 年间，各级唐通事（含广义上的唐通事）的姓名，共 1654 人次，实际 836 人。他们出自 70 个住宅唐人家族，狭义上的本通事只出自 40 个家族，其他广义上的唐通事出自 30 个家族。《译司统谱》只记载到 1861 年，1862~1867年的名单缺失，好在浙江的许海华博士在她的学术论文中考证了这个时期唐通事的名单，其中小通事末席以上的人物，是末代唐通事的主要代表人物（见本章附录：表 3-2）。幕末（1867），在任的唐通事共计 75 人，其中，小通事末席以上人员 40 人，其半数是福建籍的后裔。

林陆朗先生汇总了大小唐通事家族情况。[②] 他指出，出现大通事的家族总共有 31 个，不足 70 个家族的一半，出现 2 个以上大通事的家族只有 19 个（含分家）。在这 19 个大唐通事家族里，9 个是福建籍的。其中颖川（陈）氏 2 个家族，林氏 2 个家族，彭城（刘）氏 3 个家族等三大氏族基本垄断唐通事职位。在这三大氏族 7 家里，1 家是浙江籍，1 家是江苏籍，1 家原籍不明，4 家是福建籍。

宫田安在《唐通事家系论考》[③] 中，考证了 48 个唐通事家族和 1 个东京通事，其中来自中国的有 46 个。可以明确原籍为福建的有 23 个，约占

---

① 颖川君平. 译司统谱［M］. 1897.
② 林陸朗. 長崎唐通事—大通事林道栄とその周辺［M］. 東京：吉川弘文館, 2000.
③ 宫田安. 唐通事家系论考［M］. 长崎：长崎文献社, 1979.

中国籍唐通事家族的 49%。按地区统计，福州府有 12 个，漳州府有 6 个，泉州府有 4 个，延平府有 1 个。按县级统计，福清有 6 个，福州有 3 个，漳州有 3 个，长乐有 3 个，龙溪有 3 个，同安有 2 个，泉州有 1 个，晋江有 1 个，沙县有 1 个。原籍明确的非闽籍唐通事家族有 9 个，其中浙江有 4 个，江苏有 3 个，山西有 1 个，四川有 1 个。原籍不明的有 14 个家族。

在这 14 个原籍不明的唐通事家族中，可以推测他们的祖籍地多数是福建。其理由有三个：一是他们中的陈姓、刘姓、薛姓、何姓都是福建沿海一带的大姓，并且陈姓与刘姓所启用的日本姓都与其他福建籍的陈姓（颍川）、刘姓（彭城）保持一致，至少其祖籍地是一致的；二是部分家族的墓地在福建人的寺院里，如以陈一官（原量）为始祖的颍川（陈）氏唐通事家系的祖墓在福建人的寺院（福济寺），以薛性由为始祖的薛氏唐通事家系的祖先牌位设在福建人的寺院（崇福寺）；三是有些家族持福建方言，如川副（何、河？）氏唐通事家系中第一代唐通事川副武左卫门（1671～1723）的祖父到日本长崎，持泉州方言，井手（曾）家也是泉州方内通事小头。

在原籍不明的唐通事家族中，出 2 人以上大通事的有 3 家，其他偶尔出现大小唐通事，但多数家门平庸，没有出现有影响力的人物，也没有留下更多印记。由于他们没有留下任何文字资料，已经无法考证其祖籍地，即使费力气考证，也没有多大的实际意义。因为可以判明祖籍地的 33 个家族基本可以代表唐通事的全貌，并且唐通事的主要代表人物也都出自这 33 个家族。

宫田安只考证了 48 个唐通事家族，没有被考证的 20 多个家族多数是本通事以外的唐通事，如唐年行司、唐船请人、内通事小头，其中有的是日本人。泉州籍唐船请人江七官，漳州籍唐船请人王二官，泉漳籍唐年行司银七官，漳州府籍住宅唐人高寿觉及其日本义子、福州府籍陈九官等 5 家身份明确的唐通事家系没有被考证。在唐通事中，疑似日本人的有内通事小头（南京方）下田弥三右卫门、杉本久兵卫，唐船请人木庄次郎（泉州），小通事吉岛荣之助，小通事末席河野辰三郎。日本人充任唐通事的代表人物是江户中期著名汉学家冈岛冠山（1674～1728）。[①] 1701 年，冈岛冠山在长崎任过内通事，后因通事的生活穷困而辞职。[②]

本书共收录 25 家福建籍唐通事家族，其中包括宫田安考证的 23 家福建籍唐通事家系，另外补充了原籍明确的福州府籍陈九官和漳州府籍高寿觉及其日本义子。

二　福建籍唐通事家系

（一）福清籍唐通事家系（6 个）

（1）林氏。始祖林时亮（公琰）（1598～1683），福建省福清县人，儒商，1623 年东渡日本，娶大村藩士女儿，后定居长崎。以林时亮为始祖的林氏后孙代代世袭唐通事，一直持续到幕末，长达两个半世纪。林家本家以及 4 个分家，共有 5 个唐通事役株，出大通事 8 人（含 1 个唐通事过人），各级小通事 10 人，其他各级唐通事 27 人。第二代林道荣（1640～1708）是著名的唐通事，是唐通事"双璧"之一，第三代也就是林道荣的 2 个嫡子与 1 个养子，第四代 3 个兄弟，第五代和第六代都升至大通事。林时亮家族是长崎 2 家林氏唐通事世家之一，可谓是名门中的名门。

（2）钜鹿（魏）氏。始祖魏之琰（九官）（1617～1689），原籍福建省福清县，豪商巨贾，住宅唐人。他与其兄魏毓桢，从事长崎与东京（越南）之间的贸易，早在 1635 年前后往来于两地之间，曾捐资 150 两建崇福寺妈祖堂。其第四代曾孙钜鹿民部（魏皓）为著名音乐家，著有《魏氏乐谱》，第十一代后裔钜鹿义明曾任东京裁判所判事。出身于安南（今越南）的东京（越南）通事魏喜，与福建籍华人有关。魏喜于 1672 年跟随魏之琰到长崎定居，是魏之琰的家仆。以魏之琰为始祖的钜鹿（魏）氏是后起

[①] 冈岛冠山，名璞，字玉成，通称援之，后改为弥太夫，曾做"译士"，侍奉长州狄侯毛利吉就，因俸禄低微，辞职。后师从江户时代著名学者林凤冈学习朱子学，并与荻生徂徕等大学者建立了很好的交谊。冈岛冠山在长崎向清朝秀才王庶常学习"唐话"，努力勤勉，以致"华和之人无不伸舌以叹之"。此后，冈岛冠山将《水浒传》翻译为日语，他是日本早期翻译中国明清白话作品的先驱之一，并创作了汉语小说《太平记演义》，1716 年，冈岛冠山编纂的《唐话纂要》付梓，这是一部教日本人说汉语的口语教材。参见东条耕子藏编. 先哲丛谈续篇 [M]. 日本国史研究会，1906.

[②] 赵苗. 冈岛冠山与中国白话小说 [J]. 洛阳师范学院学报，2011（3）：76-78.

的唐通事家族，因魏之琰移居长崎时间比较晚，本家只出现 2 位唐通事，分家有 4 位唐通事，共计 6 人，出小通事 1 人、小通事级别 1 人。

（3）林氏。始祖林楚玉（太卿）（1572～1645），福建省福清县人，儒商，1609 年到鹿儿岛，1619 年移居长崎。传 7 代，出大通事 4 人、小通事 1 人、小通事级别 1 人。以林楚玉为始祖的林氏家族也是唐通事名门，从第二代林守壁开始任唐通事，职位升至大通事，连续四代继任过大通事。但由于第七代犯法被开除唐通事职位，由此林家退出唐通事舞台，前后维系了 130 年左右，属于比较短命的唐通事家系之一。

（4）何氏。始祖何毓楚（高财，号一粟）（1598～1671），福建省福清县玉融村人，1628 年至长崎，与黄檗僧隐元、即非相交甚笃。本家传 3 代，出小通事 1 人；另一支分家传 7 代，出小通事 3 人。以何毓楚为始祖的唐通事家族，起步晚，人数少，时间短，实际只有何毓楚的长子何兆晋 1 人担任小通事。第三代嫡孙不务正业，游手好闲，在旅途中死亡，断送了何家唐通事役株。二十多年后，由日本人的后代复兴何家唐通事役株，何家中兴家系出 1 个大通事、2 个大通事格、1 个小通事、1 个小通事末席，属于唐通事后起之秀。因中兴第五代由第四代外孙（海庵）继任，此时浙江籍的北坊何氏（海庵）与南坊何氏（毓楚），实际融合到一起。

（5）河间（俞）氏。始祖俞惟和（1605～1674），福建省福清县人。俞家传 8 代，出大通事 2 人，小通事 1 人。以俞惟和为始祖的河间氏唐通事家系，出 2 个大通事，2 个小通事，2 个小通事级别，共计 10 人出任唐通事。第六代俞英直因犯罪被免职隐居后，把河间氏唐通事役株卖给彭城氏，由此断送了河间氏唐通事役株。河间氏唐通事家族中有 2 人因犯罪被免职。

（6）王氏。始祖王心渠（三官）（1594～1678），福建省福清县人，1643～1645 年东渡日本经商。王氏唐通事家族，名望并不大，虽然有本家和分家 2 个唐通事役株，但没有培育出大通事，最高任至小通事。本家传 9 代，分家也传 9 代，共有 19 人出任各级唐通事，出小通事及小通事级别的有 5 个，其余多数是唐年行司。

（二）长乐籍唐通事家系（3 个）

（1）彭城（刘）氏。始祖刘一水（？~1658），福建省长乐县筹港人，医师身份，早年东渡日本平户，1618 年移居长崎，与黄檗僧隐元相交甚笃。以刘一水为始祖的彭城刘氏唐通事家系，有 1 个本家，4 个分家，39 人担任过唐通事，本家传 9 代（10 人），分家 A 传 5 代（6 人），分家 B 传 4 代（4 人），分家 C 传 6 代（6 人），分家 D 传 13 代（13 人）。出各级大通事 9 人，各级小通事 15 人。本家第二代刘宣义是唐通事"双璧"之一。是长崎唐通事名门中的名门。

（2）郑氏。始祖郑宗明（？~1715），福建省长乐县人。以郑宗明为始祖的唐通事世家，进入唐通事阶层的时间比较晚，1705 年才开始出现低级唐通事（稽古通事见习），属于唐通事后起之秀。出 1 位大通事，3 位小通事格，共有 8 位出任唐通事。郑氏家门，在长崎虽然作为唐通事并不出名，但因为培育出著名的语言学家郑干辅、著名外交家郑永宁父子等三人而闻名于世。

（3）中山（马）氏。始祖马荣宇（？~1654），万历末年（1620 年前后）至长崎，祖籍福建省长乐县，商人。以马荣宇为始祖的中山氏家族，作为唐通事家门，名气并不大，不仅进入唐通事阶层的时间晚，而且多数担任内通事和低级唐通事，虽然有 1 个分家，但不到 3 代因盗窃罪而断送唐通事役株。中山氏家系出大通事过人 1 人、唐通事目附 1 人、小通事 1 人、小通事级别 2 人，先后 12 人担任唐通事。

（三）福州籍唐通事家系（4 个）

（1）薛氏。始祖薛八官（薛禄）（1597~1678），福建省福州人，唐船请人。在长崎，薛姓唐通事有两家：一家始祖是薛八官，原籍福州府；另一家始祖是薛性由，原籍不明，但崇福寺祠堂里有他的牌位，疑似福州府人。两家在长崎，都没有改姓，后代也都使用薛姓。传 14 代，后代多人充任唐船请人，无大小通事出现。

（2）矢岛（陈）氏。始祖陈奕山（三官）（？~1649），1635 年任唐年行司。林陆朗称他为福州帮头领之一。从第四代孙开始记载 7 代，没有出大小通事，多数充任内通事、唐年行司等职。

（3）陈氏。始祖陈九官（？～1683），福州人，1622年到长崎，曾任唐船请人。后人传到第十代，多数任唐船请人和内通事小头（还有1位来自浙江绍兴的人也叫陈九官，后入僧籍，法名独健性乾）。

（4）太田氏。始祖太田长左卫门。原来可能姓田，福州人。传6代，出小通事1人。太田氏家族也是长崎唐通事世家，第一代从内通事小头起步，第三代开始步入正式的唐通事阶层，出大通事级别的唐通事目附1人，小通事级别（含2个小通事末席和小通事并）4人。太田家虽然起步晚，而且级别低，但后孙争气，属于唐通事世家中的后起之秀，第六代太田源三郎进入明治政府。

（四）漳州府籍唐通事家系（7个，其中龙溪县3个）

（1）颍川（陈）氏。始祖陈冲一（？～1624），福建省漳州府龙溪县人，17世纪初到鹿儿岛，为藩主岛津氏医官，后移居长崎，成为住宅唐人。第九代后裔颍川君平著有《译司统谱》（1897），曾任外务少书记官，驻纽约领事，神户税关关长。以陈冲一为始祖的颍川陈氏唐通事本家传10代，分家A传6代，分家B传4代。共有28个唐通事，其中大通事15人（含大通事格1人，大通事过人3人），各级小通事6人，是出大通事最多的唐通事名门。

（2）吴氏。始祖吴宗园（1603～1638），福建省漳州府龙溪县人。以吴宗园为始祖的唐通事家族，起步晚，起点低，第三代开始步入正式的唐通事阶层，出大通事级别的唐通事目附1人，小通事级别4人，共有6人出任唐通事。吴家人丁兴旺，子孙满堂，从第一代到末代都是由吴宗园的嫡子嫡孙继承，血缘关系纯正，这在长崎华人唐通事社会里少见。

（3）西村（陈）氏。始祖陈潜明（？～1632），漳州府龙溪县人。陈潜明死后其妻松月院再嫁陈朴纯（漳州石码人）。陈纯朴为漳州巨族，先祖曾任宋朝宰相，其子铁心为僧人，圣福寺开山和尚。传7代，出大通事1人，小通事3人。

（4）阳（欧阳）氏。始祖欧阳云台（？～1646），福建省漳州府人，1635年任唐年行司。以欧阳云台为始祖的阳氏家族，本家继承到第十三代，12人出任唐通事，出大通事3人（含风说定役1人），小通事及准小通事 6 人；分家传 8 代，出准小通事 2 人。

（5）蔡氏。始祖蔡二官（？～1682）。1615 年到长崎。《译司统谱》称其为住宅唐人，原籍为漳州府。出小通事 1 人。以蔡二官为始祖的唐通事世家，地位不显赫，始祖没有任官职，从第二代任非正式的内通事起步，第三代出现大通事级别的唐通事目附。共有 8 人出任唐通事，出大通事级别 1 人，小通事级别 4 人。

（6）吴氏。始祖吴振浦，福建省漳州府迁和人。传 9 代，出大小通事各 1 人，第八代吴硕三郎为最后一位大通事，曾在上海、厦门领事馆任职。以吴振浦为始祖的吴氏家族，属于后起之秀。吴家共有 10 人出任唐通事，出大通事 1 人，小通事 1 人，小通事级别的 4 人。

（7）高氏。始祖高寿觉于日本庆长初到萨摩，作为医生谋生，伺候萨摩藩主，于庆长十四五年（1609～1610）回国。嗣子渤海久兵卫（高超方）是大通事。高家只有这一人出任唐通事。其孙高玄岱（1649～1722），是日本江户时期著名的汉学家、医学家和书法家。

（五）泉州府籍唐通事家系（4 个，其中晋江籍 1 个，同安籍 2 个）

（1）方氏。始祖方贵峰（三官）（？～1674），福建省泉州府同安县大西桥人，雕刻家。以方贵峰为始祖的唐通事家系比较简略，第二代方耀曾任内通事，后削发为僧，号耀山，懂医术。传 3 代，之后情况不明。只有第二代任过二十年内通事，在长崎最短命的唐通事世家之一。

（2）吴氏。始祖吴荣宗（二官）（？～1678），福建省泉州府晋江县人，1651 年任唐年行司。以吴荣宗为始祖的吴氏唐通事家族，也是起步晚，起点低，在长崎名望并不高，没有出现大通事。第五代开始由别姓继承。共有 7 人出任正式唐通事，出小通事 1 人，小通事级别的 5 人。第八代吴用藏，人丁兴旺，5 个儿子过继到别姓，出现吴硕、郑永宁、吴来安等幕末至明治初期的社会名人。

（3）周氏。始祖周辰官（？～1682），福建省泉州人，天主教徒。传 9 代，出小通事 2 人。以周辰官为始祖的周家，家格低调，起步晚，起点低，到幕末崛起。周家有 6 人出任正式唐通事，出大通事 1 人，唐通事目附 2 人，大通事过人 1 人。周家第六代周文次右卫门（？ ~ 1826），曾汉译过《忠臣藏演义》（描写江户时期 1701 年发生的元禄赤穗事件），周家第八代周恒十郎，是幕末很有名的翻译官，他与漳州府籍蔡二官家的第九代蔡善助（善太郎），于 1862 年被幕府钦点，乘"千岁丸"考察船赴上海考察。

（4）蔡氏。始祖蔡昆山（三官）（？ ~ 1664），福建省同安县人，1663 年任唐船请人。蔡昆山到长崎后，任非正式唐通事——唐船请人，后代多数袭任这一职位，第八代才出现正式的唐通事——稽古通事。蔡昆山的第九代后孙蔡慎吾，是日本很有名的兵学家。

（六）沙县籍唐通事家系（1个）

始祖卢君玉（？ ~ 1631），福建省延平府沙县人，1612 年至长崎。第三代孙卢草硕（1647 ~ 1688），日本闭关锁国时代本草学鼻祖，著有《药性集要》；第四代后孙卢草拙（1675 ~ 1729），天文学家，训点《大清会典》，并受奖；第九代后裔卢高朗明治时期成为贵族院议员。有 2 个唐通事役株，本家传 9 代，分家传 8 代，共出小通事 2 人，小通事级别的 6 人。

第三节　非闽籍和原籍不明唐通事家系概况

为使读者进一步了解长崎唐通事总体情况，在此介绍非闽籍和原籍不明的唐通事家系概况。其中，原籍明确的有 9 家，分别是浙江籍 4 家、江苏籍 3 家、山西籍 1 家、四川籍 1 家。原籍不明确的有 14 家。

一　原籍明确的非闽籍唐通事家系

（一）浙江籍唐通事家系（4个）

（1）颍川氏。始祖陈九官（日本名官兵卫，字性乾，1592 ~ 1671），祖籍安徽省凤阳府，出生于浙江省绍兴府。1610 年到长崎，1632 年任唐通事，三请隐元的"三福寺"檀越领头人。后辞去唐通事一职，作为隐元的随伺，专司通译，1658 年再度任大通事，1661 年剃度为僧，法名独健，字性乾。颍川家持 2 个唐通事役株，本家出大通事 2 人、小通事 2 人；分家出大通事 4 人、小通事 2 人。是长崎唐通事名门。

（2）何氏，始祖何海庵，原籍浙江省温州府永嘉县，住宅唐人，与福清籍何毓楚家关系密切，幕末两家融为一体。第九代何礼之是幕末英语研究者，敕选贵族院议员。何家出小通事末席等小通事级别的 6 人。

（3）东海（徐）氏。始祖徐敬云（1593~1649），浙江省绍兴府萧山县人。1617 年到长崎。持有 2 个唐通事役株，本家出大通事级别的 2 人，小通事 1 人，小通事级别的 3 人；分家出小通事级别的 1 人，其余都是稽古通事等低级唐通事。

（4）杨氏。始祖杨鸣悟（一官）（？~1682），浙江人，唐船请人。持有 2 个唐通事役株，本家出大通事级别的 1 人，小通事级别的 3 人；分家全部充任本通事外的唐船请人。

（二）江苏籍唐通事家系（3 个）

（1）彭城（刘）氏。始祖刘凤岐（？~1627），江苏省淮安府人。持有 2 个唐通事役株，本家出大通事 4 人，小通事 1 人，小通事级别的 1 人；分家出小通事级别的 2 人。是长崎唐通事名门。

（2）神代（熊）氏。始祖神代四郎左卫门，南京内通事。持有 5 个唐通事役株，本家出大通事 2 人，大通事级别的 2 人，小通事级别的 4 人；分家 A 出稽古通事等低级唐通事；分家 B 出大通事 2 人，大通事级别的 1 人，小通事 1 人，小通事级别的 3 人；分家 C 出小通事 2 人；分家 D 出低级唐通事。是唐通事名门。

（3）李氏。始祖李八官（1592~1680），南京人，唐船请人。李氏家族出大通事 1 人。

（三）山西籍唐通事家系（1 个）

平野氏。始祖冯六（？~1624），山西省潞安府（今长治）始平县人，后来移居浙江或江西，南京口音，住宅唐人，唐通事鼻祖。平野氏家族出大通事 4 人，大通事级别的 1 人，小通事 1 人，小通事级别的 2 人。是长崎唐通事名门。

（四）四川籍唐通事家系（1 个）

清川（清河、张）氏。始祖张三峰（？~1628），四川达阳人，一开始寄居五岛。张家与福建有关，始祖张三峰是郑成功的旧友，郑成功回福建福州时，其子清川久右卫门跟随，起卧相共。清川氏家族出大通事 2 人，小通事 1 人，小通事级别的 3 人。可算唐通事名门。

二 原籍不明的唐通事家系

（1）彭城（刘）氏。始祖刘焜台（性住，1599～1667）。墓在兴福寺，与东渡名僧隐元、木庵、即非交往密切。拥有 2 个唐通事役株，本家出大通事 2 人，小通事 3 人；分家出大通事 4 人，小通事 2 人，小通事级别的 2 人。是长崎唐通事名门。

（2）柳屋（石崎、柳）氏。原姓柳，到日本后使用柳屋或柳谷（日语读音相同）。柳氏家族拥有 2 个唐通事役株，分家出大通事 3 人，小通事 1 人，小通事级别的 3 人；分家出大通事 1 人，小通事 2 人，小通事级别的 1 人。是唐通事名门。

（3）高尾（樊）氏。始祖樊玉环（？～1651）。第二代高尾兵左卫门是内通事，曾任朱舜水的随行翻译。樊家拥有 2 个唐通事役株，本家出大通事 2 人，大通事级别的 2 人，小通事级别的 4 人；分家出大通事级别的 2 人，小通事级别的 2 人。是唐通事名门。

（4）颍川（陈）氏。始祖陈敬山。出小通事 1 人，小通事级别的 4 人。

（5）颍川（陈）氏。始祖陈清官。出大通事 1 人，大通事级别的 1 人，小通事级别的 3 人。

（6）颍川（陈）氏。始祖陈三官。出小通事级别的 3 人。

（7）颍川（陈）氏。始祖陈一官（原量）。墓在福济寺。出小通事级别的 2 人。

（8）吉岛（郑）氏。始祖郑崇明。出大通事 1 人，小通事级别的 3 人。

（9）薛氏。始祖薛性由，唐年行司。崇福寺祠堂设有其牌位。与福清籍薛八官有某种联系。出大通事级别的 1 人，小通事级别的 1 人。

（10）井手（曾）氏。始祖曾二官。井手（曾）家是泉州方内通事小头，多数子弟充任本通事以外的内通事小头。

（11）黄氏。始祖黄二官，唐年行司。出小通事 1 人。

（12）陆氏。始祖陆应元（一官），唐年行司。出大通事级别的 1 人，小通事级别的 2 人。

（13）平井氏。始祖明保（？～1694），第一代平井敦昌，内通事，祖籍不明，原姓为平，平井是敦昌日本妻子的娘家姓。第十代平井义十郎（1839～1896），讳希昌，字元宁，号东皋。平井义十郎 14 岁起任无薪稽古通事见习，18 岁继承父亲的役株任稽古通事，23 岁升任小通事助。他和何礼之一起学习英语，并一起走上了英语教育之路，幕末唐通事体制解体后，在长崎地方政府任最高翻译官——外国管事役所挂诸司长，享受很高的待遇。平井家有 3 人为小通事级别，其他都任内通事小头。

（14）川副氏（何、河？）。川副武左卫门（1671～1723），祖父到日本长崎，持泉州方言。出大通事 1 人，小通事级别的 4 人。

附录：

表 3 - 2　1859～1867 年长崎唐通事职位人名

职位	安政六年（1859）	文久三年（1863）	元治元年（1864）	庆应元年（1865）	庆应三年（1867）
唐通事诸立合	颍川丰十郎（陈冲一·龙溪）	颍川丰十郎	颍川丰十郎	颍川丰十郎	颍川丰十郎（陈冲一·龙溪）
值组定立合通事兼唐通事目附、大通事助	薛九八郎（真右卫门）（薛性由·不明）	薛真右卫门	薛真右卫门	薛真右卫门	薛真右卫门（薛性由·不明）
	颍川彦五郎（陈九官·浙江）	颍川彦五郎	颍川彦五郎	颍川彦五郎	颍川彦五郎（陈九官·浙江）
大通事、大通事过人	游龙彦十郎（林时亮·福清）	何邻三（何毓楚·福清）	何邻三	何邻三	何邻三（何毓楚·福清）
	郑干辅（郑宗明·长乐）	李平三（李八官·江苏）	李平三	李平三	李平三（李八官·江苏）
	颍川藤左卫门（陈冲一·龙溪）	中山太平次（马荣宇·长乐）	中山太平次（太平治）	中山太平治	中山太平治（马荣宇·长乐）
	颍川润助（陈清官·不明）	吴泰藏（吴荣宗·泉州）	吴泰藏	吴泰藏	吴硕三郎（吴振浦·漳州）

续表

职位	安政六年 (1859)	文久三年 (1863)	元治元年 (1864)	庆应元年 (1865)	庆应三年 (1867)
	何邻三	吴硕三郎 (吴振浦·漳州)	吴硕三郎	吴硕三郎	周恒十郎 (周辰官·泉州)
小通事、 小通事 过人	中山健次郎 (太平次·太平治)	周恒十郎 (周辰官·泉州)	周恒十郎	周恒十郎	石崎次郎太 (柳氏·不明)
	颖川君平 (陈冲一·龙溪)	石崎次郎太	石崎次郎太	石崎次郎太	东海哲次郎 (徐敬云·浙江)
	李平三	东海哲二郎 (哲次郎)	东海哲次郎	东海哲次郎	清河矶次郎 (张三峰·四川)
	吴泰藏	清河矶次郎	清河矶次郎	清河矶次郎	郑右十郎 (郑宗明·长乐)
	周恒十郎	郑右十郎	郑右十郎	郑右十郎	蔡善助 (蔡二官·漳州)
	石崎次郎太	颖川保三郎	颖川保三郎	颖川保三郎	颖川保三郎 (陈冲一·龙溪)
	官梅三十郎 (林时亮·福清)	蔡善助	蔡善助	蔡善助	彭城大次郎 (刘凤岐·江苏)
	吴硕三郎	游龙彦次郎	游龙彦次郎	游龙彦次郎	游龙彦次郎 (刘一水·长乐)
	清河矶次郎	吉岛荣之助 (无法确认始祖)	吉岛荣之助	吉岛荣之助	平野荣三郎 (冯六·山西)
	吉岛荣之助	彭城大次郎	彭城大次郎	彭城大次郎	颖川仁兵卫 (陈三官·不明)
	东海哲次郎	平野荣三郎	平野荣三郎	平野荣三郎	
小通 事助	游龙彦三郎 (彦次郎)	颖川仁兵卫	颖川仁兵卫	中山玄三	中山玄三 (马荣宇·长乐)
	高尾和三郎 (樊玉环·不明)	中山玄三	中山玄三	颖川仁兵卫	吴忠三郎 (吴荣宇·泉州)
	颖川仁兵卫	李忠次郎 (李八官·江苏)	李忠次郎	李忠次郎	神代时次 (熊氏·江苏)
	颖川保三郎				钜鹿太作 (魏之琰·福清)
	平野荣三郎				林道三郎 (林时亮·福清)

续表

职位	安政六年（1859）	文久三年（1863）	元治元年（1864）	庆应元年（1865）	庆应三年（1867）
小通事助	彭城大次郎				荣川熊三郎（陈一官·不明）
					高尾恭次郎（樊玉环·不明）
					阳其二（欧阳云台·漳州）
小通事并	陆市十郎（陆应元·不明）	陆市十郎	陆市十郎	神代时次	颖川驹作（君平）（陈冲一·龙溪）
	河副作二郎（何氏·不明）	钜鹿太作	钜鹿太作	颖川驹作	何幸五郎（何毓楚·福清）
	彭城恭三（刘凤岐·江苏）	阳健三（欧阳云台·漳州）	颖川八右卫门（陈一官·不明）	何幸五郎	陆市十郎（陆应元·不明）
	柳屋八十八（柳氏·不明）	颖川八右卫门		钜鹿太作	颖川八右卫门（陈一官·不明）
	王准次郎（王心渠·福清）			陆市十郎	石崎铁助（柳氏·不明）
				颖川八右卫门	杨熊十郎（杨鸣悟·浙江）
				石崎铁助	
				林道三郎	
				颖川熊三郎（陈一官·不明）	
				高尾恭次郎（樊玉环·不明）	
				吴忠三郎（吴荣宇·泉州）	
小通事末席	颖川八右卫门	神代时次	神代时次	杨熊十郎	颖川俊三（陈敬山·不明）
	吴平三郎（吴宗园·龙溪）	杨熊十郎	杨熊十郎	阳其二	吴雄太郎（吴振浦·漳州）

职位	安政六年 (1859)	文久三年 (1863)	元治元年 (1864)	庆应元年 (1865)	庆应三年 (1867)
小通事 末席	蔡善太郎 (蔡善助) (蔡二官·漳州)				
	阳其二	阳其二	颍川俊三	河副作十郎 (何氏·不明)	
	河野辰三郎 (无法确认始祖)	高尾宗三 (樊玉环·不明)	高尾宗三	吴雄太郎	蔡慎吾 (蔡昆山·泉州)
	颍川四郎次 (陈冲一·龙溪)	颍川俊三	颍川俊三	河副作十郎	彭城秀十郎 (刘凤岐·江苏)
	彭城常三郎 (刘一水·长乐)	吴雄太郎	吴雄太郎	蔡慎吾	彭城驹一郎 (长之助) (刘焜台·不明)
	钜鹿太作	颍川驹作	颍川驹作	彭城秀十郎	卢笃三郎 (高朗) (卢君玉·沙县)
	阳健三	何幸五郎 (伊代吉)	何伊代吉	彭城驹一郎	太田伊豫四郎 (伊代四郎) (田氏·福州)
	神代时次	河副作十郎	河副作十郎	卢笃三郎	
	郑右十郎 (郑宗明·长乐)	石崎铁三 (柳氏·不明)	石崎铁三	太田伊豫四郎	
	太田源三郎 (田氏·福州)	林道三郎 (林时亮·福清)	林道三郎		
	杨熊十郎 (杨鸣悟·浙江)	颍川熊三郎 (陈一官·不明)	颍川熊三郎		
	阳子之助 (其二)	高尾恭次郎 (樊玉环·不明)	高尾恭次郎		
	神代胜三郎 (熊氏·江苏)				
	李忠次郎 (李八官·江苏)				
	林雅太郎 (林时亮·福清)				
	高尾宗三 (樊玉环·不明)				

续表

职位	安政六年 （1859）	文久三年 （1863）	元治元年 （1864）	庆应元年 （1865）	庆应三年 （1867）
小通事 末席	何礼之助 （礼之） （何海庵・浙江）				
	吴隆太郎 （吴荣宗・泉州）				
	颍川文六 （俊三） （陈敬山・不明）				
	吴雄太郎 （吴振浦・漳州）				

注：括号内的文字是始祖和原籍，"不明"表示原籍不明，由笔者核对添加。

资料来源：許海華. 幕末における長崎唐通事の体制［J］. 東アジア文化交渉研究. 2012（5）: 267 - 280.

第四章 福清籍林时亮唐通事家系

以林时亮为始祖的林氏唐通事家族，是江户时期在日本长崎最有名望的唐通事世家之一，林家本家以及四个分家，出大通事8人（含1个唐通事过人）、各级小通事10人。第二代林道荣是著名的唐通事，是唐通事"双璧"之一，林家也以林道荣为荣，家门名声大振。

颍川君平编纂的《译司统谱》① 是一部按年代记载各级唐通事名单的历史文献，林时亮及其后代唐通事一一列在其中。日本学者宫田安在《唐通事家系论考》第十四章，用42页的篇幅记述了以林时亮为始祖的林氏唐通事家系。②

第一节 唐年行司林时亮

宫田安的《唐通事家系论考》③ 和台湾学者李献璋先生的《长崎唐人之研究》④ 考证了林时亮的经历。林陆朗（林时亮后孙）博士的论著《长崎唐通事——大通事林道荣与他的周边人物》⑤ 更详细地介绍了林时亮在日本成家立业的经历。下面根据这些文献，概述林时亮的生平。

一 林时亮出生地考

林时亮（1598～1683），字公琰，俗称林一官（见图4-1），明万历

---

① 颍川君平. 译司统谱 ［M］. 1897：1-110.
② 宫田安. 唐通事家系论考 ［M］. 长崎：长崎文献社，1979：345-387.
③ 宫田安. 唐通事家系论考 ［M］. 长崎：长崎文献社，1979：346-349.
④ 李献璋. 長崎唐人の研究 ［M］. 東京：親和銀行ふるさと振興基金会，1991：247-249.
⑤ 林陸朗. 長崎唐通事—大通事林道栄とその周辺 ［M］. 東京：吉川弘文館，2000：10-41.

二十六年（1598）十月，出生于福建省福清县化北里前林村。林时亮的父亲叫林大侃，号瑞如。据说在长崎崇福寺祠堂里，摆放着林瑞如的牌位，上书"明大檀越主瑞如林公"，落款是"孝林时亮同孝孙应宰应宦拜立"。

图 4-1 林时亮画像

资料来源：旅日华侨陈东华先生提供。

林时亮，出生于福建省福清县化北里前林村。那么，明代的化北里属于今天的哪个乡镇？查阅《福清市志》后，发现明清有个东隅化北里，民国有个化北乡。这正是今天的港头镇。2017 年 11 月 19 日上午，我们课题组一行，冒着阳光雨，踏上了"寻祖"之路。从福清市区行驶约半个小时，就到了港头镇，前林村位于 305 号福建省省道与渔平高速公路港头收费站交叉的地方，村口耸立着牌坊，上书"前林"两个大字。村部宣传栏上张贴着各小组选民名单，1500 多人的村庄，林姓竟占了八成。

接待我们的是村委会主任林珍兴，村文统林崇兴，村老年协会会长林珍明，还有 94 岁高龄的林福桃。淳朴憨厚的林氏村民热情好客，我们简单介绍来意后，林珍明老人马上扛来了一个大旅行箱，打开便是前林村林氏家谱。在一箱子厚厚的家谱堆里，珍明老人抽出前林林氏家谱（简谱），名曰《长林族谱》，是个手抄本。我们从林时亮父亲瑞如追溯到了前林林氏始祖林钦仁公和开闽始祖林每再公。据家谱记载，林时亮的父亲林大侃（瑞如），生于嘉靖二十年（1541）丁未（嘉靖二十年应为辛丑，丁未年是

嘉靖二十六年，即公元 1546 年）三月二十八日巳时，卒于天启六年丙寅
（1626）四月十九日巳时，遭海劫溺水身故。并记载"娶北埔郑氏"，生二
女，分别叫长适、次适，但没有"时亮"的名字。在第十四世"时"字辈
里，也找不到时亮的名字。

我们认定林大侃为林时亮的父亲，其理由是：第一，林时亮的第十三
代嫡孙林陆朗在《长崎唐通事——大通事林道荣和他的周边人物》中指
出："长崎崇福寺祠堂里供奉着牌位，上面写着公琰父亲的名字——瑞
如。"第二，家谱里明确记载林大侃号瑞如，而且大侃的下一代为"时"
字辈，林大侃的亲兄林大佐的两个儿子叫时迪、时善，与林时亮的辈分相
吻合。

那么，为什么家谱里没有记载"时亮"？对于这个问题，我们与林氏
村民进行了一番探讨。据林珍明分析有两个原因。第一，前林村林氏家谱
是手抄本，家谱的修订并不是随时都可以进行，有时隔几代才补修一次，
一般由村里人口述，族里"文人"记录，所以生卒年月日等信息难免有出
入。估计林大侃在世时没有遇到补修家谱的机会，眼前的家谱是大侃离世
若干年后，村里的宗亲口述记录的。第二，中国人的家谱，一般不记早于
父母离世的未婚子女。按照这个逻辑，因父亲大侃遇难，时亮去日本杳无
音信，被当作早逝，所以没有记录时亮是合乎情理的。

由于前林林氏家谱是手抄本，生卒年月日的记载有很多出入。比如：
时亮的祖父国大出生于嘉靖八年己丑（1529），卒于万历三十二年甲辰
（1604）；伯父大佐出生于嘉靖四十一年（1562），卒于万历四十年壬子
（1612）；父亲大侃生于嘉靖二十年丁未（1541），卒于天启六年丙寅
（1626）。问题一，次子大侃生日早于长子大佐 21 年；问题二，次子与父
亲国大年龄只差 13 岁；问题三，嘉靖二十年为辛丑年，丁未年是嘉靖二十
六年（1546）。

次子生日早于长子，说明也许大侃是长子，如果大侃出生于丁未年也
就是嘉靖二十六年（1546），那么与父亲国大之间年龄差 18 岁，这是符合
逻辑的。

按照这个逻辑，我们从家谱中读到以下信息：

（1）林大侃（嘉靖二十六年丁未年，1546 年生）53 岁，母亲郑氏（1547 年生）52 岁时生林时亮，大侃 81 岁遇难（1626），时亮是父亲遇难三年前（1623）东渡日本的。

（2）从林大侃"遭海劫溺水身故"这几个文字里，可以读出：林大侃有可能当时从事海上贸易，并且家境殷实，船上装载着财物，才被倭寇劫持的。林大侃生活于明代中期，此时沿海一带私人经营的海上贸易十分活跃，同时倭寇也十分猖獗，他的过世与时代背景相吻合。林时亮的商人身份，且有文化的事实，从另一个侧面佐证了林大侃家境富足，或许就是商人或船主。林大侃遇难前三年时亮东渡日本，可能是主动去的，这也说明林家具有一定的经济实力。

据林珍兴主任介绍，之前有几批日本人和国内的学者，都来查询过林时亮，尤其是 20 世纪 90 年代初，林时亮的后裔林陆朗老先生（2017 年元月离世，享年 91 岁）也曾前来进行过寻祖访问。但是，未能找到任何线索。原因很简单，他们都直接查找林时亮，而未能从他的父亲林大侃着手。

林氏宗祠里奉安着林氏十七代祖先的画像，他们认定的祖先是晋安郡王林禄公。祠堂内大堂正中间悬挂的画像是林禄公，两侧则是从第二代到第十六代十五位先祖和第十七代九位（九牧林）先祖。前林林氏家谱，从林禄公的父亲黄门侍郎林颖公开始记载，一直到第二十二代林仲雅辈。对于福建林氏始祖林禄公，《福州姓氏志》和百度网都有详细介绍。

二　林时亮东渡日本

林时亮东渡时间是，明代天启三年（1623），他在 26 岁时只身到日本，最初落脚的地方是肥前国彼杵郡大村藩，也就是现在的长崎市大村市，他娶了藩士森氏的女儿，得到大村藩的保护。前文已论述过江户时期日本等级制度森严，所有的居民分为四个阶层：武士、农民、手工业者和商人，而且其身份不能轻易改变，其中武士居于最上层。幕府将军和藩主都养着自己的家臣，也就是武士，藩主的家臣也叫藩士，在藩内拥有一定的权势。有了藩士这个强大的保护伞，并娶藩士的女儿为妻，这是林时亮在日本齐家立业的重要保证。

　　林时亮为什么东渡日本？林陆朗博士说，《日本林氏家谱》记载，林时亮为"避战乱"而来日本。但时亮东渡日本的1623年，福建一带虽然有倭寇来犯，但基本没有特别的战事。林时亮去日本的行为可以断定为经商，他的身份就是商人。

　　1628年林时亮移居长崎，其原因是，两年前（1626）幕府当局下令禁止外国船驶入大村藩境域，只允许停泊于长崎一港，所以林时亮在大村无法进行唐船贸易，只好移居长崎。林时亮移居长崎后一开始租住一个日本人的房子，不久得到时任长崎奉行水野守信的居住许可，获得住宅唐人的身份。顾名思义，"住宅唐人"就是可永久居住在长崎的华人，也就是归化，按现在的话来说就是获得日本国籍，拿到了"绿卡"。把归化的华人叫"住宅唐人"，以区别于贸易客商"渡航唐人"。林时亮获得居住权后，可与日本人混居于长崎市内，而渡航唐人没有这个权利，他们从上岸到回国期间只能花钱租住"船宿"。

　　林时亮移居长崎后，好事接踵而至，1636年被任命为唐年行司。林时亮长期担任唐年行司，一直到1683年去世为止，共48年，他的职位由次子袭任。

　　1640年，林时亮43岁时长子林道荣出生，他后来成为著名的唐通事，因此林时亮家族在长崎成为唐通事名门。

三　林时亮与黄檗僧人

　　林时亮与长崎崇福寺有很深的渊源，他与超然、隐元、即非、木庵、千呆等黄檗东渡名僧交往甚笃。林时亮作为长崎有实力的第一代华人，为黄檗宗及黄檗文化的弘扬做出过很大贡献。

　　长崎圣寿山崇福寺是福州人的寺院，开基人是超然禅师。据《黄檗东渡僧宝传》介绍，超然禅师①是林时亮的同乡（福州府人），早在隐元之

---

　　① 超然禅师：福建省福州府人，明隆庆元年（1567）生。早在明崇祯二年己巳（1629），应邀只身携锡杖东渡至长崎。欲同已来此居住者——福州人俞、魏、王、林诸氏共建一寺，聘请禅德、檀越勤力，最终宽永十二年乙亥（1635）崇福寺开基，师为开山，因此世称"福州寺"。大张教化之门，寺坛日益繁盛，加之故山普还、水月禅德等前来助化、创建诸堂，自福州来长崎久住者悉数皈依佛门。谈经念诵十六载，于正保元年甲申（1644）九月八日示寂，阅世七十有八，全身葬于山中，并树塔立碑。参见山本悦心.黄檗东渡僧宝传：下卷 [M].爱知：黄檗堂，1841：3.

前，于明崇祯二年（1629）到长崎。崇福寺祠堂里供奉着林时亮的牌位，称林时亮为大檀越。虽然找不到林时亮出资多少的文献资料，但他所皈依的寺院称他为"檀越"，而且前面加"大"字，这说明林时亮肯定为建立崇福寺出过不少力。

隐元于 1654 年 7 月到长崎，最初入住兴福寺，1655 年 5 月移到崇福寺，当年 9 月开始北上，入住摄津普门寺，三年后到江户参谒将军德川家纲。在隐元滞留长崎一年多的时间里，林时亮及其长子林道荣多次拜见过隐元，曾蒙受过隐元的法恩，林道荣更是得到隐元的宠爱，他的学问、诗文、书法都受到隐元的指点，后来林道荣成为远近闻名的唐通事和文人与此不无关系。林时亮与隐元有交情，以隐元写给林时亮的诗偈（法语）为证。《示长崎林一官》① 收录于《黄檗隐元和尚云涛二集》（侍者性莹、性派编录，这是隐元在日本长崎兴福寺、崇福寺及摄津普门寺等地的诗偈）。现摘录开头和结尾部分：

> 丈夫贵决择，
> 勿错好时光。
> 百岁浑如梦，
> 随流梦更长。
> ……
> 安贫常快活，
> 市隐名犹香。
> 不梦繁华事，
> 是为极乐场。

隐元比林时亮年长 6 岁，两人又是福清同乡同姓。这首诗偈是隐元作为德高望重的长者对林时亮的勉励和教诲，也是对客居长崎的同乡人的一种情感寄托。

---

① 平久保章编. 新纂校订隐元全集：第六卷［M］，东京：开明书院，1979：2662.

林时亮与即非①关系尤其密切。即非与林时亮是福清同乡同姓人，1657 年抵日本长崎，初任崇福寺住持，被称为"崇福寺中兴开山"。即非在崇福寺期间，林时亮父子经常拜访即非大师，林道荣年少而能书善诗，得到即非的夸奖，即非说林道荣"诗词敦笃有乃父之风"，也就是说林道荣的才华遗传自林时亮。这从侧面说明林时亮也是能书善诗的文人。即非曾 3 次写诗偈赠给林时亮，在此介绍前两次的诗偈。

第一次是 1660 年，写给林时亮的诗偈是《梅石偈示林公琰居士》。②

> 梅花说法石头听，
> 听着无得法无剩。
> 无剩无得无非无，
> 如空合空镜照镜。

即非写给林时亮的这首七绝，表面看没有什么意思，但实际包含临济宗的"即心即佛""明心见性成佛"等禅宗思想，这也是对林时亮的褒扬和勉励。据宫田安介绍，这里所说的梅石是指，原来长崎兴福寺后头有一座东卢庵，其遗址上有块石头，上刻"梅友石"，即非和林时亮走到这里，即非触景有感，把两人的友情比作梅石，即兴作诗赠予老友兼老乡林时亮。

第二次是，1667 年在林时亮七十寿辰之际写的《赠林公琰居士七十》。③

> 逢君方耳顺，
> 不觉又稀年。
> 欲笑云边鹤，

---

① 即非法师，字如一，福清县林氏之后，宋代宝谟阁学士鬳斋先生林希逸后裔，1616 年出生。1654 年夏，隐元大师东行，不久召即非东渡。遂历观雪窦、天童、洞庭等地，终在虞山参礼费隐和尚，辞旧岁于密印寺，1657 年率云瑞公等抵日本长崎，初任崇福寺住持，开堂弘法，被称为"崇福寺中兴开山"，寂逝于 1671 年。参见山本悦心. 黄檗东渡僧宝传：上卷［M］. 爱知：黄檗堂，1841：9 - 10.
② 平久保章编. 新纂校订即非全集：第三卷［M］，京都：思文阁，1993：1002.
③ 平久保章编. 新纂校订即非全集：第三卷［M］，京都：思文阁，1993：1146.

何如地上仙。

交朋推礼仪，

教子拔英贤。

不羡长生术，

惟参直指禅。

这是即非对林时亮为人重友情的高度评价，是对他教子有方的褒扬，也是对他余生的寄托。

1671 年 5 月，即非示寂，此时 74 岁的林时亮携福建同乡众信徒，为即非写了很长的祭文，以示沉痛悼念。

千呆与林时亮父子也有密切交往，1660 年即非与千呆师徒分别为林时亮准提观音（对观音请愿仪式）结愿写颂偈。千呆（1636～1705），字性侒，号云瑞，长乐县陈氏之后，1657 年随即非东渡至长崎，是继即非后崇福寺中兴第二代住持。①

据林陆朗说，长崎县北高来郡饭盛町有一座寺院，名曰长寿山普同寺。② 这座寺院就是在林时亮的资助下得以复兴的日本寺院。林时亮十分孝敬父母，虽然只身来日，多年未回故里，但经常梦见已故的父亲，怀念故乡。林时亮为了纪念父亲，在此捐助寺院，可见林时亮的孝心非同一般。

1683 年 9 月 14 日，林时亮在长崎自宅与世长辞，享年 86 岁，千呆禅师前来主持法式，礼忏说偈（应该指念经）。林时亮临终当天不可思议地为自己留下了一首遗偈（九月十四日公琰辞世偈）：八十六年心直如弦，今当坐脱花雨连天。这是林时亮对自己 86 年耿直、勤奋、洒脱一生的自我评价。

第二节　著名唐通事林道荣

林道荣（1640～1708），原名市兵卫，讳应寀、应宰，字款云，号墨

①　山本悦心. 黄檗东渡僧宝传：上卷［M］. 爱知：黄檗堂，1841：17－19.
②　林陸朗. 長崎唐通事——大通事林道栄とその周辺［M］. 東京：吉川弘文館，2000：27－32.

痴、官梅、罗山，法名熟也（见图4－2）。1640年3月3日出生于长崎，林时亮长子，母亲是日本大村藩士森氏之女。林道荣是长崎著名唐通事，与长乐籍刘宣义并称唐通事"双璧"，也是远近闻名的诗人、书法家。

图4－2　林道荣画像

资料来源：旅日华侨陈东华先生提供。

一　林道荣青少年时期

沙县籍后裔卢骥（千里）在《长崎先民传》里写道："（林道荣）幼读书一目五行，读则成诵，又工字学，凡真草行隶无所不能，所著诗文不务构思，下笔立就。"① 这是描述林道荣幼儿时期聪慧好学、记性超人、能书善写。

林道荣青少年时期，正是黄檗名僧大量东渡时代，他们一踏入长崎就入住华人寺院，广泛与华人结交。前一节提到过，林道荣父子经常参拜寺院，跟随东渡名僧参禅。隐元大师于1654年到长崎，此时林道荣16岁。《新纂校订隐元全集》第五卷收录隐元在崇福寺期间为林道荣写的诗偈两首，分别是《林道荣善童请》和《示道荣信童》②，后一首写道："法具法

① 卢骥．长崎先民传［M］．江户：和泉屋庄次郎校版，1819：2.
② 平久保章编．新纂校订隐元全集：第五卷［M］．东京：开明书院，1979：2541.

通达，心空道自荣，炤临千万国，画在一念诚。"这是一首五言绝句，是借道荣的名字写的法语，以此勉励风华少年。据增田廉吉介绍，林道荣通读过隐元携带到日本的所有书籍。①

即非禅师于 1657 年到长崎住持崇福寺，18 岁的林道荣经常到崇福寺，向师傅请教各种问题。《新纂校订即非全集》第一卷收录诗偈《示林英士》②："林子熟也，姿禀俊秀，幼读书一览，辄通大义，及长尤工真草篆隶，诗词敦笃有乃父风，长者莫不爱之。"也就是说，林道荣天姿俊秀，幼时读书过目知其大意，擅长书法，各种书体无所不能，其诗文诚朴宽厚，具有其父林时亮的风格，长者人见人爱。林道荣十二三岁时，勤勉读书，崇拜林罗山（1583～1657，日本江户时期著名儒学家），所以以"罗山"为号。

林道荣青少年时期，正直明清交替之际，不少明朝遗臣和文人墨客流亡到日本长崎，其中最有名的人物是朱舜水。朱舜水③（1600～1682），原名之瑜，浙江余姚人，是明清之际的政治家和思想家，明朝被推翻后曾参加过反清复明活动，多次到日本逃难，在日本生活 22 年之久。朱舜水在日本影响很大，幕府当局特批他的居住权，他与日本达官显贵密切交往，为促进中日文化交流做出卓越贡献。1659 年冬至 1665 年 6 月，朱舜水在长崎定居五年半，后移居江户，获得居住权之前也数次在长崎停留过，其间朱舜水与少年林道荣有过接触。朱舜水特别喜爱这个聪明、伶俐、有才智的少年，并给予极高的评价。朱舜水在《送林道荣之东武序》④里回忆道：

　　余于庚辛间至日本，见福清林子玄庵熟也于东明书房，此时才在髫龀，顾其视瞻翯翯，步履劳劳，固已心翼之如鸡群一鹗矣。壬辰秋，复过日本，适当作报国藩及定西侯张侯老两书，病困不能搦管，而舟行甚迫，日夕促报书。或有言林子能作小楷者，延之即至。授之

① 增田廉吉. 鎖国の窓［M］. 大阪：毎日新聞社出版局，1943：51-54.
② 平久保章编. 新纂校订即非全集：第一卷［M］. 京都：思文阁，1993：210.
③ 朱舜水. 朱舜水集：上［M］. 北京：中华书局，1981：前言1-8.
④ 朱舜水. 朱舜水集：下［M］. 北京：中华书局，1981：476-478.

草，即濡毫疾书，气度冲融，旁若无人。

林道荣七八岁时，朱舜水在长崎兴福寺东明山书房见到的童年形象犹如刚破壳的鸡雏，羽毛光滑润泽，走路稳当，其心底如鸡群里的一只鱼鹰。1652 年朱舜水再次去长崎，那年林道荣 13 岁。朱舜水要给故国的国藩（监国永明王）与定西侯张侯老写急信，而此时朱舜水患病卧床不起，无法握笔，即将起航的船又催促。此时有人介绍说林家子道荣擅长楷书，于是急忙叫来吩咐。少年道荣立刻蘸墨挥笔，其笔势轻快，气度如水波荡漾。

林道荣风华正茂的青年时代，不满足于待在长崎这一偏远之地，决心有朝一日去江户深造。朱舜水回忆道："戊戌冬，向余叹曰：居此地而读书，奏雅乐于重译，表龙章于裸壤耳，奈家贫不能作别业何！"对此朱舜水勉励道荣说："谚云'孳孳力田，必将逢年'。但患不读书，不患读书无所用也……"① 正好此时长崎迎来了新的奉行，名曰妻木赖熊，他十分爱惜人才，"能遴才好士，罗致幕下，朝夕刮磨之"。② 妻木于 1660 年 9 月到长崎赴任，次年 9 月回江户，爱才如命的妻木决定带才子道荣一同回江户。长崎是特殊的地方，相当于现在的中央直辖市，行政首长叫奉行，他是长崎的行政司法长官，同时兼有其他奉行所没有的警备司令官、商务官和外交官职权，因此其地位显贵，令人羡慕。随奉行去江户，对长崎的华人来说，也是一种荣耀。道荣出发之际朱舜水为道荣写了上述《送林道荣之东武序》。即非禅师的《示林英士》就是为送道荣而作的诗偈，勉励他潜心读书做学问。林道荣随妻木北上之时，路过京都宇治黄檗山，参谒隐元大师和木庵大师，还得到木庵大师的七言绝句诗偈，题名《送林熟也信士之江府》③："有才必见知傅，莫学巧言令色流，次日高临江府地，泊然大用显风猷。"木庵勉励道荣，只要有才必遇有见识的朋友，不学巧言令色之流，虽身居江户府，但要淡泊名利，尽情施展才华。妻木回到江户后荣升

---

① 朱舜水．朱舜水集：下 ［M］．北京：中华书局，1981：477.
② 朱舜水．朱舜水集：下 ［M］．北京：中华书局，1981：477.
③ 平久保章编．新纂校订木庵全集：第一卷 ［M］．京都：思文阁，1992：408.

勘定奉行。① 道荣住在妻木的宅邸，不少有志青年和文人墨客慕名前来拜见，道荣在此广收徒弟，教授诗文和书法，名声大噪，此时大老酒井雅乐头（江户幕府时代辅佐将军的最高官员）赐"道荣"名字。但不久招来了日本江户一些人的嫉恨，甚至危及生命，于是于1663年上半年回到了长崎。虽然在江户求学深造的梦想破灭了，但无疑为后来成为著名的唐通事增添了一段阅历。

二　一代著名唐通事

林道荣回到长崎后，1663年10月，破例而且破格直接被任命为小通事。林道荣本应继任父亲唐年行司的职务，但父亲没有去世或者退休是不可以继任的，唐通事一般从稽古通事见习做起，并且还要其家庭已经具有唐通事"役株"，然后根据才华和业绩逐步升级。林道荣24岁时直接越过多级成为正式的小通事，进入本通事阶层，而且是最年轻的，这意味着林道荣的家庭已经获得了唐通事"役株"，其家族可以世代担任唐通事，享受荣华富贵的生活。

在林道荣成为小通事的年代，本通事为8人制，即4个大通事，4个小通事。在大小通事中每年各选一人轮流担任"年番通事"，也就是值年。唐通事的主要职责是，负责唐船从上岸，经唐人在长崎交易，到离港期间的翻译工作，还要应对长崎奉行有关贸易和外交方面的咨询，参与唐人与日本内地商人之间的贸易管理。林道荣是个文人唐通事，他社会交际广、见识多，所以除了正常的唐通事业务外，也经常参与处理其职责以外的事务，积极维护华人的利益，尽力保护到长崎的唐人。

1669年，林道荣30岁时轮到值年，在他与大通事柳屋次左卫门（1639～1700，柳氏，祖籍不明，林陆朗说是福州籍）共任年番通事期间发生了两件事。第一件事情与黄檗僧独立禅师有关联。独立（1596～1672），字性易，浙江省杭州府仁和县人，1653年渡海至长崎，翌秋隐元大师应聘东渡后出家，定法名为性易、法号为独立。独立也是著名医师，

---

① 勘定奉行：江户幕府的要职，由旗本担任，俸禄3000石，统治郡代、代官，主管幕府领地的诉讼、租税、徭役，出纳钱粮。

广施药品、行医救治，人称为神。^① 当时独立住在崇福寺，与林道荣有交情。有一次独立出远门到本州的岩国（今属山口县），为其领主吉川广正看病期间，时任长崎奉行稻生正伦病危，虽然快马加鞭派人督促独立速回诊治，但独立未来得及赶回长崎，稻生病亡。这样独立与长崎奉行结下了梁子。后来独立仍然前往本州西部各藩，与那里的达官显贵结为朋友，出诊治病，这又加深了长崎奉行的不满。林道荣任年番小通事的那年，独立依然在西国（今山口、广岛一带），长崎奉行多次督促独立速回，但独立以各种借口推迟，也确实遇大雪封路，迟迟于次年才回到长崎，长崎奉行大怒，斥责其违约行为，独立也不服，其矛盾到了不可调和的地步。此时，与独立有较深的交情，且在长崎具有一定威望的林道荣出面，调解了矛盾，使两人握手言和。

第二件事情是，1669 年秋，有一艘编号为 35 号的唐船入港之际，被查出船上载有 2 名僧人。这两位僧人自称福清黄檗山虚白禅师的使者，带有给隐元的谢法信，其中一人是隐元的侄子林濡默。崇福寺的即非要把此二人接到寺里，派住持千呆与长崎奉行松平隆见交涉，而上任不久的松平奉行说"我怎么不认识千呆和尚"。此时两位福州籍唐通事出面调停，虽然挨到奉行的责骂，但最后奉行还是批准了即非的请求。

1671 年，崇福寺中兴住持即非寂逝，长崎市民纷纷前来悼念，火葬当天，从长崎市中心到崇福寺后山，送葬队伍排成长龙。平素与即非结下深厚友情的林道荣父子为同乡名僧写祭文表示哀悼。林道荣根据即非禅师生前留下的 19 字遗偈"生如是死如是坐断生死关触破没巴鼻喝一喝"，写了19 首挽诗，都是七言律诗，文采非凡，格律严谨，展现了华人后裔的文采。这组挽诗收录于《寿山即非和尚德感集》^②，现摘录其中的"生"字头一首。

> 生气凛然在世间，
> 白云流水绕青山。

---

① 山本悦心.黄檗东渡僧宝传：下卷［M］.爱知：黄檗堂，1841：11 – 13.
② 平久保章编.新纂校订即非全集：第四卷［M］，京都：思文阁，1993.

樵歌牧曲皆神语，

萝月松风即道颜。

真性何妨携履往，

灵机岂碍振铃还。

素质色相无非幻，

时节到来也等间。

　　1674 年，35 岁的林道荣升任大通事，在小通事任上足足待了 11 年，之所以在同一个位子上任职那么久，是因为那个年代大通事只有 4 个编制，空缺才能补位，而且是论资排辈，由于林道荣作为唐通事是个后起之秀，也要按照规矩排队，到这时才有机会。

　　林道荣在任小通事和大通事期间，在位的长崎奉行有一位叫牛込重氽，1671 年 9 月上任，1681 年 4 月退位，10 年间有 5 年在长崎。牛込爱读书，善诗文，经常召集有才华的文人举办诗宴，营造文化气氛。据林陆朗考证，牛込邀请林道荣和长乐籍唐通事刘宣义举办过以"梅"和"牡丹"为主题的诗宴。卢千里在《长崎先民传》里也提道："藤荫镇（名胜登牛込氏）亦服其（刘宣义）才，宠遇优渥。是时林应寀亦以书名闻，故义与寀书夜陪伺守厅赋诗属文。未之有间，一日守延二人置酒。偶分杜少陵东阁官梅之句各赐以号，义为东阁，寀为官梅。"① 意思是说，长崎奉行牛込，十分佩服刘宣义，对其宠爱有加，给予优厚待遇，此时长崎还有一位林应寀（道荣）也以书闻名，所以命二人守夜陪伴赋诗作文，有一天邀请二人举办诗宴，根据杜甫的《和裴迪登蜀州东亭送客逢早梅相忆见寄》（杜甫为酬和友人裴迪而创作的七律），取其中第一句"东阁官梅动诗兴"中的"东阁""官梅"，赐给二人为号。可见此时的长崎洋溢着浓厚的中华文化气息，林道荣和刘宣义确实传承了地道的中华文化。

　　据林陆朗介绍，长崎市街南部曾经有一个名胜地叫雄浦（也叫大浦），这个地方过去属于大村藩领地，1857 年开始归幕府所有，之后填海造地，

---

① 卢骥. 长崎先民传［M］.江户：和泉屋庄次郎校版，1819：1 - 2.

就是现在的长崎市松枝町。前面提到大村与林时亮有因缘,道荣的母亲就是大村藩士的女儿。大村藩藩主大村纯长十分欣赏林道荣的诗文和书法,1700 年藩主在雄浦一带划地给道荣作别墅宅邸,于是此地叫"道荣之浜"或"道荣之崎",在《长崎名胜图绘》里有一幅画内容就是"道荣之崎"。

长崎华人第一代一般娶日本大家闺秀为妻,第二代开始在唐通事家族之间通婚,这是所谓的门当户对的中国传统婚姻习俗在异国他乡的再现。林时亮娶大村藩士之女,第二代林道荣娶福州籍王心渠女儿信光院(1641 ~ 1682),由于王氏早逝,后来再娶渭源院。林道荣有 1 个嫡子,1 个女儿,2 个养子,1 个养女。长子三郎兵卫继承道荣家业,后来成为大通事,长女成为福清籍林楚玉曾孙林仁兵卫(德芳、大通事)的妻子,养子继善是林道荣妻子王氏妹妹的二子,日后成长为著名儒学家,改名为中野执谦(1667 ~ 1720),养女是继善的妹妹,嫁给长崎本古川町乙名(相当于町长)藤漱长兵卫,另一个养子三十郎成为林家分家 B 始祖,职位升至大通事。

1693 年,长子三郎兵卫从稽古通事升任小通事,父子成为大小通事,在唐通事九家中占两席,这在唐通事社会来讲是十分令人羡慕的事情。1694 年,林道荣兼任唐船风说代役(职责为收集情报),不久大通事刘宣义退休后林道荣成为大通事笔头(最老资格首席唐通事)。1697 年,林道荣被任命为负责监察的唐通事目附,同时负责稽古通事的指导工作,同年长子三郎兵卫接替父亲升为大通事。1699 年正式接任风说定役,职级位居上座。这一年长崎来了个叫林藤五郎忠和的奉行,由于他姓林,要求姓林的华裔改姓,林道荣无奈以官梅之号作姓氏,给长子和养子改为二木。林家改姓 35 年后,到第六代三郎太时恢复林姓,他们骨子里都认为自己是华人。

1704 年,林道荣 65 岁时失去了长子三郎兵卫(享年 37 岁),深受刺激的林道荣处于隐退状态。1705 年养子三十郎升格为小通事,成功地以官梅姓氏继承役株另立门户。1708 年 8 月,林道荣参谒崇福寺第三代住持大衡(1650 ~ 1717,莆田籍,1693 年到长崎)①,大衡禅师为林道荣题字留

---

① 山本悦心.黄檗东渡僧宝传:上卷 [M].爱知:黄檗堂,1841:28 - 29.

念。同年 10 月，林道荣与世长辞，享年 69 岁，大衡禅师写祭文悼念。

林道荣是江户时期长崎唐通事中最杰出的文人唐通事之一，他与长乐籍刘宣义并称唐通事"双璧"，得到长崎奉行以及日本达官显贵的青睐与热捧，在任 40 多年间先后有 20 多位长崎奉行交替，林道荣与他们友好交往，职位升至唐通事上座，他的家族获得 5 个唐通事役株，后裔人才辈出，是最有势力、最有威望的唐通事世家之一。

三　著名书法家和诗人

林道荣是著名的唐通事，他之所以远近闻名，不仅是因为他作为唐通事做出多么惊人的业绩，更重要的是他才华非凡，有书法家、诗人等文人身份衬托着。当时不少大名到长崎视察访问，指名道姓要林道荣陪伴，其实都是冲着他的书法作品去的。

首先，林道荣是大学者。《先哲丛谈续篇》[1] 记载："（道荣）好学，修洛闽之说，精通性理……尤其精于象胥，博览杂记、演史、小说、话本，通晓明清之典话、官制、俚语，我土之人未曾有之。"也就是说，道荣好学，曾修过洛阳程明道和福建朱熹的程朱理学，精通其性理学，他不仅是优秀的翻译，而且博览杂记、历史、小说及话本等，通晓明清时代的典故、政治制度、民间传说，像他那样学识渊博的人在日本从未出现过。林道荣与朱舜水的交情很深，朱舜水评价道荣是"如鸡群一鹗"。朱舜水在日本以其理学家身份而著称，少年时代的林道荣还阅读过日本理学家林罗山的著述，道荣自己起号为罗山。他精读过程朱理学的基础文献《大学》《中庸》《论语》《孟子》四书。上面也提到过，林道荣 16 岁时隐元东渡日本，隐元特别宠爱道荣。隐元去日本的时候带了很多书，如《大藏经》《五灯严统》等。风华正茂的少年道荣废寝忘食地通读这些书。这些读书经历，为其日后成为大学者打下了扎实的基础。

其次，林道荣是著名书法家。朱舜水评价少年林道荣的书法如"兔起鹘落"，这是说道荣的书法，如鹘捕捉兔子，动作敏捷，迅捷流畅。卢千

---

[1]　东条耕子藏编．先哲丛谈续篇：卷四［M］.日本国史研究会，1906：232.

里评价林道荣的书法："延贞之际寀之书名显于天下，远近争求，不啻珍宝，王公贵人厚币购致之。是时高玄岱亦善书，时人称为'二妙'矣。"①意思是，延宝至贞享年间（1673～1687）林道荣的书法作品闻名于世，其墨宝价值连城，不亚于珍宝，远近求购，甚至达官显贵出高价竞相收藏，达到洛阳纸贵的程度，于是道荣与高玄岱（其父亲大通事深见久兵卫，萨摩人，是漳州籍名医高寿觉的养子）一起被时人称为"二妙"。

林陆朗举了新井白石求购道荣墨宝的故事。② 新井白石（1657～1725）是江户时期著名的政治家、诗人、儒学家。有一次新井白石得到道荣的真迹一幅，高兴之余写诗词一首赠予道荣，以表达喜悦之心情。

西园翰墨冠词场，

尺璧双投明月光。

草法由来推绝妙，

真书不独见飘扬。

尝闻外国求名迹，

幸比邻人得报章。

长史醉时颇可甚，

何缘尊酒宴高堂。

林道荣真草篆隶无所不能，那么他是怎么练就的？即非禅师称赞道荣书法成就时说过，道荣"诗词敦笃有乃父风"。唐通事的语言学功底一开始是通过家教完成的，第一代住宅唐人都是有文化的商人，非常注重家教，林道荣的父亲林时亮也是其中一员。林时亮的真迹基本遗失，林陆朗在他的著作中收录了日本普同寺收藏的一幅林时亮遗像，其上面有林时亮临终前留下来的遗偈草书真迹，虽然称不上名笔，但笔势流畅，飘逸自然。林道荣青少年时期与隐元、即非、木庵等"黄檗三笔"笃交，经常切

① 卢骧. 长崎先民传 [M]. 江户：和泉屋庄次郎校版，1819：1－2.
② 林陆朗. 長崎唐通事—大通事林道栄とその周辺 [M]. 東京：吉川弘文館，2000：138－139.

磋技艺。隐元的书法具有宋代蔡襄（1012～1067，福建仙游人，北宋书法家、文学家、政治家、茶学家）和明代董其昌（1555～1636，明代书画家）的雄浑之风，木庵的书法具有赵子昂（1254～1322，宋末元初"楷书四大家"之一）的书法特点，即非擅长行书和楷书，他们的唐式书法风格在故步自封的日本社会引起了强烈反响，被日本赞誉为"黄檗三笔"。林道荣的书法成就受"黄檗三笔"等黄檗僧人以及朱舜水等明代遗臣的影响，再加上他天资聪颖，勤奋好学，这是他一举成名的秘籍所在。

　　林道荣为世人留下了很多真迹，那么他的墨宝如今何在？据林陆朗介绍，1998年东京国立博物馆举办"唐样之书"展览期间，有4幅林道荣的作品展出，长崎县立美术博物馆收藏2幅，有的作品落款上为"瑞如之孙公琰之子"，下为"林道荣印"。其余多数墨宝流落民间，有的遗失。增田廉吉的《锁国之窗》一书中收录林道荣的石刻真迹（照片）1件（见图4-3），高野晨之的《艺林逍遥》① 中收录1件（见图4-4）。《艺林逍遥》里有一节"林道荣潇湘八景诗书卷"，写道："大正六年（1917）赴长崎停留数日，有一天闲来到磨屋町造访古董商龟岛某。龟岛自称是林道荣后裔官梅雅一的远方亲戚，他热情接待来客，拿出林道荣的墨迹，于是求割爱买下了这幅墨迹，之后我对林道荣的墨迹更加感兴趣了。"

　　据来自日本的黄檗僧人介绍"黄檗三笔"和林道荣的墨迹在市面上看不到，已经成为文物。

图4-3　林道荣真迹

注：鸣漱川是长崎一条河溪。

资料来源：增田廉吉《锁国之窗》。

---

① 高野晨之. 艺林逍遥 [M]. 李斗石译. 江户：东京堂，1935：166-168.

图 4－4　林道荣真迹

资料来源：高野晨之《艺林逍遥》。

图 4－5　林道荣真迹

资料来源：三浦实道编《光风盖宇》（福济寺出版，福济寺收藏）。

　　图 4－5 是林道荣的真迹照片，二战前日本福济寺出版《光风盖宇》，收录林道荣的画像 1 幅和真迹 1 幅，可惜被美国的原子弹炸毁。这幅墨宝是，1673 年分紫山福济寺重兴蕴谦戒琬示寂时书写的祭文，此时林道荣 34 岁。

　　最后，林道荣也是著名诗人。那个年代，凡是文人不仅擅长书法，而且会写诗，诗书不分家。林道荣不仅是著名的书法家，还是著名的诗人。前面提到过，林道荣少年时期"所著诗文不务构思，下笔立就"。林道荣作为诗人出名的契机是，元禄年间（1688～1704）清朝进士周勒山（名铭，浙江人）游长崎，在诗宴上林道荣与周勒山对诗，名声大振，被赞誉为"海东第一奇才"。[①] 林道荣的诗词才华也是在与黄檗名僧交往过程中练就的。林道荣为隐元 70 岁寿辰之际写过七律《黄檗开山和尚七袠寿堂》，在 80 寿辰之际也写过七律《黄檗开山隐老和尚八十寿章》。在木庵禅师 80

寿辰时写过七律贺诗一首。林道荣与即非禅师的关系特别密切，即非56岁寂逝时，写了十九首挽诗。在此摘抄《黄檗开山隐老和尚八十寿章》①：

> 法身原不属苍穹，
> 恰是威音劫外翁。
> 古底雷鸣天上下，
> 顶门眼烁界西东。
> 堂开檗苑悬尧日，
> 锡卓皇都振祖风。
> 道腊那关千叟寿，
> 常将万福享无穷。

　　这是一首七律，是林道荣32岁时，迎来隐元80岁寿辰，他为此写了这首贺诗。这说明道荣的诗词水平业已成熟，继承了"黄檗三笔"之风，格律严谨，朗朗上口。其中"锡卓皇都振祖风"一句，是说隐元高僧法力神奇，锡卓了日本京都，大振中华祖风，体现了他对祖国、祖先的认同感。

　　林道荣的诗歌多数一直保存到现在，《扶桑千家诗》和《长崎名胜图绘》等书籍都收录了不少林道荣的诗词。林道荣的诗词一部分与黄檗宗教教义有关，另一部分则描写长崎自然风景，还有的体现了儒家思想。林道荣的诗词除了受黄檗名僧的影响外，还受到了明代文学家王世贞（1526~1590）的影响。《先哲丛谈续篇》写道："雨森芳洲的《橘窗茶话》云：'林道荣喜读王世贞的诗学活法，从幼至老从未废弃。王世贞作为一时的闻人（名望显达），从汉魏六朝到唐宋诸家无不熟悉。道荣只要有空闲时间就拿起王世贞的书。王世贞的诗学具有深意。我土（日本）人应学习效法。'"② 雨森是日本江户时期的儒学家，他如此高度评价林道荣，充分肯定了林道荣的诗学成就。林道荣还写过一些诗评，强调诗歌体现人志。因

---

① 平久保章编. 新纂校订隐元全集：第十一卷［M］. 东京：开明书院，1979：5423.
② 东条耕子藏编. 先哲丛谈续篇：卷四［M］. 日本国史研究会，1906：236.

篇幅的关系仅列举林道荣的一首七律。

笠头夜雨

山如人戴笠头形,

拟必仙樵憩路亭。

翠黛为裳遮宵月,

白云当袖掩疏星。

旅吟孤馆漏将尽,

烛剪西窗话未停。

欲待潇湘飞入梦,

一杯先醉墙阶听。

这是一首七律,笠头是指长崎的风头山,长崎八景之一,诗中描写了山的景色和人动和谐,如画般的意境。据笔者分析,林道荣年轻时忙于工作,应对各类访客,无暇描写如此静谧的心境,应该到了晚年才有空闲,该诗也表现了他功成名就后的得意心态。

2017 年,日本华侨陈东华先生给笔者发来了林道荣父子的画像(见图 4-1 和图 4-2)照片各一幅,其中林道荣画像由道本禅师题写颂偈,第一句就是评价林道荣"礼乐文章杰出"。道本禅师(1664~1731)是福清县陈氏之后,1719 年东渡至日本长崎,居圣寿山,翌年任崇福寺第六代补处,禅余尤善诗画,常与墨客交游。道本禅师是林道荣离世后去日本的黄檗高僧,与林道荣没有交情,道本的颂偈说明圣寿山崇福寺历代住持都没有忘记林道荣的丰功伟绩。

第三节 明治初期外交官林道三郎

明治初期,在日本横滨港发生了震惊世界的秘鲁商船玛利亚·路斯号事件。日本政府积极伸张正义,经多方努力,成功地解救了船上 200 多名中国劳工。在这一过程中,有一位鲜为人知的福建籍华裔起到了很重要的作用。他的名字就是林道三郎。

一　玛利亚·路斯号事件的来龙去脉

玛利亚·路斯（又译作"马里亚·老士""马厘亚·老士"）号事件发生于1872年，这个事件对于新成立的日本明治政府而言，在国际仲裁中获胜而没有赔偿，不仅引起了美国、英国等欧美国家的关注，也在日本引起了轰动，大大地提升了日本的国际形象。

日本学者伊藤信哉在论文《明治前期日本的国际间赔偿》① 中，将其作为日本在国际间纠纷中没有赔偿的案例介绍了玛利亚·路斯号事件的概要。他指出：

> 玛利亚·路斯号事件是日本最初在国际仲裁中充当当事国的事件。1872年7月9日（明治五年六月四日），秘鲁商船玛利亚·路斯号搭载二百余名清国苦力驶向秘鲁途中，因遇到台风，船体受损而停靠至横滨港。该船遭到奴隶买卖的嫌疑，副岛外务卿命令扣留该船，并在神奈川县厅设置以该县参事为审判长的特别法庭，以非法监禁暴行罪诉讼该船船长，同时把船上的苦力作为证人收容到陆上设施。对船长的判决为："理应追究罪责，但酌量案情，予以赦免"。同时宣布，与苦力签约的移民契约为无效，拒绝将苦力引渡给船长。得到判决书后，船长向本国政府提出求助，要求予以保护。秘鲁政府向日本派使节，追究日本的责任，要求支付赔偿金。最终两国交涉达成合意，移交以俄罗斯皇帝为仲裁的国际裁决。1875年5月9日，国际仲裁裁决为日本无赔偿之责任。

日本学者从日本法制史的角度对玛利亚·路斯号事件进行了广泛深入的研究，主要提及副岛种臣和大江卓等上层人物。中国学者则从中日关系角度论及玛利亚·路斯号事件，也主要提到副岛种臣和大江卓等上层

---

① 伊藤信哉. 明治前期日本的国际间赔偿 ［J/OL］. 李斗石译. レファレンス（reference），1998（1）：124.

人物。

其实，大江卓在具体处理和调查此事件时，有一位既懂汉语又懂英语、鲜为人知的得力助手，他就是福建籍华人后裔林道三郎。林道三郎时任神奈川县权典事（职务）兼二等翻译官，在大江手下直接参与调查，并由他详细记录本案情，最后禀报给外务卿。他在这个案件的处理过程中起到了很重要的作用。

日本早稻田大学的白春岩在论文《马里亚·老士号事件与中日修好条规》中，提到中国使节陈福勋受到日本外务卿副岛种臣的接见，并与大江卓（神奈川县县令）、林道三郎和郑永宁等人商谈玛利亚·路斯号事件。[①]林道三郎和郑永宁两人之所以陪同大江卓与陈福勋商谈，是因为林道三郎亲自参与过玛利亚·路斯号事件的整个处理过程，而郑永宁时任日本外务书记官。他们都出身于长崎福建籍唐通事世家，兼通日英汉三语。玛利亚·路斯号事件发生后，郑永宁到上海把日本政府审判玛利亚·路斯号商船一事告知清政府。他的先祖是出生于福建省泉州府晋江县的吴荣宗，后成为长乐县籍华人后裔大通事郑干辅的养子，1871年曾随伊达宗城（明治初期的政治家）到中国订立修好条规，因功绩显著被授予正五位勋五等勋章。[②]

二 玛利亚·路斯号事件的顺利结案与林道三郎的作用

林道三郎直接接触船上的华人雇员以及华工，国际仲裁之前的预审、审判都由他具体负责，所有的上报文书都出自他的手。这个案件能顺利结案，并迅速解救被困于船上的华工，都离不开拥有华人血统的林道三郎的不懈努力。

在国内几乎见不到关于林道三郎的文献资料。笔者查阅了几部林道三郎与玛利亚·路斯号事件有关的日本原始资料。《日本外交文书》第六卷

---

① 白春岩.马里亚·老士号事件与中日修好条规 [J].暨南学报（哲学社会科学版），2013
（5）：128.
② 宫田安.唐通事家系论考 [M].长崎：长崎文献社，1978：682-683.

第 207 条的附件一收录了《林权典事的手记》。① 其中记录了林道三郎与神奈川县法律顾问 G. W. Hill（ジョージ・ヒル，美国律师）首次登上玛利亚·路斯号船，与华人雇员和华工接触，并详细进行调查的情况。以下是《林权典事手记》的内容概要：

他们于 1872 年 7 月 14 日下午一点半许登上该船，传唤四位清国人，到船室进行查问。查问结束后林道三郎一行进入关着很多清国人的船舱，口头传告道："在本港滞留期间，由日本政府保护你们，若发生鲁莽行为，将受到严惩。"之后他们环视船舱内，突然好几个人涌上来，诉说他们是被拐骗的，恳求日本政府出面救助。下午五点左右离开船。

这份简短的查问报告反映了船上的实际情况。决定船上 200 多名华工命运的正是这份报告。副岛种臣和大江卓就是根据这份报告判定此事是关乎人权问题的重要案件，并决定设立特别法庭进行审判的。

事后 G. W. Hill 编写了《白露国马厘亚老士船裁判略记》（林道三郎翻译）。② 该书正文只有 100 页，分八章记述了从 1872 年 7 月 9 日（阴历六月四日）玛利亚·路斯号船驶入横滨港到 9 月 13 日清政府使节带走 229 名华工为止的详细经过，副岛种臣和大江卓为此书撰写了序言。此书后来成为日本和中国学者研究玛利亚·路斯号事件的重要文献。从此书的内容上看，林道三郎参与了本案审理的整个过程，包括调查、询问和审问，调查报告的起草，英文文书的日语翻译，审判过程中华工证人的现场翻译等。可以说林道三郎是最了解本案所有实情的日本官员。

在审理案件期间，他的职位频繁发生变化，而且每次都有升迁，他的才华和所付出的努力得到神奈川县上司的充分肯定。事发后不久，也就是 7 月 13 日，林道三郎接到参与调查玛利亚·路斯号船的指令。第二天他与

---

① 外务省调查部编纂. 大日本外交文书［M］. 日本国际协会发行，1939.
② C. W. 希尔编，林道三郎译述. 白露国马厘亚老士船裁判略记［M/OL］. 李斗石译. 神奈川县，1874.

神奈川县法律顾问 G. W. 希尔（G. W. Hill）接到上船进行现场检查与查问的命令。在案件审理过程中，7 月 26 日升为典事，同时卸任一等翻译官，8 月 11 日得到"暂时担任秘鲁国课专务"的旨令。大江卓出差期间把有关秘鲁玛利亚·路斯号船事件有关的事情委托给林道三郎全权负责。8 月 13 日被任命为神奈川县外厅庶务课课长，继续负责秘鲁事务。

外务卿副岛种臣早就注意到林道三郎的突出表现与兼通三语的非凡才华，在成立日本驻香港领事馆之际，外务省首先考虑的人选就是林道三郎，不久他就被任命为驻香港副领事。从神奈川县课长级官员一跃跳到七等级外交官，这是对林道三郎的莫大信任与肯定。那年他才 30 岁。

事后，林道三郎得到外务省和清政府的嘉奖。1873 年 1 月 24 日，林道三郎赴任驻香港副领事之前，太政官下达了嘉奖令，并赐缩缅一匹。2 月 20 日由柳原外务大丞转达了清政府的谢意，并给林道三郎送来了湖绉（湖南产丝绸）1 端、杭沙（杭州产薄稠）1 匹、徽墨（安徽名墨）2 匣、笺纸 4 匣。①

三 林道三郎的生平

林道三郎的父亲是林家第八代后孙，名曰游龙彦十郎（1803 ~ 1862），是本家第七代官梅百十郎的次子，早年曾过继到神代家（熊姓华人后裔）做养子，后来继承游龙辰三郎（长乐县籍华人后裔，始祖刘一水）家的唐通事役株，曾升至大通事过人。1849 年游龙彦十郎与郑永宁的养父郑干辅发起共建崇福寺三门（福州寺龙宫门）。② 他当时在长崎小有名气。林道三郎属于林家第九代后孙，是第八代游龙彦十郎的次子。为了继承唐通事职位，由他父亲做主过继到西村家（漳州籍华人陈潜明的后孙）做养子，1859 年进入唐通事行列任稽古通事，1861 年升为小通事末席，1864 年又升至小通事并，1866 年升为小通事助。林道三郎出身于唐通事世家，从小跟着父辈学习汉语，打下了扎实的汉语基础，传承了中华传统文化。

---

① 林陆朗 . 長崎唐通事—大通事林道栄とその周辺［M］. 東京：吉川弘文館，2000：274 - 279.

② 宫田安 . 唐通事家系论考［M］. 长崎：长崎文献社，1978：681.

林道三郎和他的父亲游龙彦十郎虽然都过继到别人家，但他们在骨子里始终没有忘记自己是林家后代，他们有强烈的民族认同感。林道三郎收藏了林家世代祖宗的画像，格外强调自己是林家第八代后孙（实际从林时亮算起为第九代）。林道三郎的曾孙林陆朗博士（日本国学院短期大学原学长，2017 年初离世），曾到福建省福清市港头镇前林村进行过寻祖访问。

林道三郎于 1859 年任稽古通事，此时他回到林家，作为分家 A 第六代林甚八郎的养子继任，1861 年升任小通事末席，是林家最后一位唐通事，也是幕末最后一批 70 多个唐通事之一。1867 年幕末，处于新旧政权交替之际，随着幕府政权的结束，唐通事这一体制也退出了历史舞台。当时长崎在任的唐通事几乎全部被新的长崎地方政府任用，主要从事翻译等工作，郑永宁等少数人被调到明治中央政府，林道三郎等一部分人被调到神奈川、神户、大阪等地任翻译官和海关官员。

1867 年林道三郎一开始被任命为长崎奉行三等通事（翻译官），同年 10 月被派到神奈川——开国后对外关系的最前沿之地。这里对外交往频繁，需要很多英语人才。林道三郎凭借英语和汉语优势，一到神奈川就受到了重用。1868 年 7 月被神奈川府任命为通辨（翻译官），从 1867 年 10 月到 1872 年 1 月，他从最底层的翻译官做起，逐步升任为一等翻译官——神奈川县典事（当时的县一级职位设县令、参事、典事、权典事、大属、权大属、少属等职位）。玛利亚·路斯号事件发生的那一年，林道三郎所任的职务就是条约未济国事务课课长、权典事。所谓"条约未济"就是，除幕末以来正式缔结条约的美国、英国和俄罗斯等国以外的所有未正式建交的国家。横滨是当时最繁华的对外开放门户，神奈川县政府也承担了与未建交国之间的涉外事务。1869 年林道三郎作为翻译官还参与了横滨到东京之间的电信设施建设，这是日本电信业的开端。1867 年 2 月，林道三郎参与了以柴田昌吉（日本英语学者）、子安峻（后来的读卖新闻社第一代社长）为中心的《英日辞典》编写小组。这是当时日本最完整的英日辞典，多次再版，受到社会广泛好评，为西学的传播做了很大贡献。

林道三郎习得英语的途径大体有以下几个。第一，他的父亲游龙彦十郎与郑干辅（郑永宁养父）交往甚笃。而郑干辅于 1859 年跟随美国牧师学英语，成为日本最早学英语的人之一。17 岁的道三郎具备了跟着郑干辅学英语的条件。第二，道三郎的哥哥游龙彦次郎（亦称"彦三郎"）是与郑干辅一起跟随美国牧师学英语的人之一。当时彦次郎 31 岁，比道三郎年长 13 岁，所以道三郎也有跟着兄长学英语的可能。第三，幕末长崎兴起了学英语热潮，与道三郎合作编写《英日辞典》的柴田昌吉（1841～1901）就是出生于长崎，他精通汉学，很早习得荷兰语和英语，在 1858 年长崎奉行成立英语传习所之时任英语教师。此时道三郎 16 岁，两人年龄只差一岁。后来两人都到神奈川任职，交往密切。由此可以推测，道三郎也有可能受柴田昌吉的影响学英语。不管通过什么途径习得英语，他的英语水平的确很高，使他在神奈川的外事活动中游刃有余。

1872 年 10 月 2 日，林道三郎被任命为驻香港副领事。这时他才而立之年，是个血气方刚的年轻人。一开始怀抱勃勃雄心，带着几位随从，于 1873 年 3 月 28 日到香港，在这陌生的地方艰难地开辟了日本驻香港领事馆。林道三郎虽然以驻香港副领事的身份赴任，但实际就是主持领事馆的工作，由他开辟驻香港领事馆，同时负责创设驻琼州、广州和汕头领事馆。据有关资料，日本驻琼州领事馆[①]与驻汕头领事馆开设于 1873 年[②]，均由日本驻香港副领事林道三郎兼任领事。可见，林道三郎在很短的时间内开创了三个领事馆，当时还未来得及创设驻广州领事馆（驻广州领事馆于 1888 年开设）。[③] 但是，当时日本开国不久，在经济上并不富足，所提供的经费十分有限，所以开设驻香港领事馆遇到了很多困难。

1873 年 9 月 19 日，林道三郎闷闷地从香港回到东京，隔两天后于 22 日上午到外务省报到，中午之前回到自宅直接走进仓房自尽。正式上任还不足半年就结束了自己的人生。他的死有很多疑点，他没有留下任何遗嘱。他回来后为什么隔了两天才到外务省露面，到外务省见了谁，发生了什么事情？这一直都是个谜，并且现在无人能解开这个谜。

---

① 海南省地方志编纂委员会. 海南省外事志 [M/OL]. 南海出版公司，1994.
② 谢益良. 108 年老建筑有历史 [N/OL]. 羊城晚报. 2012－12－13.
③ 房建昌. 驻广州日本总领事馆、广东大使馆事务所及法属印度支那日本大使府广州湾出张所 [J]. 广东史志，1999（1）.

　　对于林道三郎的自尽，林陆朗先生认为有两个原因：第一，林道三郎上任驻香港副领事后迟迟未得到英国政府的承认，给他的心理造成了很大压力；第二，在香港开设领事馆遇到经济难题，无法实现他的远大抱负。据笔者的推测，他的自杀诚然受以上两个因素的影响，但是根本原因不在此。当初，日本政府在中国沿海各地成立领事馆的时候，标榜为了"促进自国的通商，保护自国人"。据说开馆当初日常领事业务很少，几乎无人登门。其实，当时日本开国不久，在香港和其他东南亚地区几乎没有日本公民，也很少有贸易往来。林道三郎面临的问题可能没有那么简单，而是关系到"国策"的重大问题。也许作为华裔，他领会到了当时明治政府觊觎中国领土的野心，而且对此产生了一种矛盾的心理。

　　林陆朗先生引用了郑永宁的见解："在香港设领事的初议是，为防止原清国南海发生什么时态，故在福州派井田领事。派林领事到香港设馆的目的就是为管辖与清国通舶的琉球贸易，并兼管厦门、台湾和淡水等三港，同时探知附近一带的风说人气。其意义固然重要，但似乎不在人民贸易。"探知"风说人气"就是收集情报，设馆并不是为了保护人民和贸易。其实，郑永宁已经点破了外务省派林道三郎到香港开设领事馆的真正意图。王力在《近代日本领事馆对华经济调查探析》中指出："日本通过遍布中国的近40处日本领事馆，对近代中国社会经济展开了长达70多年有组织、有计划、全方位的调查，对日本政府改进国内生产、调整输出战略、确定对华经济政策起了非常重要的作用。"[①] 这就是说驻华领事馆的使命实际就是收集情报。看来，林道三郎领会到了日本政府"促进自国的通商，保护自国人"背后隐藏的真正意图。笔者认为这就是他自尽的根本原因。

　　林道三郎的一生虽然很短暂，但他兼通三语，才华出众，为日本幕末和明治初期的文明开化做出了贡献。他虽身为日本政府官员，但没有忘记自己是华人，不仅传承了中华文化，还为华人做了很多有益的事情。由于受时代限制，国内很少有人了解他。他是福清籍林时亮的嫡后孙，是值得我们记住的人物。

---

① 王力. 近代日本领事馆对华经济调查探析 [J]. 社会科学战线, 2010 (12).

第四节　以林时亮为始祖的林氏唐通事家系

以林时亮为始祖的林氏后孙代代世袭唐通事，一直持续到幕末，长达两个半世纪。林家本家以及 4 个分家，出大通事 8 人（含 1 个唐通事过人），各级小通事 10 人，各级大小通事 27 人。第二代林道荣（1640～1708）是著名的唐通事，是唐通事"双璧"之一，林道荣有 2 个嫡子与 1 个养子，第四代有 3 个兄弟，第五代和第六代都升至大通事。林时亮家族是长崎唐通事名门中的名门。

一　林氏本家

第一代　林时亮（1598～1683），唐年行司。[①]

第二代　林道荣（1640～1708），大通事、风说定役、唐通事目附、唐通事上座。

第三代　二木三郎兵卫（?～1704），第二代子，大通事。

第四代　林梅庭（1700～1770），第三代子，大通事、御用通事、第一任唐通事诸立合。

第五代　林梅卿（1727～1794），第四代长子，第一位唐通事头取（唐通事最高职位）、町年寄末席（唯一一位华裔任此职位）。

第六代　林三郎太（1749～1785），第五代子，大通事、唐通事目附兼唐通事诸立合。

第七代　林（官梅）百十郎（1771～?），第五代子，非本通事，本家末代，后移居鹿儿岛。

二　林氏分家 A

第一代　林辅十郎，本家第四代林梅庭次子，稽古通事（1747 年任）。

[①] 日本长崎唐通事家系记录家谱时，多数以始祖为第一代，也有个别家族没有把始祖算作第一代，从始任唐通事的儿子开始记录为第一代。本书在疏理唐通事家系时尊重了这一历史。

第二代 林三郎兵卫，第一代女婿，原姓高尾，小通事末席（1781 年任）。

第三代 林三次郎，第二代养子，唐通事助、大通事过人（1834 年任）。

第四代 林三次郎（政太郎），第三代嫡子，小通事（1846 年任）。

第五代 林雅太郎，第四代子，小通事末席（1857 年任）。

第六代 林甚八郎，第五代子，小通事末席（1859 年任）。

第七代 林道三郎（1842～1873），第六代养子，生父游龙彦十郎（林氏本家第七代官梅百十郎次子），小通事末席（末代唐通事）、驻香港领事（1872 年任）。

三 林氏分家 B

第一代 官梅（平井）三十郎，林道荣养子，原姓平井，以官梅姓继家分立，大通事、唐通事诸立合（1736 年任）。

第二代 官梅三十郎（左十郎），第一代子，大唐通事、御用通事、值组定立合通事（1774 年任）。

第三代 官梅繁右卫门，第二代子，小通事（1758 年任）。

第四代 官梅五郎右卫门（源左卫门），第三代子，稽古通事助（1758 年任）。

第五代 官梅安之进，第四代养子，稽古通事（1781 年任）。

第六代 官梅启十郎，第四代五郎右卫门子，稽古通事（1799 年任）。

第七代 官梅才十郎，第六代子，小通事末席（1821 年任）。

第八代 官梅三十郎（常太郎），第七代子，小通事过人（1856 年任）。

第九代 官梅荣太郎，第八代养子，晋江籍吴荣宗后裔吴泰三子，小通事末席（1860 年任），官梅家末代唐通事。

四 林氏分家 C

第一代 官梅三郎左卫门，分家 B 第二代官梅三十郎嫡孙，第四代五郎右卫门之兄，小通事（1777 年任）。

第二代　官梅弥十郎，第一代子，稽古通事（1781 年任），分家 C 末代唐通事。

五　林氏分家 D

第一代　林茂十郎，林时亮次子，接父亲的班成为唐年行司（1674 年任）。

第二代　二木茂十郎，第一代子，唐年行司（1695 年任）。

第五章　长乐籍刘一水唐通事家系

以刘一水为始祖的刘氏唐通事家族，也是江户时期日本长崎最有名望的唐通事世家之一。除本家外，还有4个分家。第二代刘宣义是著名唐通事，是唐通事"双璧"之一。长崎还有两家彭城（刘）氏唐通事家族，一是以刘焜台（性住，1599～1667）为始祖，因祖墓在兴福寺，日本学者推测为三江人；二是以刘凤岐（？～1627）为始祖，刘凤岐是江苏省淮安府人。彭城（刘）氏唐通事家族是长崎最有势力的三大名门氏族，其中刘一水家族又是名门中的名门。

第一节　始祖长乐籍刘一水

一　刘一水的祖籍地

据宫田安的《唐通事家系论考》[①]，刘一水（？～1658），讳有恒，字希亘，排行八官，一水为号。对刘一水的讳（有恒），日本其他文献记载，"有恒"是东渡日本的彭城刘氏祖先。卢骥在《长崎先民传》里介绍刘宣义时提道："其先闽人也，远祖有恒移寓日本。"[②]《先哲丛谈续篇》写道："（宣义）其先世世明国闽人，所谓彭城刘氏，彭城日语训读为伊婆罗喜（いばらき），故以彭城为姓。嘉靖（1522～1566）中，刘有恒来我土，寓居于肥前平户，父宣承开始移居长崎，以医为业。"[③] 梳理这两个文献，其

① 宫田安．唐通事家系论考［M］．长崎：长崎文献社，1979：157-158.
② 卢骥．长崎先民传［M］．江户：和泉屋庄次郎校版，1819：1.
③ 东条耕子藏编．先哲丛谈续篇：卷二［M］．日本国史研究会，1906：176.

意思是，刘宣义的祖爷刘有恒，嘉靖中期（1545 年前后）东渡日本居住在平户（今长崎县平户），父亲宣承开始移居长崎，刘家以医为业。也就是说，刘一水的原名或字为宣承，他不是刘家迁居日本的始祖，但他为长崎彭城刘氏唐通事始祖是确凿无疑的。李献璋认为刘一水从平户迁到长崎的时间为宽永五年（1628）[①]，宫田安根据有关文献的记载推算刘一水到长崎的时间为 1618 年。1658 年刘一水离世时，福清籍南源禅师有一篇吊文名为《吊刘一水居士》，其中提到刘一水"桑国滔滔四十秋"，这也证明刘一水到长崎的时间为 1618 年。根据以上分析，可以得出，刘氏家族首批东渡日本的不是刘一水本人，是他的父亲。如果是刘一水本人，那么年龄上，刘一水在世至少 130 年，这是不符合自然规律的。为了与日本文献保持一致，本文仍然以"有恒"为刘一水的讳号。

宫田安根据长崎市立博物馆收藏的有关记载唐人祖先的史料，整理了彭城刘氏的部分族谱，在这里有恒仍然是一水。第十四代惟宽、第十五代泗道、第十六代彬、第十七代煐、第十八代城、第十九代文鈇、第二十代志潭、第二十一代元案、第二十二代明仪、第二十三代有恒（刘一水）、第二十四代三光（耀哲、宣义）。并记载刘一水的出生地为福建省福州府长乐县筹港。据《长乐县志》记载，古代长乐县有芳桂乡钦平、大宏里筹港。[②] 现在的潭头镇区域辖旧时芳桂乡大宏里、方安里，筹港就是现在的二刘村。

依据这一线索，笔者探访了二刘村，对刘宣义（耀哲）的祖籍地进行了考证，找到了乙丑年（1985）修订的印刷版几十册刘氏家谱。在《凤岗忠贤刘氏家谱》第二十卷第 94 页，找到长乐县二刘礼房世次：第十四代惟字辈，兄弟 5 人，惟宽排第五；第十五代汝字辈 14 人，惟宽有 6 个儿子，其中汝沂排第四；第十六代只有惟宽的长兄惟景和二兄惟壁的儿子汝瀚、汝南、汝澄的后代 5 人，没有汝沂的后代。这说明第十四代惟宽的后代从潭头镇二刘村迁出。

① 李献璋. 長崎唐人の研究［M］. 東京：親和銀行ふるさと振興基金会，1991：253－254.
② 长乐市地方志编纂委员会编. 长乐市志［M］. 福州：福建人民出版社，2001.

后来偶遇彭城刘氏的宗亲刘传标①先生，得知笔者探访过二刘村，提供了《礼房迁筹港信派》家谱，这是手抄本，与日本文献记载的辈分次序相差一代。具体世次如下：第十三代惟宽、第十四代汝沂（四子）、第十五代信叔、第十六代宗夹、第十七代孟岩、第十八代仲仁、第十九代远初、第二十代嗣忠、第二十一代世威、第二十二代希亘（迁东洋日本）、第二十三代耀哲（东洋通事）。

《福州晚报》②有一篇报道比较详细地介绍了刘一水和筹港，虽然没有标明其出处，移居长崎的年代也有出入，但其中关于刘一水在国内的一些信息，还是具有一定的参考价值。现抄录一部分。

关于刘一水的生平：刘一水生于书香之家，幼承庭训，饱读诗书，能文工诗，但屡试不中。明万历四十六年（1618）移居日本长崎，娶日本女子高原氏为妻，生子刘宣义。刘一水为使自己的子子孙孙永远记住自己是中国人，是大汉皇帝刘邦的后人，遂以彭城为姓氏。

关于彭城的来历：彭城是中国古县名，相传尧封彭祖于此，为大彭氏国。历史上的彭城郡，统辖范围大致包括如今江苏省徐州市、沛县东南部及邳州市西北部，安徽濉溪县东部以及山东微山县一带。因刘邦祖籍地为丰县，起家于沛县，而丰县和沛县后来都属彭城郡，所以天下刘氏莫不以彭城为自己的祖籍地，故称为彭城刘氏。彭城也就历来被视为刘姓的正宗郡望，宋代以后更成为天下刘姓的统一郡望。正因如此，刘一水以彭城为自家姓氏，希望子孙永远记住自己的根在中国，彭城宣义家在长乐二刘村。

关于刘一水的故里筹港：记者在长乐调查海上丝绸之路历史文献时，了解到长乐有一地旧称筹港，细查之下，得知被称为筹港之地即是筹峰山下的潭头港，潭头港古名为筹港。筹峰山位于长乐市潭头镇，其境内有一个二刘村，村民全部姓刘。二刘村临江，古称筹峰境。

①　刘传标，彭城刘氏，福建长乐人，1960年6月生。1984年7月毕业于福建师范大学历史系。福建社会科学院历史研究所所长、二级教授，厦门大学、福建师范大学"海峡两岸和平发展协同创新中心"兼职研究员，福建省"百千万人才工程"人选，享受国务院政府津贴，福建省第一批"哲学社会科学领军人才"。
②　刘琳．一个长乐家族与一条海上文化丝路［N］.福州晚报，2014-11-17（A4）．

关于二刘村刘姓及村名的来历：二刘村刘氏，为肇基福州凤岗刘氏刘存之后。刘存，字一心，号淮叟，彭城刘氏第十七代裔孙，生长于河南光州固始县，唐僖宗中和元年（881）中原大乱，烽烟四起，刘存率子侄辈一同避地入闽，于唐僖宗文德元年至昭宗龙纪元年（888~889）经广东潮阳抵漳浦，昭宗景福二年（893）抵福州，天佑元年（904）遂迁侯官县凤岗，即今天的仓山区刘宅村。自此，凤岗刘氏在这里繁衍生息，后来其中一支子孙迁至长乐二刘村，二刘村古属方安里，得名与朱熹有关。宋庆元年间（1195~1200），著名理学家朱熹因"庆元党案"，避难于二刘村后山，村中刘砥、刘砺兄弟闻之，上山拜其为师，后同登进士榜，蜚声儒林，村因之得名。

关于刘一水与刘氏祠堂：村中央的刘氏大宗祠，始建于宋乾道年间（1165~1173），刘一水从小就跟着长辈来此祭祖，村中老人告诉记者，刘一水娶了日本女子后，曾携妻随商船回村，来到宗祠祭祖。每生一个儿子，他都带回长乐，来到祠堂认祖归宗。宗祠有两口古井，刘一水每次从日本回来祭祖，都在祠堂外设席会亲，用的就是这两口井的水，现在右边井水只能用来洗衣冲地，左边井水仍能饮用。

在以上刘琳的报道中，对彭城刘氏简史、筹港古名的考证、二刘村刘氏和村名的来历以及刘氏祠堂情况的介绍是客观的，笔者探访二刘村所得到的信息，基本与此一致。但是刘一水回筹港的传说有待考证。

刘一水先后有两个妻子，前妻为日本女子高原氏，后妻是日本女子冈氏，长子刘宣义的生母是高原氏，次子权之助，早年夭折。后妻无子嗣记录，前妻于1648年离世，刘一水于1658年离世，也就是说刘一水晚年续弦，按常理应该没有再生。

二　刘一水与黄檗名僧

刘一水与东渡黄檗僧人关系很密切。隐元于1654年到日本，在长崎滞留了一年一个多月，1654年7月至次年5月住在兴福寺，1655年7月移至摄州富田（今大阪府高槻市）的普门寺。在长崎期间，刘一水和其子宣义，经常拜谒隐元禅师。隐元离开长崎北上时随行翻译就是刘宣义。隐元在普门寺期间给刘一水的侄子刘沂春写过复信。刘沂春于 1653 年冬给隐元写的信，隐元于 1654 年 4 月在崇福寺收到。刘沂春在信中说道："家叔一水者，侨居长崎。其子三光，字曜哲，东产也。颇聪敏，能习故土之声。若知皈依，幸进而教之。"① 刘沂春在信中提到一水和其子宣义（曜哲，也作耀哲），就是一种对亲人的挂念，也是对隐元的托付，希望关照叔叔与堂弟。隐元在复信中也称赞耀哲聪明，正在自己的身边做翻译，请沂春放心。这样一个来回的通信，充分说明隐元东渡日本之前已经与刘一水家族有来往，隐元给刘沂春的回信有三封，收录于平久保章编《新纂校订隐元全集》。除此之外隐元还与刘沂春的侄子刘元蔚有过通信。刘沂春，字泗哲，一字鲁庵，长乐潭头人。明崇祯七年（1634）进士，任乌程（在今浙江省湖州市）知县、刑部主事，参加过反清复明活动，晚年回到侯官凤岗（今仓山区刘宅村），卒于故乡。其侄子元蔚，也是有志复明之士。刘沂春著有《珑洞集》20 卷、《出云岩集》10 卷，商定明崇祯《长乐县志》11 卷。②

　　隐元离开长崎后不久，刘一水十分挂念隐元及随行的儿子，于是给在普门寺的隐元写了一封信。隐元住进普门寺后也给刘一水回了信，此信收录于《隐元禅师语录》（《复一水刘居士》）。③ 其内容主要是说，来普门寺已经一年了，每天过着达摩面壁般的日子。还没有慧可（汉传佛教禅宗的二祖）那样立雪断臂的弟子。居住在云山泉水之间，自由自在，无任何拘束。故国来信催他回国，令息宣义青年，精进于斯道（翻译），日新月异，但众目之下他很少夸奖。可见，刘一水与隐元的关系很亲密，达到互相倾诉内心苦衷的程度。刘一水与隐元通信，与一代杰出的僧人为友，足以证明刘一水的文化水平不仅仅停留于识文断字的程度，作为医师，具备了培养著名唐通事的资质。

　　刘一水于 1658 年 11 月 1 日离世，享年不详，墓地在长崎圣寿山崇福

---

①　陈智超，韦祖辉，何龄修编. 旅日高僧隐元中土来往书信集［M］.北京：中华全国图书馆文献缩微复制中心，1995：201 - 203.

②　长乐市地方志编纂委员会编. 长乐市志［M］.福州：福建人民出版社，2001.

③　平久保章编. 新纂校订隐元全集：第五卷［M］，东京：开明书院，1979：2226.

寺。福清籍南源禅师在刘一水去世之际写了长篇吊文《吊刘一水居士》，其中写道："吴唐一水向东流，桑国滔滔四十秋，此日骤然复东逝，应大海归为潮头。"这说明刘一水是皈依黄檗宗的居士，他与南源禅师有过交往，这也是对刘一水在日几十年沧桑岁月的高度评价。南源禅师（1631~1692），字性派，曾用良衍、松泉等别号，福清县林氏之后，1654 年随隐元大师东渡，奔波于三刹之间，遂进黄檗山大力辅助法化事宜，担任维那一职之时颇具才名。① 正好刘一水离世那天隐元参谒家纲将军，一个多月后回到普门寺，通过千呆禅师得知刘一水离世的讣告，此时隐元写了吊文《与道诠刘通事》②，开头写道："闻令尊逝世，初未全信，昨云禅人（千呆）至备悉其事。转使无情老汉莫不长叹。"即非禅师也为悼念刘一水逝世给其子刘宣义写了一首五言律诗《咏垂丝樱桃赠》。③

刘一水属于早期东渡日本后移居长崎的住宅唐人，与林时亮等华人一样有才华、有经济实力，也是黄檗宗忠实的信徒，其后代世代传承唐通事役株，为传播中华传统文化和促进中日民间交流做出了不朽的贡献。

第二节　著名唐通事刘宣义

刘宣义（1633~1695），日本名彭城仁左卫门，讳宣义，字曜哲（耀哲）④，号东阁，法名道诠（见图 5-1）。刘宣义与福清籍林道荣一起被誉为唐通事"双璧"。

一　隐元随身通事刘宣义

《长崎先民传》写道："宣义为人博闻好学，且能华音，方言土语无不通晓。年十余岁擢译，以博物著起，起居严重，威仪可则，览者敬服。"⑤是说刘宣义少年时代博文好学，不仅通晓当时的普通话——南京话，还懂

① 山本悦心.黄檗东渡僧宝传：上卷 [M].爱知：黄檗堂，1841：20.
② 平久保章编.新纂校订隐元全集：第五卷 [M].东京：开明书院，1979：2367.
③ 平久保章编.新纂校订即非全集 [M].京都：思文阁，1993：958.
④ 隐元等黄檗僧人把刘宣义的字耀哲写成"曜哲"，本书中偶尔亦使用"曜哲"。
⑤ 卢骥.长崎先民传 [M].江户：和泉屋庄次郎校版，1819：1.

得福建方言，十多岁被选拔为翻译。这里的"擢译"，指的就是被选拔为内通事。内通事是非正式的唐通事，多数无薪。

1654年7月，隐元到长崎时，刘宣义22岁，还没有正式任唐通事，身份还是内通事。在长崎的一年一个多月期间，隐元最赏识的两个年轻后生，就是刘宣义和林道荣。此二人都是福建籍华人后裔，聪明好学，能文善书，经常拜谒隐元，深得隐元的宠爱。隐元离开长崎之际，长崎奉行在100多人中选择刘宣义作为隐元的随行通事。刘宣义之所以成为百人中的首选，就是因为宣义是最优秀的青年。就博文好学、聪慧机敏、能书善文的特点来说，林道荣与刘宣义不分伯仲，但宣义年长7岁，此时林道荣是16岁的少年，而宣义是很成熟的青年，且具备起居严谨、外表威德仪则。

图5-1　刘宣义肖像（千呆禅师题赞）

资料来源：三浦实道编《光风盖宇》（福济寺出版，彭城本家第十一代后孙收藏）。

隐元与宣义年龄相差41岁，因宣义谨慎跟随隐元，传译无误流畅，无微不至地关照隐元起居，简直成了隐元的"拄杖子"。此时，隐元初来乍到，不通语言，无法与日本人直接沟通，所以汉日语言双通的宣义所起到的作用是不可忽略的。隐元当初的苦衷，在给费隐大师的信（写于到日本后的次年）中有所体现，信中写道："第音语不通，落于传译，未免有失当机之用。"① 此时隐元因找到了得力的随身翻译而感到欣慰，隐元在给费隐大师回信的同时，在给刘宣义的堂兄刘沂春（鲁庵）的复信《复阁部鲁庵刘居士》中说："令叔乃子曜哲，奉命追随，为彼传译，亦机会巧遘，得他大用，或延此耳。兼以聪颖犹人，进而教之，谨闻命矣。"② 隐元在普门寺期间（1655～1658）给刘宣义写过 2 篇法语《示道诠刘通事》③，第一篇的意思是说，长崎之主选通事助他之道，在百余人中首选，做到传译无误，机语流畅如流水，成了他的拄杖子，他老了接机迟钝，道诠以聪敏裨他。这不仅是对刘宣义的高度褒奖，也表现了隐元对刘宣义的高度信任。第二篇是两人相处一段时间后写的，隐元对刘宣义的为人和能力给予了高度评价，每句第二字和第五字竖着读就是"通事道诠"，道诠是刘宣义的法名。诗偈中写道④：

能通吾所通，法法尽圆融。
能事吾所事，头头合至公。
能道吾所道，言言契祖风。
能诠吾所诠，句句理皆同。

此时随行的东渡华僧有慧林、大眉、独湛、独吼、南源、恒修、独立，他们多数来自福建。除此之外，与隐元同行的还有 3 个日本僧人。刘宣义与这些僧人亲密接触，1657 年大眉给刘宣义写了一首诗偈《赠曜哲刘通事》。大眉禅师（1616～1673），字性善，晋江县许氏之后，父名瑞宇。1654 年夏，隐元东渡日本之际，其旅程全由大眉预先筹划，大眉跟随隐元到日本，并始终陪伴左右。日本铁眼和尚尝募刻大藏经之时，让出东林庵助其一臂之力，其德令人敬仰。⑤

① 平久保章编. 新纂校订隐元全集：第五卷［M］.东京：开明书院，1979：2196－2198.
② 平久保章编. 新纂校订隐元全集：第五卷［M］.东京：开明书院，1979：2303－2304.
③ 平久保章编. 新纂校订隐元全集：第四卷［M］.东京：开明书院，1979：2045.
④ 平久保章编. 新纂校订隐元全集：第六卷［M］.东京：开明书院，1979：2623.
⑤ 山本悦心. 黄檗东渡僧宝传：上卷［M］.爱知：黄檗堂，1841：16－17.

1657 年 3 月，南源禅师给刘宣义写了篇诗偈《送刘译士省亲》。

隐元也写了《送道诠刘通事回崎》，写道："海外知音少，相逢错过多。唯子随四白，道义意如何。末后语勿论，言前会也么？丈夫贵决择，岂肯自蹉跎。归去不加策，追风如骏骚。踏断溪声处，双眸回更高。"① 开头就说"海外知音少，相逢错过多"，可见隐元把年轻的后生当作知心朋友。

刘宣义于 1657 年 3 月回长崎探亲，1658 年 6 月破格被直接任命为小通事。同年 11 月 1 日，父亲刘一水离世。

二　著名唐通事

刘宣义是隐元在日生活的见证人，他曾担任过隐元的随身通事，从隐元登陆长崎，至最后在新黄檗山圆寂，他完整地经历了隐元东渡日本弘法的 20 年历史，他是隐元在日本的最亲密的"知音"，最宠爱的后生，最虔诚的佛教信徒。隐元对刘宣义寄予厚望，刘宣义也没有辜负隐元的期望。刘宣义陪伴隐元一年零五个月后，于 1657 年 3 月回到长崎，不久被任命为唐通事。他在任职期间，以隐元为榜样，按照隐元的嘱咐，谦虚谨慎、刻苦读书、潜心修禅、勤奋工作，成为长崎著名唐通事。

刘宣义从普门寺回到长崎后给独湛、独吼、大眉、慧林、独立、南源等各位大师写了信，告知独健（陈九官）之子死后，独健又回到唐通事职位。独健禅师，字性乾，安徽省凤阳府人，后移居南京称陈九官。1599 年东航，居于长崎，称姓为颍川、名为官兵卫，任大通事，兴福寺首席檀越，1652 年起四请隐元的华人之一，隐元东渡后随侍左右，专司通译，后依隐元大师剃度改法名为独健，1671 年示寂。②

1658 年秋，木庵禅师写给刘宣义一首七言律诗《送秋日曜哲刘善士重往普门》③，这说明，当年秋刘宣义重回普门寺拜谒隐元。

1658 年 10 月，刘宣义升格为大通事。从此一直到离世，在大通事任

① 平久保章编．新纂校订隐元全集：第六卷［M］．东京：开明书院，1979：2633.
② 山本悦心．黄檗东渡僧宝传：下卷［M］．爱知：黄檗堂，1841：5－6.
③ 平久保章编．新纂校订木庵全集：第八卷［M］．京都：思文阁，1992：1092.

上勤奋工作足足 37 年。卢骥在《长崎先民传》里写道："（宣义）名声甚著，富拟公室，虽阖乡诸吏及百执事莫与之抗，乃为冢译，籍在第一。"[①] 意即，刘宣义名声远扬，富得可与王室比肩，其财富可匹敌奉行和代官，在长崎的诸官员无人与宣义抗衡，宣义位居唐通事首位。

1664 年宇治黄檗山万福寺创建之际，刘宣义与大老酒井忠胜（性印）捐西域大木，修建大伽蓝。千呆为此写六言四句《性印曜哲二居士送暹罗大木至黄檗》，以示纪念。

1668 年宣义 36 岁，为纪念其寿辰，千呆禅师写七律《曜哲刘居士祝寿之韵次答》赠予宣义。

1670 年，为宽文三年（1663）遭火灾的光永寺捐款修复重兴。

1671 年即非禅师逝世之际，刘宣义携林道荣等唐通事联名写祭文悼念。

1682 年，刘宣义迎来 50 岁寿辰，同乡千呆赠一首七律《曜哲刘檀越五十寿》。同年 11 月，宣义为父亲一水在崇福寺后山建墓地，千呆禅师参加秉炬（禅林葬礼仪式）。

1695 年，刘宣义逝世，享年 63 岁。其妻为西村氏。漳州府石码人陈潜明娶日本女子西村氏，其后代也是唐通事，日本姓为西村，而且根据当时唐通事第二代门当户对的通婚习俗，刘宣义妻子西村氏有可能是陈潜明家的后代。刘宣义生有二子一女，长子伊之助和次子市郎左卫门（恒道）都很短命，刘宣义在世时双双离世，由于没有语言能力未能继承家业，没有列入唐通事名录里。刘宣义家族的唐通事役株没人传承，家产也无人继承，所以刘宣义收养了有日本血统的义子，叫武冈三右卫门。刘宣义的女儿梅梦，早年嫁给福清籍魏之琰的次子钜鹿清兵卫（魏贵），也早于刘宣义离世。

三　著名文人、书法家

刘宣义不仅是著名的唐通事，也是著名的文人、书法家。刘宣义与福

---

① 卢骥. 长崎先民传［M］. 江户：和泉屋庄次郎校版，1819：1.

清籍林道荣被誉为唐通事"双璧"，其名望皆不是来自大通事本身，而是因为有著名学者和书法家身份衬托着，他们才名声大振。

刘宣义任大通事期间在位的有一位叫牛込重尭的长崎奉行，1671 年 9 月上任，1681 年 4 月离任。牛込爱读书，善诗文，门下召集有才华的文人，经常举办诗宴，营造文化气氛。图 5-2 是牛込写给刘宣义的诗的真迹图片。

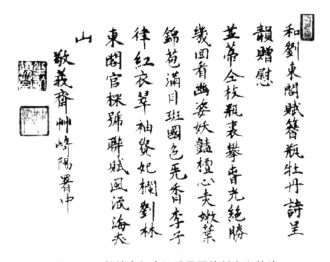

图 5-2　长崎奉行牛込重尭写给刘宣义的诗

资料来源：三浦实道编《光风盖宇》（福济寺出版，彭城本家第十一代后孙收藏）。

《先哲丛谈续篇》① 写道："东阁，虽躬译司，擅长文学，前后镇台凡是来长崎者，无不崇重。牛込镇台尤其服其才识，给予特殊优厚的待遇。"意即，刘宣义（东阁），认真履行唐通事一职，同时擅长文学，前来赴任的历届长崎奉行都十分敬重他。刘宣义任唐通事 37 年间，服侍过 13 位长崎奉行，其中牛込重尭特别赏识刘宣义和林道荣。

《先哲丛谈续篇》接着写道："东阁主要学濂洛（周敦颐和程颐），但并没有专守。"刘宣义常教导门人说："学问从汉唐至元明，离不开以下六个要件。一曰立本识源；二曰践履躬行；三曰文理稳当；四曰明晰字义；五曰达练古今；六曰取舍长短。"刘宣义虽然主要学习濂洛理学，但他没

---

① 东条耕子藏编. 先哲丛谈续篇：卷二 ［M］. 日本国史研究会，1906：176-180.

有墨守成规死守书本，而是根据自己的治学经验总结出做学问的六个要件。这些要件在今天仍有借鉴意义。

在此摘抄他为隐元八十寿辰写的一首贺诗：

乾坤同老法身筹，

八十寿春世莫俦。

狮子林中藏万福，

象王座上祝千秋。

眉悬日月光长祚，

齿纳山河及大洲。

源有曹溪真正脉，

永从格外溢澄流。

这是刘宣义39岁时为隐元写的贺诗，他的诗格律严谨，对仗工整，他对隐元的经历十分了解，高度评价了隐元为弘法所做出的历史贡献，表达了作为华裔同乡对高僧的崇敬之情。

刘宣义的部分诗文收录于《长崎名胜图绘》旧刊本，主要篇目有《大浦落雁》《爱宕暮雪》《神崎归帆》《松森新天神庙记》《圣福寺造建贺诗》等。刘宣义的墨宝大多流落民间，由于他的子女早逝，没有人整理收藏，多数著述和墨宝真迹流失，令人遗憾。笔者在孔夫子旧书网上看到有人拍卖号称刘宣义（东阁）的立轴墨宝一件（185.5cm×70.2cm），名为《彭城东阁崎阳十首书幅，烽山十景》，售价48000元。在日本文献里查不到烽山胜景，也查不到刘宣义曾经写过此作品的记录，无法确认真伪。日本福济寺于二战前出版图片集《光风盖宇》，其中收录了刘宣义的肖像和他的一幅墨宝（见图5-3），这是当时的福济寺收藏的，可惜战争期间毁于美国的原子弹。

刘宣义是日本长崎著名的唐通事，他作为华人的后裔习得双语，笃学濂洛理学，传承中华优秀文化，广泛结交名流人物，尤其他与隐元等黄檗东渡僧人交往密切，作为黄檗宗忠实的信徒，无私地为修建黄檗宗寺院捐

图 5 - 3　刘宣义的真迹照片

资料来源：三浦实道编《光风盖宇》（福济寺出版，福济寺收藏）。

款捐物，为黄檗文化的弘扬做出不朽贡献。

第三节　以刘一水为始祖的彭城刘氏唐通事家系

以刘一水为始祖的彭城刘氏唐通事家系，有 1 个本家，4 个分家，本家传 9 代（10 人），分家 A 传 5 代（6 人），分家 B 传 4 代（4 人），分家 C 传 6 代（6 人），分家 D 传 13 代（13 人）。出各级大通事 9 人，各级小通事 15 人，早期基本垄断大小通事，是最有名望的唐通事家族之一。遗憾的是，刘宣义的嫡子早逝，无人传承家系，本家与分家均由义子继承，但他们忠于彭城刘氏始祖，始终以彭城姓氏延续，一直到幕末。

一　彭城刘氏本家

第一代　刘一水（？～1658），始祖，医师。

第二代　刘宣义（1633～1695），日本名彭城仁左卫门，讳宣义，字曜哲（耀哲），号东阁，法名道诠。大通事，著名唐通事"双璧"之一。

第三代　彭城仁右卫门（？～1740），原名武冈三右卫门，号素轩，讳善聪，第二代宣义义子，大通事（1695 年任），诗人。

第四代　彭城伦左卫门（1690～1752），原名源三郎，讳俊明，第三代子，大通事（1726 年任），兼值组定立合通事，御用通事格，和译《大清会典》。

第五代　彭城三左卫门（？～1783），原名武十郎，讳俊清，第四代子，大通事。

第六代　彭城伦卫门（1753～1779），原名梅之助，第五代次子，稽古通事。伦卫门亲兄彭城龙藏，小通事末席，后不到一年赴江户学天文，改名为西川龙之进。

第七代　彭城仁左卫门（1778～1820），讳大基，第六代子，小通事并（1806年任）。

第八代　彭城伦十郎（1804～1848），第七代子，小通事（1844年任）。

第九代　彭城三十郎（1825～1869），第八代子，小通事助（1861年任），彭城本家末代唐通事。

第十代　彭城贞德（1858～1939），原名龟松，第九代子，日本洋画家。

第十一代　彭城文亮（1847～1916），第十代姐夫，医师。

第十二代　彭城诠一（1892～1974），第十一代义子，彭城本家末代。

二　彭城刘氏分家 A

第一代　彭城安右卫门（1725～1802），讳俊贤，本家第六代伦卫门次子。小通事末席（1773年任）。

第二代　彭城仁兵卫（1755～1828），第一代子，唐通事目附（1812年任）。

△彭城仪十郎（1783～1819），仁兵卫子，小通事并（1818年任），但比父亲早逝，故继承第三代的是其子贞十郎。

第三代　彭城贞十郎（1813～1858），第二代孙，唐通事目附（1854年任）。其子彭城直治也任无薪稽古通事，早逝。

第四代　彭城太三郎（俊民）（1834～1868），第三代义子，无薪稽古通事（1854年任）。

第五代　彭城安太郎（1859～1911），第四代子。

三　彭城刘氏分家 B

第一代　彭城惠三右卫门（1701～1745），讳惟明，本家第三代素轩嫡子，小通事（1742 年任）。

第二代　彭城惠三右卫门，字重夫，原名惠十郎，第一代子，小通事末席（1745 年任）。

第三代　彭城勇助，第二代弟，稽古通事（1756 年任）。

第四代　彭城仪右卫门（源太郎），第三代义子，小通事末席（1777 年任），同年离开，至此分家 B 断后。

四　彭城刘氏分家 C

第一代　彭城仪藤太，本家第三代素轩子，稽古通事（1738 年任）。

第二代　彭城九十郎（虎之助），稽古通事（1747 年任），转让役株给钜鹿氏。

第三代　彭城清八郎（1748～1814），第二代义子，福清籍魏之琰曾孙，父亲钜鹿太左卫门，大通事（1798 年任），值组定立合通事兼唐通事目附（1809 年任）。

第四代　彭城安六（明忠），第三代子。小通事末席（1798 年任）。

第五代　彭城清四郎（龟松），讳惟明，第四代子，小通事助（1825 年任）。

第六代　彭城清左卫门，第四代安六之弟，小通事末席（1836 年任），分家 C 末代，因黑市交易被捕，被开除唐通事职位。

五　彭城刘氏分家 D

第一代　游龙云藏，原名彭城八右卫门（顺内），本家第三代素轩之弟，1701 年另立门户叫游龙，唐通事目附（1721 年任）。

第二代　游龙文次郎，第一代子，小通事末席（1733 年任）。

第三代　游龙佐野右卫门，稽古通事（1738 年任），第二代文次郎之弟。

第四代　游龙幸藏，第二代文次郎长子，稽古通事（1741 年任）。

第五代　游龙嘉源太，第四代幸藏之子，稽古通事（1754 年任）。

第六代　游龙顺内，第五代嘉源太长子，稽古通事（1776 年任）。

第七代　游龙云次郎，第五代嘉源太次子，稽古通事（1777 年任）。

第八代　游龙作三郎，第五代嘉源太三子，稽古通事（1790 年任）。

第九代　游龙俊次郎，第八代作三郎义子，稽古通事（1797 年任）。

第十代　游龙彦次郎（1786～1819），讳俊良，号梅泉，第九代俊次郎义子，父亲为彭城分家 A 第二代彭城仁兵卫（俊英）之子，小通事并（1819 年任）。

第十一代　游龙辰三郎，第十代彦次郎义子，稽古通事（1820 年任）。

第十二代　游龙彦十郎（1803～1862），原名神代彦十郎，讳聿之。林时亮本家第七代官梅百十郎的次子，早年曾过继到神代家（熊姓华人后裔）做养子，后来继承游龙辰三郎的役株，曾升至大通事过人（1847 年任）。其二子是林时亮分家 A 第七代林道三郎（驻香港领事）。

第十三代　游龙彦次郎（1829～1865），原名彦三郎，讳聿俊。第十二代彦十郎长子，升至小通事过人（1860 年任），分家 D 末代唐通事。

附录：

著名唐通事刘宣义祖籍地探访记

日本文献记载刘一水的出生地为：福建省福州府长乐县筹港。据《长乐县志》记载，古代长乐县有芳桂乡钦平、大宏里筹港。现在的潭头镇区域辖旧时芳桂乡之大宏里、方安里，筹港就是现在的二刘村。

依据这一线索，笔者探访了二刘村，对刘宣义（耀哲）的祖籍地进行了考证。接待我们的是刘氏宗亲刘群倈老人。刘群倈老人，年至花甲，思维敏捷，身体健康，是村里刘氏祠堂的守护人。老人从书柜里拿出乙丑年（1985）修订的印刷本几十册刘氏家谱。他说很多人来寻找刘一水的线索，但都没有如愿以偿，所以扫兴而归。前几天，日本学者也来村里寻找刘一水的线索，也是一无所获。在中国，多数家谱记载字，而不是号，更不是讳，所以以"一水""宣义"之号寻找，肯定找不到。

笔者带着两位助手，冒着酷暑，在堆积如山的家谱堆里，寻找第二十三代"希"字辈和第二十四代"哲"字辈，在《凤岗忠贤刘氏家谱》第八册第79~80页找到闽侯县峡江世次：第二十三代希字辈11人（希弯、希秀、希青、希木、希香、希治、希玄、希梧、希翌、希极、希孟）和第二十四代哲字辈17人。其他各卷册里都没有"希"字辈和"哲"字辈，而且第八册中的第二十三代与第二十四代，其辈分和世序与日本文献记载的刘一水（希亘）和刘宣义（曜哲）父子辈分一致。日本文献提到的刘一水的亲侄子，也就是明代刑部主事，参与反清复明活动的刘沂春（泗哲）也是"哲"字辈。但在第二十三代希字辈里找不到刘一水（希亘），在第二十四代里也自然找不到刘一水的长子刘宣义（耀哲）。更可疑的是，生长在福建的第二十四代刘沂春（泗哲）也没有在列。原来《凤岗忠贤刘氏家谱》第八册不是二刘村刘氏的直系，据家谱序记载，宗族维修公，从凤岗迁居螺江，时间为明万历三十七年（1609）。当年接连两次发生二百年一遇的洪患，后裔纷纷迁徙至螺江、峡江等地。

在《凤岗忠贤刘氏家谱》第二十卷第94页，找到长乐县二刘礼房世次：第十四代惟字辈，兄弟5人，惟宽排第五；第十五代汝字辈14人，惟宽有6个儿子，其中汝沂排第四；第十六代只有惟宽的长兄惟景和二兄惟壁的儿子汝瀚、汝南、汝澄的后代5人，没有汝沂的后代。这说明第十四代惟宽的后代从潭头镇二刘村迁出。

回来后，查阅各种中日文献，认真核实、分析刘宣义父子没有被列入家谱的原因。首先，刘宣义的父亲很早去日本肥前平户（今属长崎），时间大约在明代嘉靖（1522~1566）中期，身份是医师，是最早东渡日本的华人之一。一开始，刘宣义的父亲在日本平户行医，其名气并不大，俗气一点说，还没有发财。此时，日本是安土桃山时代，由丰臣秀吉统治日本，对外没有实行海禁，外国船可以自由出入平户，但平户不是对外贸易中心。日本于1603年开始"改朝换代"，进入德川幕府统治的江户时期，对外实行闭关锁国政策，锁定长崎为对外的唯一窗口，为了谋生，刘一水从平户移居到长崎，此时刘一水应该二十多岁。到长崎后，刘家一开始也没有权势。刘家在长崎发家是因儿子刘宣义。刘宣义进入唐通事阶层后，26 岁时成为大通事。此时，刘一水也已步入知天命的年龄，在长崎整整奋斗了 30 多年，才等到出头之日。在这之前刘一水很少回故里，族里人没有把他记入家谱也是情有可原的。

其次，依据国内文献分析，从长乐潭头走出的刘家名人不少，有的不是出生于潭头，但都把潭头筹港（筹峰境）视为祖籍地。在《福州世家》中，有一章"凤岗刘"①介绍，凤岗刘氏入闽始祖是刘存，其后代有子刘文济与侄刘贻孙。刘贻孙的第八代后裔刘嘉誉（字德称）是迁居长乐的一支，官任乐昌县（今属广东省）县尉。第九代刘世南（字景虞），官任吉州（今属江西省）司理参军（从九品）。第十代有刘砥（字履之）和刘砺（字用之）兄弟。宋庆元年间（1195～1200），著名理学家朱熹因"庆元党案"，避难于二刘村后山，村中刘氏兄弟闻之，上山拜其为师，后同登进士榜，蜚声儒林，村因之得名。第十一代刘子玠（字君锡），刘砥之子，也是习文的著名学者。被誉为"凤岗八贤"的 8 个人物中，出自长乐潭头的就有刘嘉誉及其长孙刘砥、次孙刘砺、曾孙刘子玠等 4 人。刘嘉誉应该属于入闽第九代，也是潭头筹峰境（二刘村）的始祖，二刘村因第十一代刘砥和刘砺而得名。迁居长乐潭头的刘氏家族人才辈出，是书香门第，世代习文济国，多数在外地做官，但他们都没有忘记祖宗，无论出生于哪里，都把祖籍地写为筹峰境或筹港。

后来偶遇彭城刘氏的宗亲刘传标先生，得知笔者探访过二刘村，提供了《礼房迁筹港信派》家谱（见图 5 - 4），这是难得的手抄本，但与日本文献记载的辈分次序相差一代。具体世次如下：第十四代汝沂、第十五代信叔、第十六代宗夹、第十七代孟岩、第十八代仲仁、第十九代远初、第二十代嗣忠、第二十一代世威、第二十二代希亘（迁东洋日本）、第二十三代耀哲（东洋通事）。

这本手抄家谱真实可靠，毫无疑问刘一水的祖籍地是筹港。刘一水出

---

① 曾意丹，徐鹤平．福州世家［M］．福州：福建人民出版社，2001：245 - 248.

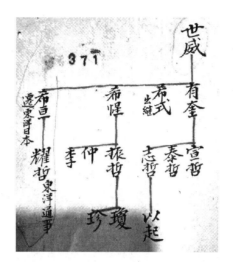

图 5 - 4　《礼房迁筹港信派》家谱（手抄本）

资料来源：刘传标提供。

身于书香门第，这说明他的父辈也习文，早期东渡日本，虽然都把长乐筹港（筹峰境）视为祖籍地，但并没有在筹港出生。刘一水16世纪末出生，此时的筹港早已于13世纪初就改为二刘村。刘一水的亲侄刘沂春（字泗哲）也把祖籍地写成潭头，其实他的出生地也不是筹港。

查阅家谱后，刘群俤老人带我们参观了刘氏祠堂。刘氏大宗祠位于村北部，背靠筹峰山，坐北朝南，据说始建于宋乾道年间（1165～1173），也就是刘砥和刘砺兄弟中进士之后。这里是入闽刘氏发祥地之一，此处刘氏大宗祠又是全国少有的刘氏大宗祠之一，具有极高的历史文化价值。宗祠前院有两口古井，右面的井水被污染，左边的井水依然可饮用。我们一行到井口时，正好有位老妇人打水，刘群俤老人借老妇人的水桶，提了一桶水，给我们试饮，井水清澈、冰凉、甘甜，余水用来冲洗手臂，因正值酷暑，凉意骤然沁入心脾（见图5-5）。听村里老人介绍，刘一水去日本发财后，多次回村里，并到祠堂祭祖。

二刘村位于潭头镇西南部，背靠筹峰山，离闽江口仅有几里距离。这里交通便利，人文历史悠久，人杰地灵，曾经出现过无数名人。就是这块土地生养了刘一水的祖先，刘一水可能就是从这里通过海上丝绸之路东渡日本的。由此可以说，二刘村是古代海丝文化的发祥地之一。（写于2018

年 6 月 30 日）

图 5-5　二刘村刘氏大宗祠古井

图 5-6　二刘村刘氏宗亲刘群俤老人（左）与笔者合影

第六章　龙溪县籍陈冲一唐通事家系

　　以陈冲一为始祖的唐通事家族，造就了无数个唐通事，是长崎唐通事中最大的名门世家。这个家族的后孙颍川君平编纂了《译司统谱》①，陈冲一及其后代唐通事一一列在其中。日本学者宫田安在《唐通事家系论考》第二章用 63 页的篇幅记述了以陈冲一为始祖的陈氏唐通事家系。②

第一节　始祖龙溪县籍陈冲一

　　始祖陈冲一（？～1624），福建省漳州府龙溪县人，职业为医师。龙溪县始建于大同六年（540）③，其县地在今龙海大部、芗城区、华安县、龙文区全境和厦门的海沧以及闽西一带，是福建（古建安郡）四大县之一，明代时龙溪县属漳州府。陈冲一的具体出生地，因没有可依据的文献无法确定，但从他医师职业身份与东渡日本的经历推测，他的故乡应该是石码镇。日本文献说，陈冲一在明朝时在大医馆从医。④ 明清时代，石码镇是比较繁华的商业枢纽，位于西溪和北溪流域，是通往厦门的交通要道，人口相对集聚。在当时，只有商业贸易中心城市，才可能有大医馆，而且这里水路交通便利，为陈冲一出海东渡日本创造了条件。

　　陈冲一于 17 世纪初到日本鹿儿岛（李献璋推算为 1610 年前后），是服侍萨摩（今鹿儿岛，位于九州西南部）藩主岛津氏的医官，娶日本人隈

---

　　①　颍川君平. 译司统谱［M］. 1897：1–110.
　　②　宫田安. 唐通事家系论考［M］. 长崎：长崎文献社，1979：23–85.
　　③　黄剑岚主编. 龙海县志［M］. 北京：东方出版社，1993.
　　④　宫田安. 唐通事家系论考［M］. 长崎：长崎文献社，1979：22–23.

屋藤九郎雅成的千金，生二男一女。隅屋藤九郎雅成是日本名门之后，是镰仓末期到南北朝时期的武将楠木正成的第十四代后裔。陈冲一服侍藩主，又娶日本名门大家闺秀，深得当地人的信赖，在萨摩过着安稳的生活。一开始唐船可以直接到萨摩，华商也可以在此经商，闽南一代的商船都习惯于停靠在这一带的海港。但德川幕府下达"唐船长崎集中令"后，唐船无法停靠在萨摩沿海港口，身兼商人身份的陈冲一，只好决定离开萨摩，于是于日本元和年间（1615~1624）移居长崎，成为住宅唐人，仍然以行医为主业。陈冲一到长崎时只带了长子道隆，妻子、次子和女儿仍留在萨摩，次子继续服务于岛津藩主。陈冲一到长崎后，没有做出惊人的大事，最大的成就就是用心培养长子道隆，让他用功学唐语（汉语），最终将他培养成著名唐通事。

陈冲一的后代到长崎后改用日本姓"颍川"。这个姓看起来像日本姓，其实"颍川"取自颍川陈氏，是祖宗的原籍颍川。颍川陈氏以汉末大名士身份起家成为当时的巨姓望族，世代传袭，名重魏晋。陈冲一虽然孤居日本，但没有忘记自己是颍川陈氏的后裔，要让后代铭记自己是华人。陈冲一改姓也有另一方面的意图。唐通事属于日本地方官，要为德川幕府效力，改用日本姓，更容易得到日本官方的信任。尽管陈冲一改姓具有迎合日本人的妥协性，但隐含着老华侨内心期盼后代平安，世代保其福禄的淳朴愿望。

江户时期，长崎陈氏华人最多，号称颍川（陈）氏的住宅唐人就有10个，其中有6个出自唐通事世家。除陈冲一外，还有陈九官、陈敬山、陈清官、陈三官、陈一官。陈九官（独健）为浙江籍，其余4人原籍不明，但日本文献指出陈一官（原量）的墓地在漳泉人的寺院福济寺，可能也是来自漳州府的华人。还有位住宅唐人叫陈九官，福州府人，没有改姓。除此之外，还有2个陈姓直接使用日本妻子的姓，福州府陈奕山的后代使用矢岛，漳州府陈潜明的后人使用西村。

陈冲一家族在日本具有一定的影响力，是江户时期长崎唐通事名门，日本很多历史文献上出现了陈冲一的名字。漳州市和龙海市地方志，却对陈冲一没有任何记载。

第二节　著名唐通事陈道隆

一　著名唐通事陈道隆

陈道隆（1616～1676），日本名颍川藤左卫门，后改为吉左卫门（见图 6 - 1），是陈冲一的嫡长子，长崎著名的唐通事，也是华人里的著名慈善家，漳州寺（福济寺）第一檀越。

图 6 - 1　陈道隆木像

资料来源：三浦实道编《光风盖宇》（福济寺出版）。

陈道隆于 1640 年（日本宽永十七年）直接被任命为小通事。小通事职位是从这一年开始设立，分大通事与小通事，那之前唐通事没有大小之分，只有二三个编制，这年增至大通事 4 人、小通事 2 人。与陈道隆同时任小通事的是福清籍林楚玉之子林仁兵卫（林守墅，1610～1694）。第二年由于三位大通事中的两位相继去世，所以陈道隆与林仁兵卫（林守墅）不到一年就升至大通事。陈道隆在大通事任上足足待了 34 年，几乎在唐通事岗位上度过他的大半生，1674 年 59 岁时离任，接任者是福清籍林道荣。在这漫长的岁月里，陈道隆服务过 11 任长崎奉行，接触过无数唐船贸易商人，没有出现过任何差错，得到长崎奉行的赏识。陈道隆任唐通事时还没有设置大通事上面的唐通事目附等 6 个特殊唐通事职位，陈道隆离世后的 1695 年才开始设置，所以在很长一段时间内陈道隆位居唐通事最高等级。

现在很难找到陈道隆的遗像，好在福济寺于二战前出版了《光风盖宇》（三浦实道编），收录了陈道隆的木像图片（见图 6-1）。这幅木像图片是陈道隆第十一代后孙颖川喜代次提供的。今天我们能够瞻仰陈道隆的遗像得益于这部文献。

二 福济寺第一檀越陈道隆

陈道隆是长崎有名的慈善家，日本文献上记载，陈道隆是福济寺的第一檀越。陈道隆作为福济寺的第一檀越，不仅为福济寺的开基捐献过巨款，而且每当福济寺举办大型的法会，其经济赞助者也都是陈道隆。福济寺也叫漳州寺，始建于 1628 年，由漳州和泉州出身的华人捐建，与兴福寺（南京寺）和崇福寺（福州寺）一同被称为"三福寺"。

福济寺是出生于漳州与泉州的华人，也就是持闽南方言的华侨集聚的场所，一开始不属于任何宗派，自隐元东渡后归属黄檗宗。图 6-2 是长崎市役所所藏福济寺古图，展现了江户时期福济寺壮观的原貌。蕴谦禅师①（1610~1673，字戒琬，见图 6-3）是福济寺的著名住持，他出生于泉州府晋江县，17 岁在泉州开元寺出家。神通广大的陈道隆早已耳闻蕴谦是个"生来颖异、性尤沉静"的著名僧人，多次写信恳求蕴谦前来任住持，蕴谦盛情难却，于 1649 年 6 月到长崎，登福济寺任住持，并号山为分紫山。第二年蕴谦按照中国寺院的建筑传统，创建圆通殿，并置观音菩萨像，1656 年建大雄宝殿、山门、钟楼等，令寺观庄严，因此被奉为福济寺重兴开山。蕴谦来之前的福济寺不过是简陋的茅草屋。1660 年又改造客厅、斋堂、诸寮，僧众皆悦服。蕴谦重兴福济寺离不开大檀越陈道隆的支持。

---

① 山本悦心. 黄檗东渡僧宝传：下卷 [M]. 爱知：黄檗堂，1841：10.

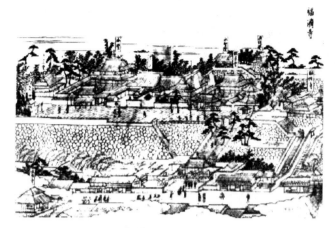

图 6 - 2　长崎市役所所藏福济寺古图

资料来源：三浦实道编《光风盖宇》（福济寺出版）。

图 6 - 3　蕴谦禅师像（木庵禅师题赞）

资料来源：三浦实道编《光风盖宇》（福济寺出版）。

《长崎市史·地志篇佛寺部》①（下）记载，福济寺开山坛左侧"安放着该寺大檀越流光院也就是颍川吉左卫门（即藤左卫门）和同家历代灵牌，右坛上安放着颍川分家历代先祖的灵牌。开山坛前梁上悬挂着重兴蕴

_____

① 长崎市编. 长崎市史·地志篇佛寺部：下 [M].李斗石译.1923 - 1925：291.

谦戒琬题写的开山之匾额，而祈祷大檀越流光院（颍川吉左卫门）的坛前梁上悬挂着'流光院'三个字牌额。这是渴浪的墨迹"。

流光院是陈道隆的法名，渴浪①（1663～1706）是出生于晋江县的开元寺和尚，1694年东渡长崎，是福济寺第四代住持。可见福济寺把陈道隆当作神来供奉，赞颂其丰功伟绩。陈道隆与蕴谦禅师属于同一时代的人，也是福建同乡，蕴谦经营寺院离不开陈道隆的支持，蕴谦所住的福济寺又是以陈道隆为代表的闽南人精神寄托之佛门圣地。

顺便赘述，福济寺当时在长崎是最大唐寺，二战前被认定为国宝级"特别建筑物"，可惜二战期间被美国原子弹炸毁，再也看不到图6-2所展示的雄壮景观。现在福济寺的原址改建成"万国灵庙长崎观音"，每年8月份为原子弹爆炸死难者祈祷，在此举行各种悼念活动。

1653年也就是日历承应二年，陈道隆捐建了一漱桥。这是陈道隆为长崎市所做的另外一件善事，其影响很大。这座桥至今仍然横跨在长崎中岛川上流河溪上，成为长崎市历史古迹，每天都有人慕名前来参观。一漱桥长9.1米，宽4.4米，是石造半圆拱形桥，是陈道隆为怀念死去的第二任妻子法春院末次氏而建。《长崎古今集览》（卷二）②记载："图志云：在眉岩下跨一漱溪，承应二年（1653）五月颍川陈道隆建。自是路至火见岭口人马往来不绝，冬天飘雪雨山王立桥上宛成白虹樵夫鹤衣独归循山而过，桥上一景趣也。"当时长崎把一漱桥景色列入长崎十二景之第十景。现在长崎市旅游网上也都把一漱桥作为长崎历史文化古迹加以宣传，还附有图片。

三　陈道隆与黄檗名僧

陈道隆除了蕴谦禅师以外，与隐元等东渡名僧交往也十分密切。长崎的住宅唐人与唐通事，曾两次联名写信给隐元，恳请隐元到长崎弘法。其

---

① 有的日本文献把"渴浪"的名字写成"喝浪"。参见山本悦心.黄檗东渡僧宝传：上卷[M].爱知：黄檗堂，1841：32-33.
② 参见长崎文献刊行会编.乡土志料志：第二辑 [M].李斗石译.长崎：长崎文献刊行会，1935-1936：150.

中，1652 年第一封邀请信的署名者有：①颍川官兵卫（陈九官，兴福寺首席檀越，大通事）；②林仁兵卫（林守壂，大通事）；③颍川藤左卫门（陈道隆，福济寺首席檀越，大通事）；④渤海久兵卫（高超方，福济寺檀越，大通事）；⑤彭城太兵卫（兴福寺檀越，大通事）；⑥张立贤；⑦何懋龄；⑧许鼎；⑨程国祥；⑩高应科（与渤海久兵卫是同一人）；⑪王引（王心渠，崇福寺檀越）；⑫何高财（崇福寺檀越）；⑬陈明德（兴福寺檀越，医师）。①

在第一封邀请信的 13 位檀越中，8 人是唐通事（因渤海久兵卫与高应科同是一人，实际为 7 人），陈道隆排在第三位。

隐元于 1654 年到长崎时，陈道隆 39 岁，隐元十分敬重陈道隆。隐元到长崎后的第二年，陈道隆请隐元大师为死去的妻子做法式。《新纂校订隐元全集》收录了隐元写给陈道隆的《设齐荐宝请上堂》，另外还有《示颍川藤左卫门》等诗偈 4 篇。其中，《示颍川藤左卫门》② 是隐元在长崎期间写给陈道隆的法语。一般情况下，隐元初次给后生写法语的内容都是勉励、鼓励、警示、引导性的，引导他们如何修禅养性，如何齐家立业。而隐元给陈道隆的法语却与众不同，主要赞扬陈道隆作为福济寺第一檀越所做的丰功伟绩，将与陈道隆之间的交流，比作"没弦琴上曲，若个是知音"，表达了隐元对陈道隆的尊敬。诗偈写道：

> 万古金汤眼，
> 千秋福济心。
> 莲花开胜地，
> 檀月映禅林。
> 无相身中物，
> 通人子细寻。
> 没弦琴上曲，
> 若个是知音。

---

① 平久保章编．新纂校订隐元全集：第四卷［M］．东京：开明书院，1979：1594.
② 平久保章编．新纂校订隐元全集：第六卷［M］．东京：开明书院，1979：2630.

豁醒春江梦，

返问直至今。

木庵禅师作为福济寺的住持，离不开陈道隆这个大檀越的支持，他也十分尊重陈道隆，木庵虽比陈道隆年长 6 岁，但两人亲密无间。木庵禅师于 1655 年 7 月到长崎时，受到陈道隆与蕴谦禅师的热情迎接，并被邀请入住福济寺。不久蕴谦把住持之位让给木庵，蕴谦和陈道隆为此举办隆重的开堂仪式。木庵到长崎那年恰好也是陈道隆四十寿辰，木庵写颂偈《赠颍川居士华诞》[1]，高度评价陈道隆的丰功伟绩。诗偈写道：

祖风荡荡振江天，

喜遇筹添不惑年。

古月流辉同佛扇，

华光瑞映满前川。

陈道隆在长崎稻左山有一座很壮观的别墅，名曰水月居，木庵等东渡名僧经常在此相聚，作词咏歌，不少前来长崎的和尚也借宿此地，以致被人误解为寺院。木庵禅师的《东来集》收录了《水月居六景》六首七绝，足以表现水月居豪华壮观的程度。其中第一首《龙鼻径》[2] 写道：

水际山形卧玉龙，

长垂鼻孔插波中。

偶然凿径千余武，

恍履青云上碧空。

1658 年福济寺山门落成，木庵题写"福济禅寺"牌匾（见图 6-4），其右侧记有"万治戊戌年中秋吉旦开山比丘戒琬同檀首颍川藤左卫门敬

---

① 平久保章编. 新纂校订木庵全集：第二卷 [M]. 京都：思文阁，1992.12，657-658.

② 平久保章编. 新纂校订木庵全集：第二卷 [M]. 京都：思文阁，1992.12，661.

立"。图 6 - 4 就是福济寺山门木庵禅师真迹。1660 年，木庵离开长崎赴普门寺时，陈道隆与蕴谦依依送别，之后蕴谦再度继任福济寺住持。《新纂校订木庵全集》收录 8 篇木庵给陈道隆写的诗偈等文献，这是木庵在长崎的五六年期间与陈道隆密切交往的历史见证。

图 6 - 4　福济寺山门木庵禅师真迹

1664 年，陈道隆 49 岁时登宇治黄檗山万福寺，拜谒隐元与木庵禅师。

随木庵禅师一起东渡日本的还有慈岳禅师（1632 ~ 1689，泉州府永春县张氏之后）[1]，蕴谦禅师于 1672 年圆寂后，慈岳接任福济寺住持，也得到陈道隆的大力支持。

四　陈道隆的子女

陈道隆前后娶过两位妻子，前妻郭氏，是华人之女，1643 年离世。后妻末次氏，是博多豪商之家的末次平藏的女儿，于 1652 年离世。末次平藏（？ ~ 1630）[2] 曾获得幕府的朱印状，与东南亚诸国进行贸易，赚取巨额财富，后来担任过"长崎代官"，掌握市政与贸易大权。据日本学者分析，陈道隆作为慈善家，其家产一部分来自末次家的援助。陈道隆在长崎郊外

---

① 山本悦心. 黄檗东渡僧宝传：上卷 [M].爱知：黄檗堂，1841：24 - 25.
② 成春有，汪捷主编. 日本历史文化词典 [M].南京：南京大学出版社，2010：362.

有两座别墅，在市内也有豪宅，这些家产除了来自末次家的援助外，还有父亲陈冲一的遗产，更重要的是来自陈道隆作为大通事所获得的高俸禄。相当于唐通事办公机构的唐通事会所成立于1725年，那之前在年番（年值）大通事家里开辟唐通事事务所。陈道隆任大通事34年，至少七八年任年番大通事，除了正常薪水外，还有不少额外收入，这在江户时期的长崎是公开的秘密。

郭氏生有一女，末次氏生有一子，1663年陈道隆唯一的儿子夭折。唐通事是世袭的，一般由嫡子继承，也就是传男不传女，没有嫡子时收养义子或招女婿入赘。没有嗣子的陈道隆家无人继承其"役株"，所以女儿玉娘十五六岁时被许配给同乡人叶我钦的长子叶茂猷。

叶茂猷（？～1697）从稽古通事做起，一直升至大通事，晚年被任命为唐通事目附（监察），从1667年开始一直到去世，在唐通事任上整整勤务31年，也得到长崎奉行的认可。以陈冲一为始祖的颍川陈氏唐通事家族，本家从第二代开始其实由叶姓人传承，两个分家也都是叶氏后代，虽然沿用颍川姓氏，但有的时候也使用叶姓。

第三节　叶氏家族中的名人

颍川叶氏家族人才辈出，先后有15人担任过大通事，还出现过不少名人。其中，叶茂猷的嫡子叶雅昶（严正）和泉州籍周辰官的后孙叶雅文（颍川君平）是最具代表性的人物。

一　著名学者叶雅昶（严正）

叶雅昶（1669～1723），日本名颍川四郎左卫门，雅昶、道树是讳，号严正，是叶茂猷的嫡子，母亲是陈道隆的千金玉娘，雅昶也就是陈道隆的外孙。

叶雅昶幼年的时候就开始任稽古通事，后因体弱多病辞任唐通事。1713年，45岁时又重新任大通事格，第二年升格为风说定役（第一位风说定役是著名的唐通事林道荣）。叶雅昶之所以能够担任此职务，就是因为他是有才华的唐通事。

卢千里（卢骥）的《长崎先民传》把陈严正（叶雅昶）列入学术人物栏第 12 位名人。《长崎先民传》是记录出生于长崎或寓居长崎的名人的传记，卢千里把叶雅昶列入长崎名人，说明他是江户时期长崎比较有名望的学者。《长崎先民传》① 里介绍叶雅昶大概有以下几层内容。

第一，叶雅昶少年时期，继承父业成为唐通事，不久因病辞职。

第二，叶雅昶是知识渊博的学者。他为人"魁奇高迈，知识过人，涉猎经史，淹贯古今，于本邦典故靡不究览"。意即，叶雅昶个子魁梧，知识渊博，涉猎群书，上知天文下知地理，贯通古今，遍阅日本典故。

第三，叶雅昶是书画收藏家，也是旅行家。叶雅昶家藏图书万卷，家中有一书阁，挂着匾额曰"立习"，里面收藏的图书多如二酉山。书阁里还收藏着古器古画，有来客要欣赏，他便欣然拿出展示，不像东晋的桓玄，为了拒客而不设寒具饼，世人称其为"陈书阁"。书阁的左侧有镗山（江户时期长崎名胜之一，这里有陈道隆家的庄园），松竹郁茂，奇石偃蹇，严正经常邀请朋友到此"登眺举觞，赋诗咏歌"。叶雅昶也是爱好自然的风雅人士，他走遍诸邦，探名山古迹，考其风土物产。

第四，叶雅昶是社会活动家，其学识才华具有很大的影响力。在京都，可出入设有禁门的皇室和王公贵族的宅邸，"出入禁门，公卿大夫俱宠爱之，有疑则就严正质问，可谓荣矣"。

第五，叶雅昶也是知名唐通事。叶雅昶"能通闽语，博识古今，乃擢冢译（被选拔为首席唐通事）"。他任职期间"不挟势、不矜才，恭俭下众"，从不倚仗势力，也不以其才华欺负人，对待下属民众，也是恭敬、俭约，因而受到世人的尊重。

二　外交家叶雅文（颍川君平）

颍川君平②（1843 ~ 1919），原名驹作，讳雅文，号锦溪，分家 B 第三

①　卢骥. 长崎先民传［M］.江户：和泉屋庄次郎校版，1819：8.
②　宫田安. 唐通事家系论考［M］.长崎：长崎文献社，979：77 - 79.

代君平雅范的嫡子。其实颍川君平的姓，既不是陈，也不是叶，颍川君平的血脉比较复杂，简单说就是泉州籍周辰官的嫡后孙，沙县籍卢君玉家的外孙。

周辰官是泉州籍住宅唐人，也是有一定实力的华人。周家也是唐通事世家，其长子周文右卫门继承父业成为内通事，次子周清左卫门过继给叶茂猷，后改名为颍川藤七（1655～1713），讳茂通。由于叶茂猷的唐通事役株传给自己的嫡子叶雅昶，因此叶茂猷凭借大通事的势力，争得另一个役株，由养子颍川藤七继承并另立门户成为分家 A 的始祖，职位升至大通事。颍川藤七的孙子颍川四郎太（叶茂矩）（1710～1774）也是大通事，生有三个儿子，长子颍川藤十郎（1742～1770），虽升至小通事末席，但早于父亲去世，未能继承役株，由庶子（三子）颍川四郎太（叶延年）（1767～1820）继承家业，也是大通事，晚年任唐通事诸立合。次子颍川太藏（1755～1785），1770 年，买陈三官（原籍不明）家第四代颍川吉次郎的役株，另立门户成为颍川陈氏分家 B 始祖。所以颍川君平在名义上属于颍川太藏（叶良直）家的第四代后孙。由于君平的祖父颍川四郎八（叶雅之，也是大通事）是分家 A 第四代颍川四郎太（延年）的嫡子，所以算起来颍川君平是周辰官的第八代嫡孙。颍川君平的母亲是卢家大家闺秀，其成长也离不开卢家，他的父亲是卢氏分家第六代卢驹之进（1822～1862，讳雅范，号雨林），作为卢氏分家第五代卢作太郎的女婿入赘卢家继承家业成为卢氏分家第六代，后来又回到颍川本家成为颍川陈氏分家 B 第三代，官升至大通事过人。

叶雅文 10 岁开始任稽古通事见习（无薪），19 岁升至小通事末席，22 岁成为小通事并，这个时候已经是 1864 年，属于幕府末期，随着黑船事件的发生，日本国门被敲开了，所以雅文是颍川家末代唐通事，也是整个长崎唐通事体制下的末代唐通事之一，如果唐通事体制继续维持，颍川君平职位升至大通事是没有任何悬念的。幕末在长崎，唐通事敏锐地意识到学习英语的必要性，率先习得英语，其发起人是长乐籍的郑干辅（1811～1860）。颍川君平（雅文）从小聪慧过人，又勤奋好学跟着郑干辅学习英语，很快掌握了英语。此时，颍川君平是掌握 3 国语言的语言学英才，这为他日后成为出色的外交家奠定了基础。1864 年，颍川君平任小通事并不久，被调到幕末开放的前沿之地神奈川任英语翻译官，26 岁时被聘为御普请役格（幕府聘请的高级翻译官），薪水达到 30 俵米（1 俵 = 5 斗 = 90 升）+3 人扶持米（1 扶持 = 18 斗 = 324 升）+50 两金。

1868 年日本发生明治维新，幕府政权解体。当年 8 月，颍川君平凭借语言方面的天赋，奉命调到东京府任市场翻译官，1869 年任东京府少属（一种低级官阶）。1871 年 4 月，大藏卿伊达宗城和外务大臣柳原前光到清国，与李鸿章协商《中日修好条约》，此时颍川君平出任全权大使的翻译官。《中日修好条约》是近代史上中日两国签订的第一个平等条约。回来后，颍川君平历任司法大录、铁道一等中师、内务少书记官。1880 年调到外务省任少书记官，同年出任驻纽约领事馆领事，三年后回日本任大藏省少书记官，1886 年转任神户税关（海关）关长，到 1894 年官至高等官三等，俸禄高达 3000 丹（明治时期 1 丹相当于 60 美元，合计 18 万美元）。1897 年 55 岁时辞去官职，第二年被授予叙正五位（日本官阶，位于中等职阶）。退休后在神户自宅度过晚年。

颍川君平（叶雅文）在任神户税关关长期间撰写了《译司统谱》，敕选贵族院议员何礼之（何礼之的母亲是福清县籍住宅唐人何毓楚的第四代后裔孙女）写序（见图 6-5），著名的外交家郑永宁（晋江籍）写了跋。这部文献记载了从 1604 年到 1861 年 258 年间的各级唐通事，共 1654 人次，实际 836 人，其中除了少数是日本人外，多数为华人后裔。颍川君平心里还是装着祖籍，没有忘记自己是华人的后裔。唐通事的名字和家系之所以能够流传到今天，得益于这部文献。

颍川君平跟其他幕末唐通事一样具有双重身份，在他的身上具有多种双重性。他在身份上，是日本公民的同时，又是华人后裔；在语言上，是双语（三语）人，既懂汉语，又能说英语，还跟日本人一样能说一口地道的日语；在血脉上，具有中日两国双重血缘；在文化上，熟悉中日两国历史文化传统；在政治上，是日本官员，又关心华人。

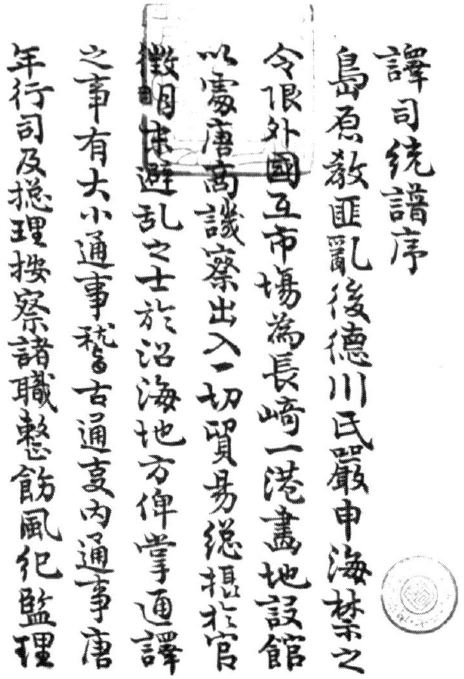

譯司統譜序
島恩教匪亂後德川氏嚴申海禁之
令限外國互市場為長崎一港盡地設館
以處唐商議察出入一切貿易總揖於官
徵明昧避乱之士於沿海地方俾掌通譯
之事有大小通事稽古通夏内通事唐
年行司及總理搜察諸職整飭風紀監理

图 6-5　何礼之为《译司统谱》写的序（片段）

资料来源：颖川君平《译司统谱》。

第四节　以陈冲一为始祖的颍川 陈氏唐通事家系

以陈冲一为始祖的颍川陈氏唐通事家族，本家传 10 代，分家 A 传 6 代，分家 B 传 4 代。共有 28 个唐通事，其中大通事 15 人（含大通事格 1 人，大通事过人 3 人），各级小通事 6 人，是出大通事最多的唐通事名门。因《译司统谱》是颍川陈氏（叶）家后孙颍川君平编写的，所以这一家族的家系记录得比较详细。

一　颍川陈氏本家

第一代　颍川藤左卫门（1616～1676），陈道隆，后改为吉左卫门，是陈冲一的嫡长子，慈善家，福济寺第一檀越，大通事（1641 年任）。

第二代　颍川藤左卫门（？～1697），叶茂猷，原名藤右卫门，第一代女婿，大通事（1675年任），唐通事目附（1695年任）。

第三代　颍川四郎左卫门（1669～1723），讳雅昶、道树，号严正，第二代子，著名学者，大通事格（1713年任），风说定役（1714年任）。

第四代　颍川藤左卫门（？～1740），原名文之助，讳道定，后改为道庆，第三代女婿，生父为福清籍林三郎兵卫，也就是林道荣之孙。小通事末席（1733年任），唐通事目附（1739年任）。

第五代　颍川伊吉郎（1720～1787），后改为藤左卫门（藤大夫），讳道芳，号文耕，第四代嫡子，大通事（1781年任）。

第六代　颍川又十郎（1760～1825），讳道恒，号文鲤，第五代女婿，生父荒木藤右卫门，大通事（1820年任）。

第七代　颍川源三郎（？～1846），讳道弘，第六代长女婿，生父白木长右卫门四子。大通事过人（1836年任）。

△颍川文之助（1802～1834），第七代养子，生父为浙江温州府籍何海庵家第六代庄右卫门子。小通事末席（1829年任），由于早于养父离世，没能继承役株。

第八代　颍川藤左卫门（？～1859），原名藤三郎，讳道恭，号春豫，第七代养子，大通事（1858年任）。

第九代　颍川四郎次（？～1860），讳道香，第八代嫡子，小通事助（1860年任）。

第十代　颍川源三郎（？～1905），原名琼一郎，讳道宏，第九代子，稽古通事（1861年任），本家末代唐通事。

第十一代　颍川喜代次，第十代子。为《光风盖宇》[①]提供陈道隆的木像图片。

二　颍川陈氏分家A

第一代　颍川藤七（1655～1713），讳茂通，原名周清左卫门，本家

① 三浦实道编，光风盖宇［M］.长崎：福济寺，1924.

第二代叶茂猷养子，生父为泉州府籍周辰官（？－1682）之子，大通事（1704 年任）。

第二代　颖川藤四郎（1681～1733），讳茂济，第一代嫡子，周辰官孙，大通事（1725 年任）。

第三代　颖川四郎太（1710～1774），讳茂矩，字光章，第二代嫡子，大通事（1747 年任）。

△颖川藤十郎（1742～1770），第三代子，小通事末席（1769 年任），早于父亲去世，未能继承役株。

第四代　颖川四郎太（1767～1820），讳延年，第三代大通事庶子（三子），由于第三代长子藤十郎早逝，名义上作为第三代的孙子继承第四代。大通事（1803 年任），唐通事诸立合（1811 年任）。

△颖川和十郎（？～1799），第四代亲兄颖川太藏（分家 B 第一代）次子，稽古通事（1794）。

△颖川广助（？～1819），讳德业，第四代女婿，小通事助（1818 年任）。

第五代　颖川丰十郎（1800～1870），讳重明，广助妻后夫，生父为陈潜明（漳州人）第六代孙西村金兵卫之子，大通事过人（1838 年任），唐通事诸立合（1858 年任）。

第六代　颖川保三郎（1831～1891），讳重宽，号莲舫，第五代嫡子，小通事助（1857 年任），外务省三等书记官，遣清大使翻译，外务省外国语学校教谕，高等商业学校教授，分家 B 末代唐通事。

第七代　颖川甲十郎（1864～1900），第六代重宽四子，没有任唐通事，台湾总督府法院翻译。

三　颖川陈氏分家 B

第一代　颖川太藏（1755～1785），讳良直，分家 A 第三代颖川四郎太（茂矩）的次子。1770 年，陈三官（原籍不明）家第四代颖川吉次郎意外把役株转让给太藏，实际就是卖役株，这在唐通事历史上少见。稽古通事（1770 年任）。

　　△颖川鹤太郎（？ ~1783），太藏嫡子，稽古通事（1783年任），早年夭折。

　　△颖川八十吉（？ ~1805），太藏二女婿，稽古通事（1785年任），未能继承役株。

　　△颖川久三郎，八十吉的养子，稽古通事（1806年任）。

　　第二代　颖川四郎八（1794 ~1858）讳雅之，号春池、淡安，久三郎养子，生父为分家A第四代颖川四郎太（延年）的嫡子，大通事（1836年任），唐通事诸立合（1847年任），唐通事头取（1857年任）。由于叶氏分家B是花钱买的役株，再加上陈三官唐通事家族本身地位卑微，始终没有出现有出息的人物，四郎八是这家最有名望的人物。

　　△颖川笃一（1818 - 1867），讳雅典，第二代雅之的长子，小通事并（无薪，1845年任），未能继承家业。

　　第三代　颖川君平（1822 ~1862），讳雅范，号雨林，第二代雅之次子，一开始被过继到福建籍卢家，由于其兄笃一早逝又回到本家继承役株，大通事过人（1861年任）。

　　第四代　颖川君平（1843 ~1919），原名驹作，讳雅文，号锦溪，第三代君平雅范的嫡子，小通事并（1864年任），叶家末代唐通事，著有《译司统谱》，曾任外务少书记官，驻纽约领事，神户税关关长。

　　△颖川春平（1863 ~1896），第四代颖川君平雅文的女婿，生父野田千秋，34岁离世。

　　△颖川君平（1892 ~1922），春平子，叶雅文外孙。

第七章　福清籍魏之琰唐通事家系

　　福清籍钜鹿魏氏家族的始祖魏之琰是最晚移居长崎的住宅唐人，作为唐通事家门，其名气并不大，进入唐通事阶层的历史不长，只出现 1 位大通事。但以魏之琰为始祖的钜鹿家族在长崎具有很高的名望，其后代与长乐籍著名唐通事刘宣义彭城氏家族联姻，拥有巨额财富，以及豪宅、别墅和楼阁，该家族慷慨解囊捐款献物，热衷于各种公益事业。钜鹿魏氏家族还是明代音乐的传播者，魏之琰的曾孙魏皓（民部）是代表人物。

　　正因为魏之琰及其后孙不仅把明代乐器带到日本，而且传播、普及明代音乐，所以中日两国音乐界学者主要从音乐角度研究魏之琰及其后孙，相关研究论文和论著有上百篇，最具代表性的是漆明镜教授的《魏氏乐谱》。

第一节　住宅唐人魏之琰

　　魏之琰（1617～1689），字双侯，号尔潜，排行九官。在日本文献里，有时把"琰"写成"瑗"，其实魏之瑗是他的亲兄魏毓祯。魏之琰早年在中国的时候是明末的仕官，后来明朝灭亡，随转成商人，参与反清复明活动，到日本长崎后主业是贸易，他首先是豪商巨贾，其次才是音乐家、慈善家，他也是爱国华侨、虔诚的佛教信徒。

一　魏之琰的出生地——福清县

　　魏之琰的出生地是福建省福清县。但就魏之琰是何方人士问题学界有不同的看法，据漆明镜①介绍，有四种不同的说法：福建、福州府、福建省福州府钜鹿人和福清人。其实，这些说法既对又不够准确。因为，首先明清时代福清县属于福建省，具体归福州府管辖；其次，他是福清县钜鹿魏氏的后人，钜鹿也可以说是钜鹿魏氏始祖的堂号，准确地说是一支魏氏的郡望，是这支魏氏的发祥地。据李吉甫的《元和郡县图志》②记载，钜鹿魏氏自两汉至西晋世代为官。魏无知是"战国四君子"之一信陵君魏无忌之孙，魏无知之五世裔孙魏歆，在西汉成帝刘骜（公元前32～公元前7年在位）时，任钜鹿郡太守，封钜鹿侯，初居下曲阳，此乃钜鹿郡魏氏之始。至后魏、北齐时形成下曲阳贵族诸魏，因下曲阳属钜鹿郡，所以郡名为堂号称"钜鹿堂"，称"钜鹿魏氏"。钜鹿也写成巨鹿，今在河北省境内。其实在日本，关于魏之琰的具体出生地没有明确的记载，大多数只说到福建省，其原因在于魏之琰作为巨商，参与了反清复明活动，再加上海上倭寇作乱，为了保全家人一直没有公开家乡的名字，直到魏之琰晚年才偶然被披露。1686年魏之琰迎来七十大寿，在日长子魏高和次子魏贵举办隆重的寿宴，宴请社会各界名流，前来祝寿的队伍中有魏之琰的亲家刘宣义（长乐籍，著名唐通事、诗人、书法家）。刘宣义亲笔写《魏之琰七十寿章》贺寿，其中有一句写道："老先生麟产福清，鹰扬闽越，冠缨代传。""麟产福清"是指魏之琰像麒麟一样，出生于福清富贵人家；"鹰扬闽越"是指作为武官，威武于闽越地区；"冠缨代传"是指其祖先是仕官，其尊位世代相传。刘宣义简单几句话把魏之琰的出生地、家庭地位以及身世说得十分清楚了。但这幅寿章是一位叫钜鹿敏子的在日魏氏后孙收藏的墨宝，很少有人知道，宫田安先生在《唐通事家系论考》中将其作为插图摘录，里面的字迹已经很难辨认，所以宫田安先生没有具体解读寿章里的这几句话。

　　那么，魏之琰到底出生于福清哪个村？最近东瀚镇文林村钜鹿魏氏第三十九代后孙魏若群等人考证，魏之琰的故居在东瀚镇西坊村。笔者在魏若群先生的陪同下造访过文林村魏氏总祠（见图7-1）。东瀚镇位于龙高

---

① 漆明镜. 魏氏乐谱 [M]. 上海：上海音乐学院出版社，2011：6-7.
② 李吉甫. 元和郡县图志 [M]. 北京：中华书局，2008.

半岛东南端，从东瀚镇驱车向南约行驶七八分钟就到了文林村。在这里笔者查阅了光绪二十六年（1900）撰修的《钜鹿魏氏总谱》（见图7-2）。据族谱记载，入闽迁居始祖是魏看公，最初迁居地是福清清远里罂山，其

图7-1　文林村魏氏总祠

注：位于福清市东瀚镇文林村，左二为魏若群，右一为魏季斌。

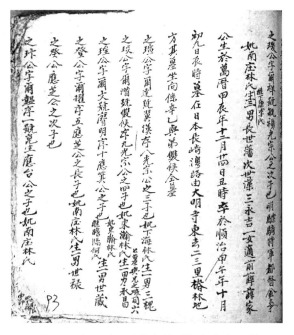

图7-2　记入魏之琰信息的《钜鹿魏氏总谱》

子孙儿经迁移最终择居东瀚文林村。此后魏看祖爷一脉根深叶茂，繁衍八闽各地乃至海外。追溯魏看，其先祖是迁润州上元县（今属江苏省）的魏锜，他的第十三代后孙是唐代著名宰相魏征，魏看是第二十二代。魏之琰是魏征的后孙。魏氏总祠始建于宋代开禧元年（1205），由魏看第十一代孙魏舆（大理寺评事魏吉甫之父）在文林村兴建。魏舆之父第十代魏宾从文林村分家移居邻村——西坊村，魏看的第二十八代是魏之琰。从第十一代到第二十八代之间，世代居住在西坊村，靠勤劳智慧依山打造了一座"十八堂"，远近闻名。随着时间的流逝，十八堂已经荡然无存。

《钜鹿魏氏总谱》里有关魏之琰的很多信息与日本文献相吻合。比如：魏之琰的名字、字、号、排行，以及其兄叫魏毓祯，其墓地在长崎。这说明，魏之琰虽然离开故土后再也没有回来，但他与家人始终保持联系。在长崎有一座前方后圆形墓地，这是魏之琰和亲兄魏毓祯的墓地，其正面的墓碑上刻有"孝子永昌、清左卫门永时、清兵卫永昭同百拜立"。这座墓地现位于长崎市西山本町10番地（见图7-3）。宫田安说，钜鹿魏氏第九代钜鹿贯一郎（1868~1929）的信函中提道，魏之琰在中国的长子魏永昌曾去过长崎。看来魏永昌了解父亲在日本的情况，曾经参与过家谱的修订，否则无法记载魏之琰兄弟在长崎的墓地方位。

图7-3　魏之琰兄弟之墓

资料来源：吉星摄。

但《钜鹿魏氏总谱》里有一些信息在日本文献中从未涉及，主要有：

第一，魏之琰的父亲魏光宗，是太学士。明清时期的太学（相当于古代的国立大学）是国子监的俗称，在此毕业的学生叫太学生。

第二，魏之琰是唐代著名宰相魏征的后孙。

第三，魏之琰是魏光宗公的四子。二兄魏毓祯，俗名魏之瑗，字尔祥，"毓祯"是号，是明朝将军、仕官，其官职，一是明朝骠骑将军，官位相当于二品或从二品；二是都督佥事，相当于中央军事长官的助手。

第四，魏之琰与林氏所生儿子魏永昌（1640～1693），是邑庠生，也就是县学生，在福州府任职，官位为候补州同知。清代同知是府（州）知府的副职，正五品，候补同知应该是同知的助手。

笔者在《海峡都市报》看到李熙慧的一篇报道，题为《日本民间音乐鼻祖——福清人魏之琰》，指出："近日，福州一藏家得一方清代墓志铭。经辨认，是明末清初前往日本的很重要的音乐家魏之琰夫妇及其长子夫妇的寿藏合葬墓志铭。经过专家解读，通过这块最近发现的《待诰赠国学生双侯魏先生元配林太孺人寿藏男候补州同知芑水公媳郑宜人合葬志铭》，得出魏之琰是福州福清人。"①

这座寿藏墓是谁修建，墓志铭碑又是谁立的呢？日本宫田安先生有关魏之琰家世的考证与《钜鹿魏氏总谱》里的记载基本吻合：魏之琰在中国有林氏夫人（正室），儿子叫永昌。这就是说魏之琰离开福建到东京（越南），并在那里又娶武氏，生育魏高和魏贵，之后又带着两个儿子赴日定居长崎，但他没有遗弃正室，留在中国的儿子与魏之琰保持着联系，魏之琰也尽了对正室和儿子的义务，况且魏之琰离开中国是迫不得已的。所以，留在中国的魏氏后代没有忘记魏之琰，嫡长子永昌在魏之琰生前为父母和自己夫妇预筑坟墓，寿藏就是生前预筑的坟墓，这是中国古代富有人家常有的习俗。由此可以断定，这块墓志铭就是魏之琰儿子永昌立的。据魏若群先生介绍，这座寿藏墓地与永昌本人的实墓在福州周围，族人多方寻找，但至今无果，墓志铭碑现收藏在泉州海上交通博物馆。

---

① 李熙慧. 日本民间音乐鼻祖——福清人魏之琰 ［N］.海峡都市报，2015－10－26（A15）.

魏之琰先后娶两位妻子，中国的妻子林氏为正室，福清县人，生有一子，名为永昌。东京（越南）的妻子为侧室，越南王侯武氏之女，生有魏高、魏贵两个儿子。1672 年，魏之琰携魏高、魏贵和家仆魏熹定居长崎，没有带妻子武氏，之后再也没有回到侧室身边。武氏不久改嫁，夫为黎姓东京（越南）人，生有一男（黎廷相）和一女（黎氏玖）。武氏离世四年后（1701），黎廷相给日本的同母异父之兄魏高、魏贵送去了讣告。魏高与魏贵的后孙没有忘记祖母武氏，制作了魏之琰与武氏的牌位，供奉在崇福寺祠堂里。

二　魏之琰是豪商巨贾

魏之琰的身份很特殊，也很复杂。魏之琰在日本声望很高，几乎家喻户晓。他虽然是豪商巨贾，也是著名的慈善家，但其声望不是来自富商身份，也不是因为慈善家身份，主要是因其音乐家身份，他是日本江户时期明代乐器及明乐的第一传播者。

魏之琰是商人，而且是富豪巨贾。他在日本主要从事海上贸易，这一家业一直延续到第六代，第七代钜鹿祐十郎（明道）开始步入唐通事阶层，逐渐转成长崎地方仕官。魏之琰正式移居长崎之前，与家兄魏毓祯移居东京（越南），穿梭于东京（越南）与长崎之间，进行海上贸易，据说在东京（越南）成立了商会，积攒了巨额财富。1654 年，其兄长魏毓祯在东京（越南）去世，魏之琰单打独斗 18 年后，于 1672 年正式移居日本，向长崎奉行提交定居申请，父子三人及其家仆魏熹获得住宅唐人的身份。魏之琰在长崎不仅有豪宅，而且有豪华楼阁。魏氏楼阁名曰"凌云阁"，位于长崎市酒屋町，木质结构，其木材是香木，专程从中国采购，其居室为明代汉式风格，庭院豪华壮观，室内装饰考究，宛如宫廷别院。到长崎访问的大名等达官显贵都以入住凌云阁为荣，1681 年，日本御上使（中央派遣的巡按）奥田八郎右卫门到访，包括随行官兵共 35 人下榻魏氏私家的凌云阁，1684 年御上使小田切喜兵卫到访，包括随行官兵共 36 人下榻凌云阁。木庵禅师为凌云阁写了五言绝句《秋登凌云阁》。这座楼阁一直传到第四代钜鹿太左卫门（道流，魏之琰曾孙），1775 年被一场大火烧毁，其香木燃烧的熏香味道远飘到长崎市街，人称一绝。

那么，魏之琰这个富商，到底富到什么程度？日本文献没有具体记载，李熙慧记者说魏之琰在长崎有私人码头仓库、远洋运输船队等资产，家有佣人数百人，富甲一方。还说魏之琰曾资助安南（今越南）太子白银 5000 两。这些说法没有可靠的依据，但足以说明魏之琰的富裕程度。

魏之琰于 1672 年携两个儿子和家仆魏熹赴日本，图 7 - 4 是《魏之琰渡海图》。这幅画是由福济寺于二战前（大正十三年，1924）出版的《光风盖宇》收录，千呆禅师题赞，由一位叫田江茂助的日本人收藏。这幅图是美术作品，作者不详，描绘了魏之琰带着两个儿子乘风破浪渡海的情景，旨在赞美魏之琰不畏艰险的英雄主义精神。其实，魏之琰渡海不是靠简单的木板船，而是自家的大型商船，安全性较高。

图 7 - 4　《魏之琰渡海图》

资料来源：三浦实道编《光风盖宇》。

三　魏之琰是长崎第一慈善家

魏之琰是江户时期长崎第一慈善家，与他的亲家刘宣义（长乐籍）齐名。魏之琰施善并不是到长崎后才开始，移居长崎之前，在进行长崎与东京（越南）之间的海上贸易期间就已经慷慨解囊，建桥铺路，修建寺院，为长崎社会、经济、文化发展做出了巨大贡献。

（一）移居长崎之前

1635～1672 年，住在东京（越南）期间，魏之琰和魏毓祯兄弟为长崎捐款行善的事迹主要有（依据《唐通事家系论考》整理）：

1635 年，魏之琰 19 岁，捐款兴建日本长崎崇福寺殿堂与妈祖堂。

1647 年，31 岁，为崇福寺铸造梵钟铭，捐献 150 两银。

1650 年，34 岁，兄长魏毓祯在长崎为禅林寺捐献石坛。

1656 年前后，魏之琰在长崎酒屋町用香木建造中国式楼阁——凌云阁，高可观海。

1668 年，52 岁时，成为崇福寺四大檀越（缘首、捐款数额大）之一。

1669 年，捐银 500 两为崇福寺妈祖堂前的道路铺设石板并改建妈祖堂门，历经 3 年修好。

（二）移居长崎之后

1672～1689 年，魏之琰移居长崎后的行善事迹主要有：

1679 年，63 岁，在日本长崎的本古川町与本绀屋町之间捐资建造石桥，当时石桥在长崎属于首例，在为长崎居民提供方便的同时，也祈愿家人安康、繁荣。

1680 年，64 岁，捐建松森神社大门，至今犹存。

1681 年，65 岁，捐建崇福寺大雄宝殿加层（加高）。至今大雄宝殿悬挂的牌匾左边提名有"弟子何高材魏之琰仝立"（1646 年由何高材捐建，35 年后由魏之琰捐资扩建）。

崇福寺把魏之琰列为檀首，这意味着崇福寺的日常维持以及举办大型法会、施粥等活动，都离不开魏之琰的扶持。

魏之琰与其兄魏之瑗（魏毓祯）在日本长崎，慷慨解囊，对当地经济、社会、文化繁荣与发展做出了巨大贡献，深受日本江户时期统治阶级及长崎人民和华侨的爱戴。魏之琰所捐建的崇福寺、桥梁等建筑物被列入长崎市"文化财"（文化遗产），至今保存完好。

四 魏之琰是著名的明乐传播人

魏之琰是音乐传播人。作为音乐家，应该在音乐演奏以及音乐创作和研究方面做出过杰出的贡献。但在现有的日本文献里，找不到魏之琰作为音乐家的具体记载。《君山先生传》开头写道："四世祖，双侯字之言，明朝仕人也，通朱明之乐。崇祯中，抱乐器而避乱，遂来吾肥前长崎而家焉，传习至先生。"

根据这一说法可知，第一，魏之琰通明乐，会演奏各种乐器；第二，魏之琰是带着明代乐器到日本的。魏之琰也曾经到京都河原御殿泉水给大名等达官显贵演奏过。所以，魏之琰顶多是个音乐爱好者，没有达到音乐家的程度。但是，魏之琰作为明代乐器和明乐第一传播人，被称为音乐家也并不过分。

钱仁康说，明末宫廷乐师魏双侯（魏之琰），崇祯初，因时局动荡，离职返乡，与其兄一起泛槎南海，去安南（今越南）经商，并多次到达日本。[①] 由于作者没有标注出处，因此这一说法缺乏可信度。李熙慧记者也说，魏之琰原本是宫廷乐师，1673 年（日本延宝元年），他奉命到日本京都天皇御苑演奏明朝音乐。美妙动听的音乐被称为天籁，引起当时皇宫王族的巨大反响，在江户时期几百年间盛行不衰。这种说法也缺乏依据。

那么，魏之琰到底带了哪些乐器？江户时期有一本安永年间（1772～1781）的手抄本《轮池丛书》（作者不详），收录了魏皓的弟子筒井景周木刻版的《魏氏乐器图》，弟子思堂茅元澄写了引子，所列的乐器、服饰、演奏模式如图 7 - 5 至图 7 - 11 所示。

（1）演奏模式 2 种：坐乐式（见图 7 - 5）、立乐式（见图 7 - 6）。

（2）服饰 4 种：服装 1 件（见图 7 - 7）、帽子 3 顶（见图 7 - 8）。

（3）乐器 13 种：龙笛、长箫、巢笙、觱篥、瑟、琵琶（见图 7 - 9）、月琴、大鼓、小鼓、云锣（见图 7 - 10）、檀板、春牍（见图 7 - 11）、

---

① 钱仁康.《魏氏乐谱》考析［J］.音乐艺术, 1989（4）: 38 - 39.

洞箫。

　　由此看来，虽然魏之琰传播到日本的乐器数量只有13种，按照现在的标准属于小型规模，但是300多年前收集这么多乐器不仅花费大量银两，而且需要专业知识，实属不易。只有腰缠万贯，拥有自家商船，且爱好音乐的魏之琰这样的人才能做得到。从两种演奏模式看，乐队需要20多人，要穿戴明代服饰，在江户时代的日本，这样的乐队规模相对庞大，而且奢华，只有有钱有势的贵族阶层才可以组建这种乐队，也只有贵族才可以享受。

　　魏之琰带到日本的乐器和明乐属于宫廷音乐。现摘录部分图，以飨读者。

图 7-5　坐乐式演奏

资料来源：《轮池丛书》。

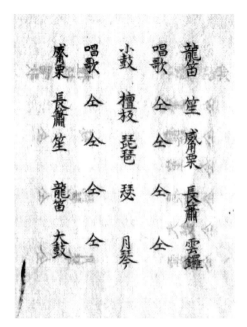

图7-6 立乐式演奏

资料来源：《轮池丛书》。

图7-7 服饰：明代服装

资料来源：《轮池丛书》。

图7-8　服饰：明代帽子

资料来源:《轮池丛书》。

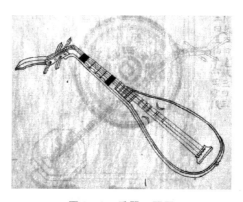

图7-9　乐器：琵琶

资料来源:《轮池丛书》。

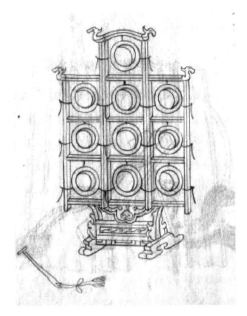

图7-10 乐器：云锣

资料来源：《轮池丛书》。

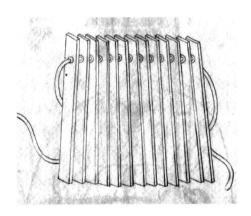

图7-11 乐器：舂牍

资料来源：《轮池丛书》。

五 魏之琰是明代遗民、虔诚的佛教信徒

魏之琰是明代遗民，他离开故土是因为抵抗清军，迫不得已才妻离子

散。《译司统谱》① 记载："九官奋志恢复明室，与朱舜水前往安南，说服国王，乞求援兵。"这说明，魏之琰与朱舜水早在去长崎定居之前就认识，并有来往。《朱舜水集》中收录了《答魏九使书》②，信中说道："来年事成，必住长崎，甚为长算。"这说明这封信是 1659 年朱舜水到日本长崎之前，也就是朱舜水奋波于中国、安南（今越南）、长崎之间，进行反清复明活动期间给魏之琰的复信，此时魏之琰住在东京（越南），进行东京（越南）与长崎之间的海上贸易。信中提到"来金五两，藉手附璧"，这说明魏之琰为朱舜水提供过活动经费。朱舜水在这封复信中，谦称自己为"弟"，其实朱舜水比魏之琰年长 17 岁。信中称呼魏之琰为亲翁，以此有人说他们的子女之间有婚姻关系，如果属实，何时结亲有待考证。

魏之琰也是虔诚的佛教信徒，捐款捐物给长崎崇福寺，成为崇福寺大檀越。除此之外，魏之琰与黄檗东渡名僧交往亲密，得到了他们的尊重，也从侧面反映了他的佛教信徒身份。

1655 年，隐元晋山（在日语里"晋山"是指新来住持初次入住寺院）崇福寺。此时，魏之琰还在东京（越南），但经常到长崎，与当地华人很熟。在这之前，1635 年魏之琰 19 岁时，为长崎崇福寺捐款兴建殿堂与妈祖堂，早已成为崇福寺大檀越。所以，隐元入住崇福寺时，迎接他的 14 位檀越代表中就有魏之琰的名字。隐元入住崇福寺不久，魏之琰的家兄魏毓祯在东京（越南）去世，魏之琰设斋请隐元上堂念经。在《新纂校订隐元全集》中，魏之琰的名字出现 6 处，其中《结夏知浴惟一同檀越尔潜魏居士设齐请上堂》和《复魏尔潜居士》2 篇是专为魏之琰写的法语和书信。

1661 年，隐元迎来七十寿辰。此时，魏之琰还是没有获得住宅唐人的身份，作为"渡航唐人"为隐元祝寿，并敬献《魏之琰祝隐元七十寿章》③，寿章写道：

中岳巍巍接比丘，

① 颖川君平. 译司统谱［M］.1897：6.
② 朱舜水. 朱舜水集：上［M］.北京：中华书局，1981：48–49.
③ 平久保章编. 新纂校订隐元全集：第十一卷［M］.东京：开明书院，1979：5352.

岁寒松柏始知周。

潜成龙虎翻无异，

藏满烟霞吐不休。

随喜拈来黄檗果，

因缘种落扶桑洲。

开花结实千年事，

才长而今七十秋。

这是一首七律，魏之琰俨然具有诗人的风范，文采斐然，其文化素养之高，与其富豪巨贾和音乐家身价相吻合。

1657 年，即非禅师应隐元大师的召请到长崎。1658 年，崇福寺举行隆重开堂仪式迎接新的住持。此时，魏之琰也没有获得居住权，但是作为崇福寺大檀越，与其他 13 位檀越代表一道迎接即非。《新纂校订即非全集》中有 7 处魏之琰、魏毓祯的名字，其中《开炉结制——居士捐金充知浴请上堂》里记载着魏之琰兄弟为崇福寺所做的丰功伟绩。

1655 年，木庵禅师率慈岳、喝禅①等门人到长崎入住兴福寺，1660 年进京（京都）登宇治黄檗山。木庵禅师在长崎兴福寺 6 年期间，魏之琰与木庵也有过多次交往，《新纂校订木庵全集》中有 3 篇是为魏之琰写的信和法语。木庵禅师还为魏氏凌云阁写了五言绝句《秋登凌云阁》。

长乐籍千呆禅师于 1657 年随即非禅师东渡日本，继即非之后任崇福寺住持。千呆作为崇福寺住持，也离不开魏之琰等大檀越的支持，《魏之琰渡海图》就是由千呆禅师题赞，还有其他类似的题赞。

第二节　著名音乐家魏皓

魏皓（1728～1774），原名富五郎，讳皓，字子明，号君山，在日本一般使用钜鹿民部之名。魏皓是魏之琰的嫡曾孙，追溯其家系，曾祖魏之

---

① "喝禅"有的文献写作"渴禅"。

琰—祖父魏贵—父魏明规。他是魏氏家族里唯一一个富而不骄，奢而不靡，放弃家产继承权，专心追求音乐的才子。

宫田安在《唐通事家系论考》①一书中说，钜鹿祐五郎（第五代）于文化五年（1808）呈交江府魏氏《由绪书》。概括其内容，主要有：

第一，魏皓没有继承父辈的家业，上京（京都）改名为民部，以君山为号，专心作明乐之师范。

第二，在京都得到上野国伊势崎藩（今群马县）大名酒井雅乐头的赏识，获得"御扶持"，受到"堂上方"（公卿贵族）的邀请，1772年在河原御殿泉水演奏了"船乐"。之前，魏之琰也在此演奏过明乐。近卫关白（天皇的辅佐官，太政大臣）也欣赏过魏皓演奏的明乐，在场的公卿大人有栖川宫（日本皇室世袭亲王宫家）和冷泉为村（1712～1774，江户时代公卿、歌人）都赋诗赞赏。

筒井景周的《魏氏乐器图》中有魏皓先生的肖像1幅（见图7-12）和筒井景周写的《君山先生传》。

图7-12　君山魏皓肖像

资料来源：《轮池丛书》。

---

① 宫田安．唐通事家系论考［M］．长崎：长崎文献社，1979：985.

《君山先生传》是魏皓的门人筒井景周于 1780 年，也就是魏皓离世 6 年后写的，其中记载了魏皓的历史功绩，主要有以下几个方面的内容：

第一，魏皓具有音乐天赋。"先生自幼妙解音律，其家传之乐，无不穷尽其技矣。"也就是说魏皓所传习的音乐是魏氏家传的，他自幼聪明好学，悟性高，能妙解各种音律，会演奏所有乐器，而且达到"穷尽其技"的程度。

第二，在京都传播明乐。魏皓觉得长崎地域有限，传播音乐不够广，于是到京都，一开始教给"同好"，不久其名声传开了，人们纷纷慕名而来相聚，声名藉甚。魏皓在京都居住十余年，收徒百余人，他的徒弟里最出名的是筠圃宫氏（1717～1774，江户时期儒学家、画家）。魏皓的名声传至大名公卿，近卫相公在他的别殿（正殿以外的殿堂）邀请魏皓，魏皓率门人数十人前往演奏明乐，相公大悦，并大赏，此事在公卿之间传开，魏皓名声更加显著，叫人仿制乐器服装，让各位近臣学习，明乐一时风靡京都。

第三，魏皓的遗嘱及其门人。魏皓在京都度过 10 年后，由于患病回到长崎，1774 年在家离世。魏皓把音乐视为生命，死后希望有人继续传习，在弥留之际留下了遗言，托人送到京都门人，写道："吾死则乐殆泯乎？若有续吾志者，亦无遗憾矣。"京都里的门人接到遗言，纷纷表示愿意继续传播魏氏乐，门人结社而绍遗业者数十人。魏皓所传明乐达 200 多首，其门人得其传者仅百余首。

魏皓作为音乐家，在普及、传播明乐的实践方面，引发了轰动效应。但魏皓的历史贡献不仅仅停留于此，还有他所编辑的《魏氏乐谱》。魏氏音乐之所以得到更广泛的传播，以致名垂后世，就是得益于这部乐谱。《魏氏乐谱》由魏皓编辑，其门人平信好师古考订，于 1768 年江户、大阪、京都的书林发行。[①] 据漆明镜教授的《〈魏氏乐谱〉解析》，魏皓只是在明乐影响力逐渐扩大，学徒不断增多的情况下，为克服乐谱抄写的不便而将其编辑成册。[②] 现在中国古代歌曲、曲谱流传下来的极少，明代歌曲、

---

① 宫田安.唐通事家系论考［M］.长崎：长崎文献社，1979：985.
② 漆明镜.《魏氏乐谱》解析［M］.上海：上海音乐学院出版社，2011：引言.

曲谱、歌词多已失传，这部乐谱在世界音乐史上被称为"音乐的宝典""活化石"。[①] 这部乐谱不仅是研究明乐等古典音乐的重要依据，也是中日音乐以及文化友好交流史的重要佐证材料。

魏皓是日本江户时期的著名音乐家，他出身于华人富商家庭，不迷恋家产，也无心继承家业，而是专心追求音乐，传播音乐，把自己短暂的生命全部献给音乐普及事业，他是中日两国人民的骄傲，他的英名永远铭刻在中日两国音乐人的心里。

第三节　以魏之琰为始祖的唐通事家系

以魏之琰为始祖的钜鹿魏氏是后起的唐通事家族，因魏之琰移居长崎时间比较晚，本家只出现 2 位唐通事，分家则有 4 位唐通事，共计 6 人。第七代钜鹿祐十郎 9 岁时被任命为稽古通事，1835 年升至小通事，第八代由上代的女婿继承家业，升至小通事末席，之后唐通事体制解体。彭城刘氏分家 C 实际上是钜鹿魏氏分家，从魏之琰的曾孙彭城清八郎开始，出现 1 个大通事，3 个小通事格，但以彭城氏名义世袭。钜鹿魏氏与彭城刘氏家族之间有姻亲关系，两家都是长崎富商华人，真可谓门当户对，世代友好。

一　钜鹿魏氏本家

第一代　魏之琰（1617～1689），字双侯，号尔潜，排行九官，1672 年移居长崎，住宅唐人，福清籍巨商。

△魏毓祯（？～1654），六官，魏之琰的兄长，捐款为长崎禅林寺修建石阶。

△钜鹿清左卫门（1650～1719），中国名魏高，号永时，魏之琰的长子，母亲为越南武氏，1672 年移居长崎，住宅唐人。1694 年，与弟魏贵捐款修建长崎广福庵。

---

① 魏若群. 明朝古音乐《魏氏乐谱》中歌词读音与当时语言环境 ［N］. 福清侨乡报，2016 – 03 – 17.

△钜鹿九右卫门（1688～1725），后改为清兵卫，讳宽明，魏高之子。

△钜鹿清次郎（？～1734），魏高之子。

第二代　钜鹿清兵卫（1661～1738），中国名魏贵，永昭，法名道伟，魏之琰次子，母亲为越南武氏，妻子为著名唐通事刘宣义（长乐籍）的女儿梅梦。1672 年移居长崎，住宅唐人，1718 年剃度出家，捐款铸造石动山观音寺、圣福寺梵钟，为皓台寺捐赠罗汉像 3 尊。

第三代　钜鹿太左卫门（1728～1769），讳明规，魏贵之子，妻子彭城刘氏之千金，有 10 个儿女（7 子 3 女）。

△钜鹿民部（1728～1774），原名富五郎，讳皓，字子明，号君山，魏明规长子，著名音乐家，著有《魏氏乐谱》。

△彭城清八郎（1748～1814），魏明规九子，彭城刘氏分家 C 第二代女婿，大通事（1798 年任），值组定立合通事兼唐通事目附（1809 年任）。其实彭城刘氏分家 C 实际就是钜鹿氏分家。

第四代　钜鹿太左卫门（1734～1803），原名九十郎，法名道流，魏明规四子，继承家业后患眼疾，后由七弟祐五郎接替，剃度隐居，在崇福寺即非禅师百年大远忌（圆寂 100 周年）之际，与七弟捐银 43 文目。

第五代　钜鹿祐五郎（1742～1823），讳明生，为明规七子，1790 年继承家业，1793 年捐施粥米 2 俵，其孙百太郎任稽古通事（1809 年任）。

第六代　钜鹿清三郎（1782～1840），讳明之，魏明生之子，妻子为彭城氏。

第七代　钜鹿祐十郎（1801～1841），原名百十郎，讳明道，明之嫡子，9 岁任稽古通事，后升至小通事（1835 年任），钜鹿本家第一个唐通事。

第八代　钜鹿笃义（1830～1892），原名太作，魏明道女婿，生父初村驹百，小通事末席（1851 年任），钜鹿本家第二代唐通事，也是末代唐通事。1870 年即非圆寂 200 周年之际献 1 俵米，1874 年"牡丹社事件"发生，第一次进攻台湾时期任翻译官。崇福寺檀越总代（第一檀越）。

第九代　钜鹿赫太郎（1860～1933），魏笃义二女婿，台湾总督府翻译官。1926 年，黄檗宗管长隆琦大雄赴福建黄檗山万福寺参谒之际绕道台湾时，赫太郎曾去迎接。

△钜鹿贯一郎（1868～1929）魏笃义长子，伪满洲朝鲜银行职员。

第十代 钜鹿义明（1909～1966），第八代魏笃义次子诚一郎的长子，因父亲早逝成为赫太郎养子，东京大学法学部毕业，台湾总督府判官（法官），后专任东京地方裁判所判事（法官）。

第十一代 钜鹿直贤，钜鹿义明长子。

△钜鹿明弘，钜鹿义明次子。

△钜鹿健吉，钜鹿义明三子。

二 钜鹿魏氏分家（彭城刘氏分家C）

第一代 彭城仪藤太，彭城刘氏（刘宣义）本家第三代素轩子，彭城刘氏分家C始祖，稽古通事（1738年任）。

第二代 彭城九十郎（虎之助），稽古通事（1747年任），转让役株给钜鹿氏。

第三代 彭城清八郎（1748～1814），第二代义子，福清籍魏之琰曾孙，父亲钜鹿太左卫门，大通事（1798年任），值组定立合通事兼唐通事目附（1809年任）。

第四代 彭城安六（明忠），第三代子。小通事末席（1798年任）。

第五代 彭城清四郎（龟松），讳惟明，第四代子，小通事助（1825年任）。

第六代 彭城清左卫门，第四代安六之弟，小通事末席（1836年任），分家末代唐通事，因黑市交易被捕，被开除唐通事职位。

三 以魏熹为始祖的魏氏东京通事家系

东京通事是越南通事，这里的东京是指今越南北半部。东京通事于日本明历年间（1655～1658）始设，最初由东京久藏担任，第二任开始由魏之琰的仆人魏熹及其后代世袭，其家族共有5人担任正式的东京通事。东京通事有别于唐通事，不仅人数少，而且不分级别，薪水只相当于最低级唐通事（内通事）的收入，俸禄只有1贯目，这跟唐通事最高级别薪水35贯目比相差悬殊。但是魏熹及其后代掌握三种以上语言，尽管日本与越南

（东京、安南）的贸易很少，外国贸易船最多的 1688 年，也只有 1 艘东京贸易船、1 艘安南贸易船进出长崎①，但比较开明的长崎奉行，仍然保留这一职位以保存外语人才。

第一代　魏五平次（1659～1712），原名魏熹，讳喜宦，字伍伯。出生于越南东京，是越南人，1672 年随魏之琰父子移居长崎，获得住宅唐人资格，1699 年作为第二任东京通事继任。

第二代　魏五左卫门（1685～1756），第一代子，1712 年继任东京通事。

第三代　魏五平次（1732～1781），第二代子，1757 年继任东京通事。

第四代　魏五左卫门（1757～1834），第三代子，1781 年继任东京通事，1796 年誊写福州话读本《译词长短话》共五册，这是在闭关锁国的年代，少有的语言学教材，唐通事把它视为珍宝。这是把唐话、安南话、东京话、梵语、荷兰语、印第安语等多国语言，用魏氏假名标注的语言学书籍。

第五代　魏丰太郎（1795～1849），第四代子，17 岁成为见习通事，1843 年正式接任东京通事。

第六代　魏五平治（1836～1887），第五代子，兼职东京通事，未正式上任。

第七代　魏大四郎（1874～1944），第六代女婿。

附录：

魏之琰出生地探访记

魏之琰（1617～1689），字双侯，号尔潜，排行九官。他早年在中国的时候是明末的仕官，随着明朝的覆灭，以商人的身份参与反清复明活动。魏之琰到日本长崎后的主业是贸易，他是长崎豪商巨贾，同时是音乐

---

① 大庭修．日中交流史话［M］.大阪：燃烧社，2015：38.

家、慈善家，也是爱国华侨，虔诚的佛教信徒。魏之琰唐通事家系是笔者科研项目"明清之际日本长崎福建籍唐通事研究"中 25 家福建籍唐通事之一。

有关魏之琰的事迹，主要在日本文献里有记载。在国内，解放前的文献里基本找不到魏之琰的名字。日本文献只记载魏之琰的出生地是福建省福清县。就魏之琰是何方人士问题学界有不同的看法，几十年来中日两国音乐界和史学界学者争论不休。在日本，魏之琰之所以没有公开国内的具体地址，是有原因的。魏之琰作为巨商，参与了反清复明活动，再加上明清之际海上倭寇作乱，所以为了防止清兵和倭寇的侵袭，也为保全家人，他一直没有公开家乡的名字，只有亲友了解，直到魏之琰晚年才偶然被披露。1686 年魏之琰迎来七十大寿，他的亲家刘宣义（长乐籍，著名唐通事、诗人、书法家）亲笔写《魏之琰七十寿章》贺寿，其中有一句"老先生麟产福清，鹰扬闽越，冠缨代传"。这才第一次公开魏之琰是福清人。

那么，魏之琰到底出生于福清什么村？最近文林钜鹿魏氏第三十九代后孙魏若群等人考证，魏之琰的故居在东瀚镇西坊村。笔者通过钜鹿魏氏宗亲魏春（福鼎民族中学校长）找到魏若群先生，在他的陪同下，冒着太阳雨踏访了魏氏总祠所在的文林村。东瀚镇位于龙高半岛的东南端，原名东限，俗称瀚江，明初又以东临浩瀚海洋改今名。从东瀚镇驱车向南约行驶七八分钟就到了文林村。魏氏总祠就坐落于这里，宗祠古朴、典雅、壮观，由宗亲捐款 400 多万元，于 2017 年改建，可同时容纳 1000 多人，祠堂南侧是一排古老的清代民居。

接待我们的是古稀老人魏氏宗长魏季斌老先生。魏季斌老人是村小退休教师，身体硬朗，步履稳健，说起魏氏祖先，思维敏捷，娓娓道来。据老人介绍，入闽迁居始祖是魏看公，最初迁居地是福清清远里翠山，其子孙几经迁移最终择居东瀚文林村。此后魏看祖爷一脉根深叶茂，繁衍八闽各地乃至海外。追溯魏看，其先祖是迁润州上元县（江苏省）的魏锜，他的第十三代后孙是唐代著名宰相魏征，魏看是第二十二代。魏之琰是魏征的后孙。魏氏总祠始建于宋代开禧元年（1205），由魏看第十一世孙魏舆（大理寺评事魏吉甫之父）在文林村兴建。魏舆之父第十代魏宾从文林村分家移居邻村——西坊村，魏看的第二十八代是魏之琰。从第十一代到第二十八代，世代居住在西坊村，靠勤劳智慧依山打造了一座"十八堂"，远近闻名。随着岁月的流逝，十八堂已经荡然无存。

老人还介绍说，他出生于1944年，儿时记得，村里人传说魏之琰会演奏古代工尺谱（上、尺、工、凡、合、四、乙等）。村里人还传说，魏氏家族拥有99艘货船，其中3艘是桅杆风帆船。

魏若群先生带我们参观了位于文林村西侧的古代洋坪港，距文林村只有1000米左右，码头原址对面是文关岛，这里风平浪静，是个泊船的好地方。魏先生说，这个码头就是魏之琰家族货船停泊之地，也是魏之琰兄弟出海始发地。东瀚一带土地少且贫瘠，历来就有闯海淘金的传统，多数移民就是从这里离开故土的。这个传统延续至今，现在几乎每户都有一两人在海外，主要是日本。

听老人讲完魏氏故事后，笔者介绍了来意，老人家马上从柜子里找来了光绪二十六年（1900）撰修的《钜鹿魏氏总谱》。仔细查阅家谱后发现，魏之琰的很多信息与日本文献相吻合。比如：魏之琰的名字、字、号、排行，以及其兄叫魏毓祯，其墓地在长崎。这说明，魏之琰虽然离开故土后再也没有回来，但他与家人始终保持联系。魏之琰离世后，其子永昌去过日本，在日本立了墓碑，并刻入自己和日本两个同父异母弟弟魏高、魏贵的名字。看来魏永昌曾经参与过家谱的修订，否则无法记载魏之琰兄弟在长崎的墓地方位。但日本文献对魏之琰家系的个别记载有误，如日本学者宫田安认为"琰"与"瑗"两字日语读音相同（えん），其意都是"玉"，故把"琰"与"瑗"混淆，其实魏之瑗是魏毓祯。

眼前的族谱里还有一些信息在日本文献中从未涉及，主要有：

第一，魏之琰的父亲魏光宗，是太学士。明清时期的太学（相当于古代的国立大学）是国子监的俗称，在此毕业的学生叫太学生。

第二，魏之琰是唐代著名宰相魏征的后孙。

第三，魏之琰是魏光宗公的四子，二兄魏毓祯，俗名魏之瑗，字尔祥，"毓祯"是号，是明朝将军、仕官，其官职，一是明朝骠骑将军，官位相当于二品或从二品；二是都督金事，相当于中央军事长官的助手。

第四，魏之琰与林氏所生儿子魏永昌（1640～1693），是邑庠生，也就是县学生，在福州府任官，官位为候补州同知。清代同知是府（州）知府的副职，正五品，候补同知应该是同知的助手。

附：魏氏（魏看公支系）家谱

始祖魏看公

第二世魏先公

第三世魏偾公

第四世魏瑄公

第五世魏颇公（排行老四）

第六世魏均公

第七世魏郁公

第八世代魏轩公

第九世魏谱公

第十世魏宾公（西坊支）

第十一世魏舆公（大理寺评事）

第十二世魏希甫公（字吉甫，兼文武）

第十三世魏光朝公

第十四世魏文炳公

第十五世魏良能公

第十六世魏益椿公

第十七世魏必德公

第十八世魏士铨公

第十九世魏淳公

第二十世魏枌公

第二十一世魏燨公

第二十二世魏垔公

第二十三世魏元钟公

第二十四世魏仕洪公

第二十五世魏枢公

第二十六世魏大观公

第二十七世魏光宗公，字德享，号熙万，太学士，姒东瀚林氏，生四男，长志科、次之瑷、三之瑄、四之琰。

第二十八世魏志科公，光宗公长子。

△魏之瑷公，字尔祥，号毓祯，光宗公次子，明骠骑将军，都督金事。姒南庄林氏生三男一女（适），公生于万历甲辰（1604）十二月二十日，卒于顺治甲午（1654）。墓在长崎粤路由大明寺东去二三里椿林地方，其墓坐向系辛乙与弟双侯同墓。

△魏之瑄公，字尔达，号翼汉，序八，光宗公三子，姒下海林氏。

△魏之琰公，字尔潜，号双候，序九，光宗公四子，姒下东瀚林氏，生一男永昌。

第二十九世魏永昌公，字叔燕，号芭水，序十，邑庠生，之琰公之子，姒上郑郑氏，清候补州同知。

第八章　沙县籍卢君玉唐通事家系

日本江户时期，长崎的福建籍华人主要来自福州、泉州和漳州等沿海地区。由于交通、信息的闭塞，福建内地很少有人去日本。但是，在日本文献中却频繁出现来自福建内地延平府沙县的儒商——卢君玉的名字。他是唯一来自福建内地并留芳日本史册的著名住宅唐人。在日本江户时期，他的后孙扎根异国他乡，与日本结下深厚的情缘。他的后孙才华横溢，人才辈出，不仅世代继任唐通事，而且出现了日本锁国时代本草学鼻祖卢草硕（君玉之孙），日本江户时期天文学者卢草拙（君玉曾孙）等著名的人物。

第一节　沙县籍住宅唐人卢君玉

一　住宅唐人卢君玉

卢君玉的第五代曾孙卢传次郎（讳元骥，字千里，实为君玉第四代曾孙的女婿），在《长崎先民传》①自序中写道："卢氏之先为姜齐。后裔尝食米于卢，因氏焉。世居范阳，所谓范阳卢氏是也。中世徙居南剑，子孙连绵，延至高祖君玉，当朱明时生闽延平。万历中航海来崎港，流寓多时。崇祯四年回明而殁。"

台湾学者李献璋先生在《长崎唐人之研究》②中指出："《本邦卢氏系谱》记载：卢君玉，别号三府。明福建延平府沙县人。我庆长十七年始到

---

① 卢骥. 长崎先民传 [M]. 江户：和泉屋庄次郎校版，1819：自序1.
② 李献璋. 長崎唐人の研究 [M]. 東京：親和銀行ふるさと振興基金会，1991：227.

长崎，寓浦木新左卫门家。后得官许，家东中街。此为本邦卢氏祖。既而娶福地（福地氏，名毛吕，肥之岛原口津人。福地新五兵卫女也）生二子。复入明，崇祯四年辛未（宽永八年）五月，卒于福建。明帝赠沙县学士卢三府。"

根据以上两个文献，可以初步了解卢君玉的身世。卢氏先祖是齐国的姜姓，其后孙占据齐州的卢城，取地名为姓氏，这是卢氏的来历，后来卢氏的一部分后孙迁徙到河北范阳（今涿州市境内）。卢君玉祖籍就是范阳，其祖先于中世纪迁徙到福建南剑（今南平），子孙满堂，香火连绵。卢君玉生于福建延平府沙县（生年不详），1612 年东渡日本来到长崎，开始寓居当地一个叫浦木新左卫门的日本人家，后得到长崎奉行的许可，有了自己的住宅，位于长崎东中街。之后娶长崎岛原半岛口之津人福地新五卫门的次女毛吕，生有一男一女。卢君玉后又回国，1631 年 5 月卒于福建。死后明朝皇帝赐予"沙县学士卢三府"（日本学者解释为沙县知县的辅助官）称号。

李献璋根据《本邦卢氏系谱》，进一步考证了卢君玉寓居浦木家，娶福地毛吕的经过。卢君玉初到长崎时，与来自明朝的叫伙长（姓氏不详）的水手相识。而伙长是长崎岛原半岛口之津人福地新五卫门的养子。福地生有二子（吉左、新左）二女（美津、毛吕），其中次子新左，被过继到亲戚浦木家。经伙长介绍，君玉就寄住在浦木家，后来娶新左的妹妹毛吕为妻。

《长崎实录大成》中有卢君玉的名字，而《译司统谱》只列举部分住宅唐人，没有卢君玉的名字。卢君玉在长崎从事过什么职业，现在因文献的缺乏无法考证。当时长崎奉行为了管理唐船贸易和唐人，设置了"唐年行司"和"唐船请人"等两个特殊职位。日本长崎第一代闽籍住宅唐人中欧阳云台、张三官、何八官、陈奕山、林时亮（一官）、王心渠、吴荣宗等 7 人被任命为唐年行司，蔡昆山、江七官、陈九官和薛八官等 4 人曾任唐船请人[①]，但看不到卢君玉的名字。但是，从卢君玉拥有住宅唐人的身

---

① 李斗石. 明清之际日本长崎福建籍唐通事家系概略［J］. 福建史志，2014（3）：21–23.

份来看，他肯定从事与贸易有关的职业，而且家庭经济实力雄厚，其本人也有很高的文化素养。

卢君玉回国时间为 1631 年 5 月，也就是他只身到日本闯天下 20 年之后。此时他已经是两个孩子的父亲，估计也到了不惑之年。他回国时，他的妻子与两个孩子并没有同行。按照常理，有妻室、有儿女的卢君玉不可能抛弃妻儿。他的后孙们没有忘记日本卢氏始祖卢君玉，并记录其身世永传后世，这更能证明卢君玉回国带有"出差"的性质。

沙县位于福建省腹地，境内山脉纵横，丘陵起伏，看似交通闭塞。但沙县自古即为闽西北重要商品集散地，是历史上中原南迁移民——客家文化之乡。据日本人编撰的《福建省全志》①记述，当时前沙县盛产烟叶和茶叶，沙溪上游一带的木材等物产悉数汇集到沙县县城，然后经沙溪运至福州，从福州水路贩运来的杂货、海产品等也是经沙县县城销往闽北各地。沙县县城是沙溪干流和支流交汇处的商业中心，商业贸易十分发达。沙县水路四通八达，沙溪上游水路可达永安、清流、宁化以及连城和归化（今明溪县）境内，其下游经南平可直达福州，沙县—福州水路航线里程为 270 千米，上行需 9 天，下行只需 4 天，可通航一二百担装的大型民船（无动力）。当时沙县的繁华景象，绝非昙花一现。古代一个商业中心的形成往往需要几百年的漫长岁月。距今 400 年前的沙县，同样商业发达，水路交通便利。这为卢君玉东渡日本创造了条件。可以肯定，卢君玉正是通过沙县—福州这条水上商业通路，结识了敢于冒险的沿海一带商人，受其影响产生了去海外闯天下的念头，只身东渡日本成家立业，获得了住宅唐人的身份。

卢君玉原籍为福建内地沙县，这一信息告诉我们，福建华侨来源地不仅仅限于福建沿海各地。福建《华侨志》②指出："全省的主要侨乡分布在东南沿海地区，其中以泉州市所属各县、市、区的侨眷、归侨最多，占全省归侨、侨眷总数的 50% 以上。"日本人编纂的《福建省全志》③也说近

---

① 东亚同文会编．福建省全志［M］．李斗石译．延吉：延边大学出版社，2015：97 - 98.
② 福建省地方志编纂委员会，华侨志［M］．福州：福建人民出版社，1992：概述 1 - 2.
③ 东亚同文会编．福建省全志［M］．李斗石译．延吉：延边大学出版社，2015：12 - 16.

代"福建省打工移民主要集中在泉州、漳州、兴化和福州府辖下的各县以及永春州"。《三明市志》和《沙县志》都没有关于华侨或海外移民史的章节，在其古代"人物"表中基本看不到在海外的华侨、华人。而卢君玉的名字在日本史料中频繁出现，这说明地处内地的沙县在历史上出现过华侨，也证明勤劳智慧的沙县人民活跃于古代海上丝绸之路上，对世界文明进步做出过重大贡献。

二　对卢氏唐通事家系的基本评价

卢氏家族是中华文化的海外传播者。卢君玉虽然是商人，但他具有较高的文化素养，得到长崎奉行的信任，获得居住权和宅基地，成为"住宅唐人"。他广泛结交日本人，受到日本文人的尊重，不仅娶了日本大家闺秀，而且独自在日本闯天下，成家立业。卢家注重培养和教育后代，世代学习"唐话"，传承中华文化，后代中出现了卢草硕、卢草拙等杰出的医药学家、科学家，在日本为传承、传播中华文化做出了不朽的贡献。卢草硕的《药性集要》与李时珍的《本草纲目》一脉相承，在日本继承、弘扬了中华本草学的精髓。卢草拙作为福建籍华人的后裔，不仅知识渊博，尤其擅长天文学的研究，而且熟练地掌握了汉语，对汉籍有很深的造诣。卢草拙是卢家最有名的人物，当时在长崎华人社会具有很高的声望，在江户中期作为天文学者，小有名气，甚至惊动了朝廷。由于他业绩卓著，不仅他的儿子继承了家业，当上了唐通事，而且他的养子（女婿）卢传次郎（千里）也获得了唐通事役株，另立门户，从此卢氏家族拥有两个唐通事役株。卢氏家族在日本当局要求改姓的高压政策下，始终没有改姓，一直沿用至今，也没有忘记祖籍，他们的后裔撰写的《卢氏系谱》（卢高朗著）等文献都清楚地记载着祖籍地。

明清之际中国与日本没有建立外交关系，但是民间贸易始终没有停止过，伴随着民间贸易，不少华人冒险东渡日本。古代（明清之际）通往日本的海上丝绸之路不仅是贸易通道，也是民间人员交往的通道，还是中日文化交流的通道。在这条海上丝绸之路上发生了不少可歌可泣的动人故事，不少有文化的商人，在日本幕府当局的"引诱"下留在日本成家立业，习得日语，娶日本大家闺秀，主动融入日本社会，得到日本人的尊重，受到幕府当局的重用。留在长崎的华人获得"住宅唐人"身份，成为中日贸易的管理者，华商的监督者，扮演华人领袖角色。卢君玉就是其中的代表人物之一。华人主动融入日本社会是中日贸易顺畅，海上丝绸之路通畅，民间友好交流畅达的重要手段。

明清之际，中日民间贸易火热，民间交往不断，其中重要的原因是日本幕府当局暗中支持，以优厚待遇吸引华商，尤其是有文化的华商，并重用有才华的华人及华裔，大胆把信牌（贸易许可证）发放权力交给华人。到幕末与外国交涉时，启用懂汉语和英语的华裔唐通事，甲午战争时期担任明治政府汉语翻译官的都是华裔唐通事。卢君玉家族到第五代为止都与中国有联系，卢千里的《长崎先民传》还通过沈燮庵请清朝东阁大学士蒋溥作跋，从第六代开始与中国基本没有联系。

第九代卢高朗所处的时代，不少华裔末代唐通事充当了外交官和翻译官，为日本政府所利用，卢高朗等人为日本侵华战争充当了"马前卒"，毫无疑问成为日本军国主义的帮凶。而明清政府不仅没有给这条海上丝绸之路提供方便条件，反而限制、取缔民间贸易。多数华商、黄檗僧人东渡日本基本都没有得到政府的许可，按照现在的话说就是"偷渡"。清末中日两国间发生不少外交纠纷，其实也需要日语翻译，但清政府不仅没有注重培养日语翻译队伍，也没有发觉在日本现成的日语翻译人群——唐通事的存在，在历次外务交涉中，基本都是由日方唐通事承担翻译工作，而唐通事又是日方官员，没有站在中国立场上帮中国，所以中国失去了话语权，吃了大亏。

卢氏家族作为唐通事世家，并没有出现过地位显赫的唐通事的最高职位——大通事，但在唐通事活跃的258年间，始终延续了唐通事"役株"的"香火"，一代接一代传承，在平凡的职位上默默为中日经济贸易的交流和中华文化的传播做出了应有的贡献。据说卢家墓地至今还保留在长崎观善寺后山，除始祖卢君玉外其后代均埋葬于此。他们在海上丝绸之路上留下来的宝贵经验历久弥新。

第二节 日本卢氏家族的名人

在卢君玉的后代中，出现了卢草硕、卢草拙、卢千里等很有影响的人物。以下根据卢传次郎（千里）的《长崎先民传》、李献璋的《长崎唐人之研究》以及宫田安的《唐通事家系论考》等日文文献，对他们进行简要介绍。

一 日本锁国时代本草学鼻祖——卢草硕①

卢草硕（1647～1688），通称德兵卫，讳玄琢，号葆庵，字草硕，是卢君玉的嫡孙。日本江户时期正保四年（1647）生于长崎。1658年，12岁开始跟随日本医师小野昌硕学医，学成后从医，之后成为长崎名医。1673年，27岁时上京（京都）进入桂草叔（医师）门下深造，年底回长崎。

他医术高明，远近闻名，所经营的诊所，门庭若市，收有不少徒弟。卢草硕从师于小林谦贞（江户时期天文学家、西洋式测量鼻祖），学习过天文、地理（舆地）及运气学。他尤其对本草学有很深的造诣，著有《药性集要》。卢草硕的徒弟福山德顺于日本延保年间（1673～1681），在大阪传播了卢草硕的本草学。出生于加贺（今石川县南部）的本草学者稻生若水（1655～1715）是福山的高徒，后来稻生成为日本江户时期的物理学家、化学家。② 元禄元年（1688）七月二十八日卢草硕卒于长崎，享年42岁。他的遗著还有《葆庵随笔》。日本《长崎洋学史》等文献称卢草硕为日本锁国时代本草学鼻祖。

卢草硕出生于日本锁国政策最盛的年代，虽然他的医术由于受时代的限制，未能广泛传播，但他对本草、医学有很深的造诣，被称为日本锁国时代本草学鼻祖，这已经是了不起的荣誉。卢草硕是名医，他的名声虽然限于日本长崎，但长崎是江户时期的对外窗口，所以也惊动了不少域外的达官显贵。他英年早逝，却给后人留下了宝贵的医

① 李献璋.長崎唐人の研究 ［M］.東京：親和銀行ふるさと振興基金会，1991：228-229.
② 成春有，汪捷主编.日本历史文化词典 ［M］.南京：南京大学出版社，2010：362.

学遗产。

二　江户中期的天文学者——卢草拙①

卢草拙（1675～1729），通称元右卫门，讳元敏，号葆真、草拙，幼名卯之助，又叫平吉。是卢草硕的儿子，卢君玉第四代曾孙。日本延保三年（1675）三月二十七日生于长崎。他12岁时祖父去世，14岁失去父亲，不久母亲也离世，他由祖母带大，家庭无经济来源，生活极度贫困，衣食不足。草拙自幼体弱多病，不能吃生、凉食品，患有严重的筋骨软弱症。但他从小聪慧过人，勤奋好学。因无钱请老师教学，"私淑于诸人"，刻苦努力，博览群书。"私淑"是指，没有得到某先生的亲身教授，而又敬仰他的学问并尊之为师。后来跟随天文学家小林谦贞的高徒——关庄三郎学习天文学，师从高田宗贤（京都学者，曾到长崎讲学）学"国雅"等汉籍，因他有过人的记性，熟悉他的人无不赞许佩服。17岁登上了教坛，桃李满天下。草拙笃信道教，生活甘素朴，尚清净。他与唐通事颖川四郎左卫门（1669～1723）②、日本国学家大江宏隆（1669～1729，江户前中期国学者、神道家）来往甚笃。39岁成了圣堂学头。③

1715年，长崎奉行对中国贸易船推行了信牌制——许可证制度。当时清朝与日本没有建立外交关系，江户幕府当局为了促进对外贸易，委托华人发放贸易许可证（信牌），以此回避清朝政府对日本政府干预贸易的嫌疑。此时草拙出任与"信牌"发放有关的工作，手中握有一定的权力。1716年被任命为改写书籍的辅助官。1718年他和西川如见（1648～1724，江户中期的天文学者）奉命调到江户，充任短期"天文御用"。1722年对《大清会典》进行训点（假名注释），历经五年的艰辛努力，于1727年完成，得到江户幕府的嘉奖。晚年在圣堂讲学的同时，从事书籍改写、整理

---

① 李献璋．長崎唐人の研究［M］．東京：親和銀行ふるさと振興基金会，1991：229－231。

② 颖川四郎左卫门（1669～1723）：中国名叶雅昶，讳道树，号严正，是叶茂猷的嫡子，母亲是陈道隆的千金玉娘，也就是说雅昶是陈道隆的外孙。

③ "圣堂"是祭拜孔子，从事教学活动的场所，类似于孔庙；"学头"是这个机构的主要负责人，相当于校长，也指首席教师。

工作，闲暇时还协助长崎奉行处理公务，常陪伴奉行长官巡视。草拙擅长诗文，师从唐通事刘素轩（本名彭城仁右卫门，著名唐通事刘宣义养子，始祖为长乐籍刘一水）。

《朝日日本历史人物事典》对卢草拙做了如下评述：江户中期的天文学者，长崎文化人，嗜好读书，知识广博，号称"博览强记"（活辞典的意思），特别在天文学领域声望很高。①

三　卢千里与《长崎先民传》②

卢传次郎（1707～1755），讳骥，字千里，号勉斋，是长崎唐通事，出生于日本长崎医师世家，父亲是外科师生栗崎道意。栗崎家是长崎南蛮流（荷兰）外科医师世家，第一代栗崎道喜、第二代正元、第三代道有（正羽）及其后孙道意都是远近闻名的外科医师。千里幼年时代聪慧好学，9岁跟着华裔唐通事何氏和荷兰通词（翻译官）崛氏学习语言，14岁师从黄檗僧谦光寂泰（1678～1746，崇福寺住持，莆田县籍东渡黄檗名僧大衡海权禅师徒弟）③学汉语，19岁作为卢草拙的养子（女婿）接任稽古通事，37岁升至小通事。

卢千里广泛与著名的唐人（客居长崎的华人）结交，并得到他们的指点。据大庭修④介绍，江户时期客居长崎的华人中，有两个著名的人物，一个是儒学家沈燮庵，另一个是周岐来。⑤沈燮庵当时在长崎是一位很有

① 朝日日本历史人物事典［EB/OL］. https://kotobank.jp/word/盧草拙.
② 李献璋. 長崎唐人の研究［M］. 東京：親和銀行ふるさと振興基金会，1991：15.
③ 大衡海权（1650～1715），讳法名大衡，字海权，曾名大慧，福建省福州府莆田县翁氏翁山之后，日本元禄六年癸酉（1693）七月二日应邀东渡日本，到长崎崇福寺参见本师千呆和尚，1694年继位担任住持。日本正德五年乙未（1715）十二月二十八日圆寂，享寿六十有五。有语录两卷，座下嗣法者有炼峰廓等六人。参见山本悦心. 黄檗东渡僧宝传［M］. 爱知：黄檗堂，1941：28-29.
④ 大庭修. 日中交流史话［M］. 徐世虹译. 北京：中华书局，1997：106-135.
⑤ 松蒲章教授在《来日清人与日中文化交流》（唐都学刊，2009（3）：68-69）中确认了周岐来与沈燮庵的身份，周岐来是江南苏州府人，职业为医师，日本享保十年（1725）六月十八日到长崎，享保十二年（1727）五月十一日回中国. 沈燮庵是杭州府人，儒士（儒学家），享保十二年到长崎，享保十六年（1731）回中国。

名气的人物，他的名字传到了江户的将军吉宗的耳中，吉宗命沈燮庵校订过《大清会典》和《唐律疏议》，在长崎期间很多人受到过沈燮庵的教诲，其中有记载的就有卢千里，沈燮庵回国后仍然与卢千里保持书信往来。周岐来是著名的医师，曾两次东渡日本，第一次滞留长崎时，曾与卢千里的父亲卢草拙交游，卢千里也求学于周岐来，周岐来回国后也有书信往来。卢千里曾受教于儒学名人，并与他们保持密切的关系，可见他的汉学功底不薄。

千里继承义父草拙的遗愿，25 岁时完成了《长崎先民传》的编撰。草硕与千里父子为此付出了多年的汗水。《长崎先民传》原稿是汉语文言体，相当于地方人物志，包括学术 15 人、谈天 10 人、善者 2 人、忠孝 9 人、贞烈 2 人、处士 1 人、隐逸 1 人、任侠 1 人、医术 25 人、通译 18 人、技艺 22 人、佛僧 10 人、流寓 31 人，13 个领域共计 147 名杰出人物，其中包括刘宣义、林道荣（唐通事"双璧"）等数名华裔英才和从中国到长崎流寓的颖川入德等华人 20 多人。这部书先后有多种版本，笔者手头的版本是日本文政二年（1819）江户原三右卫门校订的。这部书非常珍贵，在日本文献史上独一无二，是研究日本近世文化史的基础性文献，也是研究中日文化交流史不可多得的文献。竹田定直（1738～1798，日本江户时期著名的儒学家、教育家）、原念齐（1774～1820，日本江户时期儒学家）、客居长崎的华人医师周岐来（苏州府人）和儒学家沈燮庵（杭州府人）作序，纷纷赞赏千里功德无量。该书最后收录了谦光寂泰大师和清朝东阁大学士兼户部尚书蒋溥（1708～1761）撰写的跋文（见图 8-1），蒋溥指出："千里又能奋志读书，多所撰述，名噪调坛①，历有年矣。"2016 年若木太一等日本学者组织编写出版了《长崎先民传注解》②，在其前言中对《长崎先民传》给予了极高的评价，认为它是研究日本长崎地方史乃至日本史的重要文献。

---

① "调坛"，可能为词坛。
② 若木太一，等. 长崎先民传注解［M］.东京:勉诚出版，2016:前言 1-5.

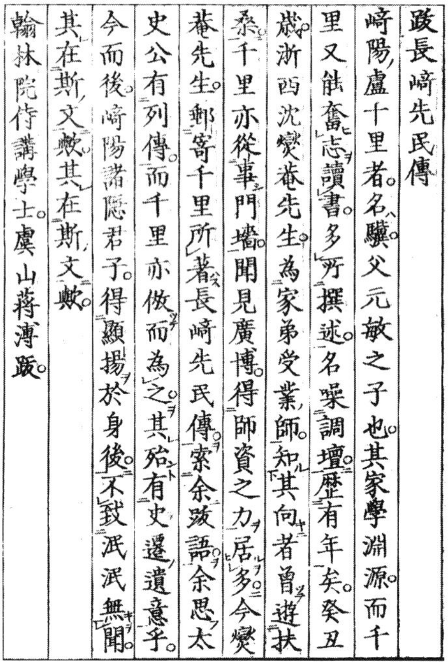
跋長崎先民傳
崎陽盧千里者名驥父元敏之子也其家學淵源而千
里又能奮志讀書多所撰述名噪調壇歷有年矣癸丑
歳浙西沈燮菴先生為家弟受業師知其向者曾遊扶
桑千里亦從事門牆聞見廣博得師資之力居多今燮
菴先生郵寄千里所著長崎先民傳索余跋語余思太
史公有列傳而千里亦倣而為之其殆有史遷遺意乎
今而後崎陽諸隠君子得顯揚於身後不致泯泯無聞
其在斯文歟其在斯文歟
翰林院侍講學士虞山蔣溥跋

图 8－1　蒋溥为《长崎先民传》撰写的跋文

资料来源：《长崎先民传》。

四　贵族院议员——卢高朗[①]

卢高朗（1847～?），原名笃三郎，12 岁任稽古通事。卢高朗不是卢家嫡子，是大村藩侍医岩永养庵的三子，9 岁跟随唐通事吴泰藏（1818～1865，唐通事，晋江县籍吴荣宗的第九代后裔）学习千字文，11 岁被过继到卢家，成为第八代卢范二郎的养子，12 岁继承家业，被任命为稽古通事。之后开始学习汉语（南京口），师从郑干辅（1811～1860，日本最早学习英语的人之一，通满语，是长乐籍郑宗明的第七代后裔），阅读了《三字经》《中庸》等大量汉籍，也师从何礼之助（1840～1923，浙江籍何存赤第十代后裔，江户末期至明治时代的翻译家、幕臣、官僚、教育家）和美国传教士学习英语。日本明治维新之后，唐通事体制解体。卢高朗由于掌握英语，1868 年被派到兵库县任职，1872 年被调到大藏省任租税官。1874 年

① 宫田安．唐通事家系论考［M］．长崎：长崎文献社，1979：645－649.

跟随时任陆军中将西乡从道从军，参与"牡丹社事件"（出兵台湾事件），因患上传染病死里逃生。1875 年升为大藏省七等出仕官，1876 年升任大藏权少丞，1881 年任大藏少书记官，1886 年任叙奏任官二等，1889 年任陞叙奏任官二等，1892 年被授予正六位勋五等勋章。日本历史学者增田廉吉说，何礼之和卢高朗是贵族院的议员（但在历代贵族院议员名单上只有何礼之，而看不到卢高朗的名字）。[1]

卢高朗虽然名义上属于卢氏后裔，但与卢氏没有任何血缘关系，作为末代唐通事，进入明治政府，参与了对外侵略战争，沦落为帝国主义的帮凶。

此外，卢氏家族还有一个著名人物不能不提。他叫颍川君平[2]（1843～1919），旧名驹作，讳雅文，号锦溪。颍川君平非卢姓，与卢家没有血缘关系，但他出生于卢家，母亲是卢家大家闺秀，其成长也离不开卢家。君平历任稽古通事见习（无薪）、小通事并，他属于幕末在日本最早习得英语的外语英才，幕末被调到神奈川任翻译官。担任过大藏卿伊达宗城和外务大臣柳原前光的翻译官。1880 年出任驻纽约领事，回国后历任大藏少书记，神户税关关长，最后官至高等官三等。1897 年他编写了《译司统谱》，记载了从 1604 年到 1861 年 258 年间，任职的各级唐通事。[3]

第三节　以卢君玉为始祖的卢氏唐通事家系

在日本长崎，卢君玉家族也是比较有影响力的唐通事世家。日本学者宫田安在《唐通事家系论考》中，比较详细地考证了 49 个唐通事家族家谱，其中第二十四章用 27 页的篇幅记述了以卢君玉为始祖的卢氏唐通事家系。[4]

卢氏唐通事家系本家传承 9 代，分家传承 8 代，先后 10 余人担任各级

① 增吉廉田.鎖国の窓［M］.大阪：毎日新聞社出版局，1943：71.
② 宫田安.唐通事家系论考［M］.长崎：长崎文献社，1979：77 - 79.
③ 关于颍川君平，参见本书第六章第三节。
④ 宫田安.唐通事家系论考［M］.长崎：长崎文献社，1979：643 - 669.

唐通事，本家第四代卢草拙从事过信牌发放事务，第五代卢庄市郎、第六代卢增右卫门、分家第一代卢千里都担任过正式的小通事，还有 7 个准小通事。卢氏唐通事家系在日本具有一定的影响力，虽然第六代之后及其分家与卢氏没有血缘关系，但他们忠于卢家，世代学习汉语，与华人交朋友，热爱中华文化，一直延续到幕末唐通事体制解体，为中日经济与文化交流做出了贡献。

一　卢氏唐通事本家

第一代　卢君玉（？～1631），1612 年东渡到长崎，住宅唐人。

第二代　卢庄左卫门（1622～1686），幼名二孙，又称太郎作，10 岁失去父亲君玉，45 岁时成为编外唐通事——内通事。曾跟随日本江户时期天文学家、西洋式测量鼻祖小林谦贞（樋口权右卫门）学习过天文学。

第三代　卢草硕（1647～1688），前代嫡子，是江户时期的本草学鼻祖，没有从事过唐通事的记录。

第四代　卢草拙（1675～1729），前代嫡子，是江户中期日本天文学者，虽然没有正式担任唐通事，但晚年从事与对华贸易许可证——信牌有关的工作。

第五代　卢庄市郎（1721～1777），前代嫡子，18 岁开始任稽古通事见习，46 岁升任小通事。他是卢氏本家第一个正式的唐通事。

第六代　卢增右卫门（1765～1830），第五代庄市郎的养子，13 岁开始任稽古通事，58 岁升至小通事。

第七代　卢庄市郎（1794～1840），增右卫门的次子，曾任小通事末席。

第八代　卢范二郎（1820～1858），第七代庄市郎的养子，曾升至小通事过人。

第九代　卢高朗（1847～?），原名笃三郎，第八代义子，12 岁开始任稽古通事。

二　卢氏唐通事分家

第一代　卢千里（1707～1755），本家第四代草拙的女婿，分家始祖，小通事（1743 年任）。

第二代　卢作五郎（生卒年不详），前代子，小通事末席（1755 年任）。

第三代　卢文次（生卒年不详），第二代子，稽古通事（1773 年任）。

第四代　卢清左卫门（1766～1800），第三代养子，小通事末席（1798 年任）。

第五代　卢作太郎（1792～1833），前代子，小通事末席（1811 年任）。

第六代　卢驹之进（1822～1862），第五代作太郎的养子（女婿），颍川陈氏分家 B 第二代四郎八雅之次子，后改名为颍川君平（雅范），回到颍川氏分家 B，小通事末席（1846 年任）。

第七代　卢恭平（1836～?），第五代养子，因卢驹之进回颍川家，接任稽古通事（1846 年任）。

第八代　卢安之进（生卒年不详），卢驹之进（颍川君平）次子，卢恭平养子，稽古通事（1852 年任），分家末代唐通事。

第九章　福清籍其他唐通事家系

福清籍唐通事家系，除了林时亮、魏之琰家族以外，还有4家。在长崎，福清籍6个唐通事家族，具有最强势的经济地位，而且都笃信佛教，皈依崇福寺，是崇福寺的大檀越。作为唐通事家族，他们拥有很高的社会地位，出现林道荣、林守壂等一批著名唐通事。本章介绍林楚玉、何毓楚、俞惟和、王心渠等4家唐通事家族。

福清位于福建省东部沿海，福州南翼，简称"融"，雅称"玉融"，素有"文献名邦"之美誉。唐代福清县名由万安县改为福唐县。福清也是著名侨乡，由于这里土地少且贫瘠，先民历来有到海外创业的传统，龙高半岛一带居民很早就开始移居日本，至今每户都有人在日本定居。福清是黄檗文化的发祥地，黄檗祖庭在福清，日本黄檗宗的开基者隐元、即非等高僧也是福清人。明代福清与日本水乳交融，林时亮、魏之琰、林楚玉、何毓楚、俞惟和、王心渠等老华人，在东渡日本的海上交通线上，扮演了经济贸易的主导者、文化传播的搭桥者、民族融合的先驱者等角色。

第一节　福清籍林楚玉唐通事家系

一　始祖林楚玉

始祖林楚玉（1572～1645），又名太卿，福建省福清县人，1609年到鹿儿岛，1619年移居长崎。他是商人身份，到长崎后获得居住权。田边茂启在《长崎实录大成》①第十卷中列举的33位住宅唐人的姓名中，有林太

---

① 田边茂启. 长崎实录大成：第十卷［M］. 手抄本.

卿的名字。林楚玉与其他福清籍华人一样，都说去日本是为躲避战乱。林楚玉17世纪初去日本，此时并没有发生危及他生命的战乱。其实，林楚玉是商人，为生意冒险东渡日本，一开始在鹿儿岛落脚，当日本实行海禁后移居长崎，更能证明他的商人身份。

日本的宫田安和台湾的李献璋都经考证说，林楚玉是福清上迳（径）人。上迳镇东林村是隐元（1592~1673）的出生地，这里有一座千年古寺（印林寺），正是隐元与佛门结缘之圣地。隐元俗姓林，乳名子房，名曾昺，排行老三，父德龙，母龚氏。[①] 这么说，林楚玉与隐元同乡同姓，林楚玉比隐元年长20岁。近几年为收集与隐元有关的资料，笔者多次踏访上迳镇，一提上迳，有一种说不清的亲近感油然而生。明代《八闽通志》[②]记载："迳港市在灵德里，及海舟所聚处也。"上迳古代被称为灵德里，迳港市井繁荣，闻名遐迩。传说中的迳港就位于迳江岸边，江上横跨着宋代的蹑云桥，桥下就是古代的码头，岸边至今还保存着盐仓石材建筑物，近处还屹立着明代的鳌峰石塔，迳江东流入海，不远处就是现在的福清江阴港。古代的迳港水深江阔，海航发达，商人云集，市井繁华，是迳江沿岸物质集散地，莆仙商人通往龙高半岛和平潭的必经之地，也是这一带居民通往海外的始发地。这里至今流传着林家18子弟漂洋谋生遇难的可歌可泣、催人泪下的动人故事。上迳镇林姓人口居多，镇古街左侧有一座林氏祠堂。迳江林氏"子孙兴旺，代有贤人"。

今年暑假（2018年7月），笔者为考证林楚玉的家世，再次寻访位于上迳镇上迳村的林氏祠堂。这座祠堂是迳江周围规模较大的林氏祠堂，是迳江林氏的发祥地，始建于明初。在祠堂约见迳江林氏第十九代宗亲林顿班先生。在此荣幸获赠2005年新修订的《迳江林氏家谱》一套。据家谱记载，迳江林氏，也是入闽始祖林禄公的后代，第十六代披公、第十七代九牧公、第十八代迈公、第十九代愈公、第二十代简言公（迁居福清）、第二十一代昌言公、第二十二代介公、第二十三代希逸公、第二十四代泳公、第二十五代明哲公（南宋景炎年间移居海坛岛六灶芙蓉垄驻马）。这

---

① 　高桥竹.隐元木庵即非 [M].东京：丙午出版社，1916：2-3.
② 　黄仲昭.八闽通志：十四 [M].福州：福建人民出版社，1996.

一家系从迈公开始，五代人都是进士，朝廷命官，其中第二十三代林希逸（1193～1271）是南宋末年著名理学家，字肃翁，一字渊翁，号竹溪，又号鬳斋。明代（1368～1644）初期，林明哲后裔的一支从海坛岛六灶迁入迳江村，始祖是谷仁公，第二代四个兄弟（四房），第一支文房松公，衍生小本干派；第二支章房斡公，衍生下坑干派、上张干派、后龙干派、东张干派、西园干派、衙前干派；第三支诗房乐公，衍生后山园干派、南山干派、前亭干派、海墘干派；第四支礼房祯公，衍生大湖干派、苏田干派。"文革"前，迳江林氏各干派都有家谱，可惜"文革"时期多数被烧毁，连始祖谷仁公的墓地也被毁，墓碑用来填海造地。只有少数干派保存了相对完整的家谱，但只是简谱，没有记载生卒年以及简历。第三支诗房乐公的后代，南山干派的家谱就是幸免于难的一个。家谱从第四代维均公开始，一直记录到第十九代（现在），这是维均公五子中的一位——廷坚公（文镀）的后孙，另外四支没有记录。第六代五岑（字公纯），第七代尚晦（四兄弟中排行老三，号止庵，字熹卿），第八代守观（四兄弟中排行老二，号仰正，字大胆），第九代宗城（两兄弟中排行老大，号荧刑，字氏夫），第十代德秋（四兄弟中排行老二，号松希，字士洁），第十一代百枝（四兄弟中排行老大，号松如，字茂学）。这家家谱中，第七代21个人，都是卿字辈，第八代4个人都是守字辈（大字辈），虽然日本华人林楚玉没有被记录，但辈分正好与第七代（林楚玉，字太卿）和第八代（林守壂，字大堂）完全吻合。而且从始祖谷仁公活跃于明代初期开始推算（按一代30年算），卿字辈在世的年代为16世纪后半期，林楚玉出生于1572年，所以年代也基本吻合。由此可判明，林楚玉就是出生于上迳南山村的第七代迳江林氏后孙。

隐元的家世，因迳江林氏家谱不完整，已经无法核实。但南山干派第十代是德字辈，与隐元的父亲林德龙的辈分一致，而且隐元出生于1592年，在年代上也基本接近，但第十一代是百字辈，与隐元（子房、曾昺）对不上号。不过，可以判明隐元是迳江林氏后裔。理由一，日本文献记载隐元出生于灵德里，国内文献也都说隐元出生于福清上迳镇东林村，而且东林村离迳江林氏发祥地迳江村很近（只有几里）；理由二，日本《黄檗东渡僧宝传》记载，隐元是"八闽望族林氏之后"，这种说法与《迳江林氏家谱》记载一致，迳江林氏从第十八代迈公开始，五代人都是进士，朝廷命官；理由三，隐元与迳江林氏林楚玉关系很密切，隐元特别关爱大通事林守壂（林楚玉子）。

顺便赘述，据《黄檗东渡僧宝传》记载，即非的俗姓也是林氏，福清人，宋代宝谟阁学士林希逸后裔。① 可见，隐元、即非、林时亮和林楚玉都是入闽始祖林禄公后孙。

林楚玉是佛教信徒，他与东渡黄檗僧关系很密切，在长崎最初结识的是同乡人超然禅师。超然禅师（1567~1644）② 是福州府人，东渡日本比隐元早 25 年，他是崇福寺的开基人。1629 年，林楚玉 58 岁时迎接比自己年长四五岁的超然。崇福寺于 1633 年获准开始建设，三年后，殿堂、方丈室、斋堂、法堂以及妈祖堂落成。此时，林楚玉在崇福寺檀越名单里排首位，也就是说他是为崇福寺的建设付出最多的人。1644 年，林楚玉 73 岁时，独自捐建了崇福寺海天门，门上悬挂"海天华境"横额，左下角写有"七十三叟太卿书"。以此可证明，林楚玉擅长书法，他是具有一定文化涵养的商人。1644 年，超然示寂，第二年林楚玉离世。林楚玉的墓地在长崎，其墓冢很壮观，不同于其他福清人的墓（前方后圆），呈闽东一带民房形状，墓碑上刻有"普明院楚玉太卿居士"。

林楚玉的发妻是福清俞氏，俞惟和的姑母，但找不到在国内有子女的资料。林楚玉 38 岁去长崎，再娶日本女子，他到日本鹿儿岛后不久与筱原氏女儿结婚，生有三子，长子林守壂，后来在林楚玉在世的时候升格为大通事，这是令林楚玉骄傲的一件喜事。次子林科哥回到故乡福清后，21 岁死亡。三子幼年夭折，连名字都没有留下。

二　大通事林守壂

林守壂（1610~1694），俗称林仁兵卫，字大堂，法名性英，后改为独振。他是第二代长崎华人，德才兼备的出色唐通事，也是崇福寺大檀

---

① 山本悦心. 黄檗东渡僧宝传：下卷 [M]. 爱知：黄檗堂，1841：8 – 10.
② 山本悦心. 黄檗东渡僧宝传：下卷 [M]. 爱知：黄檗堂，1841：3.

越，善良、虔诚的佛门僧侣。

（一）大通事林守壂

林守壂出生于鹿儿岛，1619 年 10 岁时，与父母一起迁居长崎。他在长崎华人社会里成长，从小受到良好的家庭教育，掌握日汉双语，是有才华的唐通事。

林守壂担任唐通事的年代唐通事体制还不完备，他没有经历稽古通事，1640 年 31 岁时，与龙溪县籍陈道隆一起，直接被任命为小通事。小通事职位从这一年开始设立，分大通事与小通事，那之前唐通事没有大小之分，只有二三个编制，这年增至大通事 4 人、小通事 2 人。第二年由于 3 位大通事中的 2 位相继去世，所以陈道隆与林仁兵卫（守壂）不到 1 年就轻而易举地升至大通事。林守壂在大通事任上服务了 22 年，于 1662 年 53 岁辞去唐通事一职，此时他的嫡子林甚吉已经成长为小通事。刚过知天命之年就辞去待遇丰厚的公职，这在江户时期的长崎，是不合常理的，肯定有原因。李献璋解开了这个谜。① 日本万治三年（1660），郑国姓爷家族的贸易负责人郑泰祚爷把银子存在长崎之时，委托大通事林守壂保管，一直到退休后的 1663 年。林守壂引渡这些银子时，受到长崎奉行的责备，他和陈道隆受到“闭门”处罚。林守壂的辞职与此事不无关系。

1669 年 60 岁时，林守壂登黄檗山剃度出家，法名独振，在隐元文集等文献里也叫性英。

（二）林守壂与东渡黄檗僧

林守壂担任唐通事期间，受父亲林楚玉的影响信佛修禅，与东渡名僧亲密交往，接替父亲成为崇福寺大檀越。1629 年超然到长崎时，林守壂已经是 20 多岁的青年，他在与父亲经商的同时，协助超然兴建崇福寺。

《新纂校订隐元全集》第三卷，收录《示日本大堂林居士》。② 这是 1653 年隐元还在福清期间写给林守壂的颂偈。这说明隐元与林楚玉及其子林守壂早已相识。隐元是林守壂的同乡同姓人，又与林守壂年龄接近，他

---

① 李献璋. 長崎唐人の研究 [M].東京：親和銀行ふるさと振興基金会，1991：232 – 236.
② 平久保章编. 新纂校订隐元全集：第三卷 [M].東京：開明書院，1979：1507.

把林守墼当作同辈，非常看好林守墼的才华。此时，林守墼已经是大通事，颂偈中高度赞扬了他的勇气，肯定了他为崇福寺所做的贡献。颂偈中写道：

鱼龙跃海国，

捧日上扶桑。

嘘气来千里，

擎云布万方。

因缘会合处，

道义却难藏。

信到洞天晓，

岩花格外香。

1654 年 7 月 6 日，隐元到长崎，入住兴福寺（南京寺），此时迎接他的檀越名单中有林仁兵卫（林守墼）的名字，他排在第二位，颍川官兵卫（绍兴府籍陈九官，即独健）排在第一位。隐元到长崎，当地的华人都很高兴，长崎"三福寺"竞相邀请隐元。以林守墼为首的崇福寺檀越们，为迎接隐元做了充分的准备。林守墼在崇福寺捐建卧游居，专做隐元休闲居所。《新纂校订隐元全集》附录卷里有两处提到在卧游居咏诗的事情。第六卷收录《题卧游居四首》《卧游居感怀二首》。其中一首写道："懒云移我上峰头，目饱青山适卧游。一枕风光忘宠辱，心闲草屋胜琼楼。"描写卧游居环境优美、幽静，能令人遗忘各种荣辱。1655 年 5 月 23 日，隐元从兴福寺移住崇福寺，迎接隐元的 14 位檀越中有林守墼，还有福清同乡人何高财、魏之琰等人。隐元离开长崎后，经常与林守墼有书信往来，《新纂校订隐元全集》中有 15 篇与林守墼有关，可见隐元与林守墼关系十分亲密。

1671 年迎来隐元八十周年诞辰，此时林守墼在宇治黄檗山出家。林守墼撰写《隐元老和尚八十寿章》，高度概括隐元在日本弘法的丰功伟绩，表达了同乡同姓人的衷心祝福，也从侧面体现了林守墼富有文采。寿章中写道：

赵州老汉世间有，

赐地开宗天下稀。

寿比南山福东海，

儿孙大地尽瞻依。

　　1657 年，即非率千呆等和尚东渡到长崎，次年接任崇福寺住持，迎接即非的檀越名单里有林守壂的名字。即非（1616~1671）与林守壂的关系也是格外亲，二者都是福清林氏后代，林守壂又是崇福寺大檀越，他比即非年长 7 岁，所以即非格外敬重林守壂。《新纂校订即非全集》收录《示林大堂居士》等 12 篇与林守壂有关的篇目。1669 年，林守壂在宇治黄檗山剃度出家时，即非题《赠独振新比丘》，以此勉励独振新和尚。即非写道：

笔头进步易中难，

恰似撑舟上急滩。

男猛直前无退转，

徐君坐断泼天澜。

　　1671 年，即非禅师示寂，此时林守壂法名独振，在宇治黄檗山出家 3 年，独振和尚（林守壂）送去挽偈七绝，以示沉痛悼念。

（三）慈善家林守壂

　　林楚玉是儒商，在长崎也属于富商。林守壂一开始也是商人，任唐通事之前，与父亲经商。父子二人，多年精心经营，积累了巨额财富。但他们富而不淫，奢而不靡，大部分家产用于捐建公共设施和寺院。林家父子的名字永远刻在长崎这个异国他乡。

根据宫田安的《唐通事家系论考》①，林守壂为日本捐款捐建的事例如下：

（1）1635 年，崇福寺殿堂落成，林楚玉与林守壂作为崇福寺首席檀越，献出大笔捐款。

（2）1644 年，崇福寺海天门落成，林楚玉和林守壂父子独自捐建。

（3）林楚玉和林守壂父子捐建崇福寺山门、韦驮殿内门。

（4）1647 年，崇福寺铸造洪钟，林守壂与福清籍何高财、魏之琰等人捐款。

（5）1654 年，捐建中川桥（拱形石桥）。

（6）1654 年，为崇福寺捐建卧游居，供隐元居住。

（7）1676，为长崎市捐建德苑寺。

1694 年，林守壂（独振）在宇治黄檗山塔头宝善庵示寂，享年 85 岁。

林守壂的嫡子林丰高（1634～1716），也是出色的唐通事，于父亲林守壂有生之年晋升到大通事，继承祖父与父亲的遗志，潜心修禅，热心施善，退休后跟父亲一样，剃度出家，法名道寿。

三　以林楚玉为始祖的林氏唐通事家系

林楚玉是早期移居长崎的华人，他和福清籍林时亮、长乐籍刘一水等人，几乎同时从长崎周边地区移居长崎。以林楚玉为始祖的林氏家族也是唐通事名门，从第二代开始任唐通事，职位升至大通事，连续四代接力任过大通事，也出过 2 位小通事格，共有 7 位出任唐通事。林家前几代都是崇福寺的大檀越，第二代和第三代退休后都剃发皈依佛门。遗憾的是，第三代以后没有嫡子，只得收养义子继承唐通事役株，而且第四代开始也都没有嗣子，一直到末代（第七代）都是由义子继承。第七代由于犯法被开除，由此林家退出唐通事舞台，前后维系了 130 年左右，属于比较短命的唐通事家系之一。

始祖 林楚玉（1572～1645），别名太卿，福清县上迳人，1609 到鹿儿

---

① 宫田安．唐通事家系论考［M］．长崎：长崎文献社，1979：393－397.

岛，1619 年移居长崎，住宅唐人，商人身份，妻子萨摩藩筱原氏，崇福寺第一檀越。

△次子林科哥回故乡福清后死亡，年仅 21 岁。

△三子幼年夭折。

第二代 林守壂（1610~1694），俗称林仁兵卫，字大堂，法名性英，后改为独振。林楚玉长子。大通事（1641 年任），崇福寺檀越，后登黄檗山皈依佛门。

第三代 林丰高（1634~1709），俗称二木道寿，原名林甚吉、林仁兵卫，字迪夫。林守壂长子，崇福寺大檀越，捐建崇福寺峰门。大通事（1693 年任），唐通事目附（1700 年任）。退休后皈依佛门。

第四代 林德芳（1666~1716），俗称二木仁兵卫，原名林金右卫门，字丰昌、士茂，林丰高义子，生父猪股氏，妻子为福清籍林道荣的女儿三津，因林姓奉行到任，改姓为二木。大通事（1700 年任）。

△二木金右卫门（？~1709），林德芳的义子，稽古通事（1705 年任）。

第五代 林百载（1689~1747），俗称林幸三郎，原名二木幸三郎，字丰盛、仲学，林德芳的义子，生父平野平兵卫（长子），大通事（1731 年任），御用通事兼大通事（1736 年任），唐通事诸立合（1743 年任）。

第六代 林丰古（1712~1763），俗称林仁兵卫，原名二木繁之助，字文举，林百载的义子，小通事（1743 年任）。

第七代 林幸兵卫，原名牧之助、金左卫门，林丰古女婿，小通事末席（1763 年任），1768 年因犯私藏人参罪被开除公职。从此林家失传。

第二节 福清籍何毓楚唐通事家系

江户时期，长崎有两家何氏。一是北坊何氏，原籍浙江省温州府永嘉县，始祖何海庵，住宅唐人，这家第八代何礼之是幕末英语研究者，敕选贵族院议员。二是南坊何氏，原籍福建省福清县，始祖何毓楚（高财）。江户末期，这两家何氏后代之间互相通婚（此时，两个何氏已经没有血缘关系），融为一体，日本很多学者把两个何氏混同。本节着重介绍福清籍南坊何氏。

一 始祖何毓楚

何毓楚（1598～1671），俗称何高财，号一素（一粟），法名性崇。1628 年到长崎，商人，住宅唐人。田边茂启在《长崎实录大成》第十卷中列举的 33 位住宅唐人的姓名中，有何毓楚的名字。

（一）儒商慈善家何毓楚

宫田安考证，何毓楚是福建省福清县玉融人，其祖是江西省建昌府新城县人。《福清市志》记载："融城，因面对玉融山而得名，曾称玉融镇。"① 福清老县城融城南部 2.5 千米处屹立着玉融山。笔者所在的大学背靠五马山，与玉融山一脉相承。福清老城区过去叫融城，雅称玉融。融城以及龙高半岛龙田、江镜一带有很多何氏居民。

增田廉吉说，何毓楚在明朝曾经是相当有权势的官吏，到日本后曾担任过"丝挂役"。② 这是一个什么样的职务呢？江户初期，幕府为防止日本银超量流出，而限制生丝输入，实行了丝割符制度，一直执行到 18 世纪初。在京都和江户等五地设置白丝管理人员，叫丝挂役。丝挂役的权限很大，由丝挂役出面与外国商人商定价格后，又由丝挂役统一收购白丝，再按照一定的配额批发给日本国内的丝商，由于收购价与批发价的差价很大，其利润高得离谱。作为华人能够担任这么重要的职位，一方面是因为，何毓楚具有一定的才华和经济实力，另一方面是因为得到时任长崎奉行榊原职直（1634～1641 年在任）的信任。被任命时间是 1635 年，也就是何毓楚到日本 8 年后。同时被任命为丝挂役的还有欧阳云台（福建漳州府籍）。

何毓楚 30 岁时去长崎，在那里度过 40 多年，他扎根异国他乡，勤奋经营，积累了巨额财富。他是豪商巨贾，又是有文化的儒商，同时是身兼

---

① 福清市地方志编纂委员会编．福清市志［M］．厦门：厦门大学出版社，1994.
② 增田廉吉．鎖国の窓［M］．大阪：每日新聞社出版局，1943：71-76.

丝挂役的官商。如何证明他的富商身份呢？首先，他在长崎有豪宅，曾接待过御上使（钦差巡察大臣）冈野孙九郎、户川杢之助、户田又兵卫等高官，一次接待三十五六人。何毓楚还有一个叫一粟园的别院，隐元和即非等名僧都光顾过此地，而且都留下颂偈。到儿子何兆晋的时代，在郊区营建了一座豪华的别墅，叫心田庵。

其次，何毓楚是慈善家，崇福寺大檀越。他为崇福寺和长崎市所做的慈善事迹无数，现根据宫田安的《唐通事家系论考》整理如下[①]：

（1）1646 年，何毓楚一家单独捐建崇福寺单层大雄宝殿。此时林楚玉离世，崇福寺的檀越代表名单顺序如下：王心渠、何高财、林守壂、魏之琰。

（2）1647 年，崇福寺铸造梵钟，何毓楚担任捐款召集人，自己捐款50 两银子。

（3）1653 年，崇福寺释迦三尊造像，何高财成为化主（掌管化缘）。

（4）1655 年，上梓（印刷）《黄檗和尚全录》续录，上面印有捐款者何毓楚的法名性崇。

（5）1661 年，长崎市清水寺建成，《重建清水寺记缘》里有捐建者何高财的名字。

（6）1666 年，为长崎市捐建一座约 33 米长的拱形石桥。

（二）何毓楚与东渡名僧

何毓楚是虔诚的黄檗宗教徒，他是崇福寺大檀越，为崇福寺建设以及各种法会活动捐献巨额家产。长崎"三福寺"就是华人富商捐建的。"三福寺"不仅是华人集会的场所，也是华人在异国他乡精神寄托的圣地。"三福寺"的建成为隐元等东渡名僧在日本弘扬黄檗宗创造了物质基础。何毓楚等一批福建籍华侨领袖，不仅带头捐款营建"三福寺"，而且虔诚信佛，专心修禅，为隐元等名僧东渡日本弘法，营造了良好的信众基础。虽然黄檗宗创建的主体是以隐元为代表的华僧，但如果没有"三福寺"的物质基础，没有虔诚的信众，恐怕难以如愿。

---

① 宫田安. 唐通事家系论考 [M]. 长崎：长崎文献社，1979：451 - 459.

何毓楚跟其他福建籍富商一样，也身兼二重性，是儒商的同时，又是黄檗宗信徒。何毓楚不同于其他檀越，他像寺院里的和尚，参与寺院事务管理，如为释迦三尊造像时担任化主，具体职责为管理化缘，还担任过崇福寺白椎（槌），这是举行佛教仪式时的一个角色，他非常熟悉各种佛教仪式议程。

何毓楚在长崎40多年间，几乎接触过这期间所有东渡到长崎的华僧。最早结识的和尚是超然。出身于福州府的超然禅师，于1629年到长崎时，何毓楚31岁，刚到长崎不足一年，此时崇福寺檀越主要代表人物是，王心渠、林楚玉和魏之琰等人。1646年，崇福寺第一檀越林楚玉去世后，其子林守壂与何毓楚一起接替林楚玉进入檀越代表行列。

何毓楚与隐元都是福清人，两人于隐元东渡日本之前相识。1652年4月，第一次招请隐元的13人名单中何毓楚在列。邀请隐元的唐通事有：兴福寺首席檀越颖川官兵卫（陈九官，大通事）、福济寺首席檀越陈道隆（龙溪籍大通事）、崇福寺两位大檀越王心渠和何毓楚。1654年，隐元到长崎时，迎接大师的14位檀越代表名单里也有何毓楚的名字。1655年，邀请隐元入住崇福寺的檀越代表名单里也有何毓楚。1664年，何毓楚登宇治黄檗山拜谒隐元，隐元为何毓楚题写了云涛诗卷。1667年，何毓楚迎来七十大寿，隐元写《寄赠一素居士七十初度》。1671年，何毓楚与世长辞，隐元写了《挽一素居士》，概括总结了何毓楚不畏艰险艰难创业的74年生涯，高度赞扬了他与佛结缘，有一句写道："一心奉佛教，正信玉无瑕。"[1]《新纂校订隐元全集》中有6处提到何毓楚的名字，有10篇诗偈、法语是为何毓楚写的。其中，诗偈《宿崇福寺示毓楚何信士》[2] 中写道：

> 一宿云根万劫因，
> 玉融风雅浑天成。
> 虽然异土心同赤，
> 谈到三更月更明。

①　平久保章编. 新纂校订隐元全集：第十卷［M］.东京：开明书院，1979：4836.
②　平久保章编. 新纂校订隐元全集：第六卷［M］.东京：开明书院，1979：2791.

这首是专为何毓楚写的诗偈，是隐元在长崎期间，在崇福寺开法时与福清籍檀越相会之际所作，其中"玉融"是福清的雅称，表达了隐元在异国他乡见到同乡人，在融洽的气氛中，促膝交谈，到了三更半夜，都不觉困倦，心如中天明月之皎洁的喜悦心情。

何毓楚与即非（1616~1671）关系很亲密，两人都是福清人，即非是崇福寺的住持，何毓楚是崇福寺的首席檀越，对于即非而言，何毓楚形同衣食父母，对于何毓楚而言，即非是精神支柱，两人谁也离不开谁。《新纂校订即非全集》中有 11 处出现何毓楚的名字，有 8 篇诗偈、法语是为何毓楚写的。1657 年 2 月，即非到长崎入住崇福寺，王心渠和何毓楚等檀越代表隆重迎接。这一年是何毓楚花甲之年，即非写《赠何一粟居士六十》①，赞誉虽然何毓楚"富有三多"（福禄寿），但他看破红尘，淡泊名利。1667 年，何毓楚古稀之年，即非写《题松为何一粟居士七十》祝寿。

木庵（1611~1684）于 1655 年 7 月到长崎，入住兴福寺任住持 5 年。1660 年登宇治黄檗山之前，曾造访何毓楚的一粟园，并写下《庚子季春同诸侣过一粟园赠毓楚何居士》②，赞美一粟园美丽、壮观、幽静的景色。在《新纂校订木庵全集》里，有 5 篇诗偈、法语是专门为何毓楚写的。

另外，何毓楚与福济寺住持蕴谦（1610~1673，泉州府籍，1649 年到长崎）、高泉（1633~1695，福清籍，1661 年到长崎）、柏岩（漳浦县籍，1661 年到长崎）等东渡禅师都有交往。

（三）何毓楚的子女

何毓楚到长崎后，娶日本人高河氏女儿，生二男一女。高河氏于 1666 年离世，这年何毓楚 61 岁。遗骨埋葬在何家寿域左侧。所谓"寿域"，是何毓楚生前为自己夫妇营造的活人墓地。为了纪念妻子，他捐建了一座拱形桥。

长子何仁右卫门（？~1686），讳兆晋，字可远，号心声子。何毓楚 61 岁时，长子何兆晋任小通事，他的别墅心田庵，占地五六亩，他会弹奏七弦琴。不过，何兆晋任唐通事 10 年之后，于 1668 年被免去公职。据李

① 平久保章编. 新纂校订即非全集：第三卷［M］.京都：思文阁，1993：969.
② 平久保章编. 新纂校订木庵全集：第三卷［M］.京都：思文阁，1993：1436.

献璋说，1667 年发生何兆晋的家仆走私事件，他受牵连引咎辞职。① 之后，何兆晋把家产转让给弟弟何兆有，隐居心田庵，邀请朋友饮酒咏诗，弹琴作乐，一直到离世过着悠哉、风流的生活。

何毓楚的次子何权左卫门（？～1694），讳兆有，因病未任公职。何兆有的儿子何仁右卫门（？～1702），虽然继承家业，但不务正业，在旅行中死亡，由此断送了何毓楚辛辛苦苦积攒的家产和得之不易的唐通事役株。

第一代长崎华人，在异国他乡辛勤经营，都十分注重子女的教育，其后代人才辈出，多数华人的第二代都有才华，涌现了林道荣、刘宣义、陈道隆、林守壂等一批著名唐通事。何毓楚虽然也注重子女的教育，但子女们都不争气，他在世期间，长子辞职，次子体弱多病，孙子败家。这是使何毓楚死不瞑目的终身憾事。

二　以何毓楚为始祖的唐通事家系

以何毓楚为始祖的唐通事家族，起步晚，时间短，人数少，实际只有何毓楚的长子何兆晋 1 人担任过小通事。第三代嫡孙不务正业，游手好闲，在旅途中死亡，断送了何家唐通事役株。20 多年后，由日本人的后代复兴何家唐通事役株，何家中兴家系出 1 个大通事，2 个大通事格，1 个小通事，1 个小通事末席，属于唐通事后起之秀。因中兴第五代由第四代外孙继任，此时浙江籍北坊何氏（海庵）与福清籍南坊何氏（毓楚），实际融合到一起。

（一）何氏本家

始祖　何毓楚（1598～1671），俗称何高财，号一素（一粟），法名性崇。1628 年到长崎，商人，住宅唐人，娶日本人高河氏，生二男一女。

第二代　何仁右卫门（？～1686），讳兆晋，字可远，号心声子。何毓楚长子，小通事（1658 年任），接待过御上使（钦差大臣）冈野孙九郎、户川杢之助、户田又兵卫等高官，会弹奏七弦琴。

△何权左卫门（？～1694），讳兆有，何毓楚次子，因病未任公职。

---

① 　李献璋. 長崎唐人の研究［M］.東京：親和銀行ふるさと振興基金会，1991：236－246.

第三代　何仁右卫门（？～1702），何兆有嫡子，在旅行中死亡。何家断代。

（二）何氏中兴分家

中兴第一代　何幸次右卫门（1719～1765），原名幸五郎，字良丰。何家断代后，由日本丰后（今大分县）人寂元氏的女婿森八右卫门的次子何仁次右卫门，20多年后继承何家的役株。职位升至小通事（1757年任）。

中兴第二代　何幸次右卫门（1743～1806），原名幸五郎，字良忠。前代女婿，生父为前代亲兄。小通事并（1777年任），唐通事目附（1791年任）。

△和幸五郎（？～1798），讳良云，第二代嫡子，小通事末席。

中兴第三代　何仁右卫门（1786～1859），原名子之助，字良周。第二代女婿，大通事过人（1846年任）。

中兴第四代　何邻三（1809～1875），原名巳之助，字良纲。第三代长子，大通事（1860年任），何家第一位大通事。

中兴第五代　何幸五（1843～1908），原名伊代吉，字良英。第四代外孙，浙江温州府籍何海庵第七代何荣三郎次子，何荣三郎长子就是著名的贵族院议员何礼之，母亲是第四代何邻三的次女。小通事末席（1861年任），明治维新后历任神奈川县书记官、工部省少书记官。

△何英吉（1884～1959），何幸五次子。

第三节　福清籍俞惟和唐通事家系

一　俞惟和的家世

俞惟和（1605～1674），字道通，排行八官，出生于福建省福清县，祖父俞大猷（将军），祖籍直隶省河间府，父俞乘权，福清籍的林楚玉是俞乘权的妹夫。1622年，俞乘权委托妹夫林楚玉，带俞惟和到日本长崎。[①]

---

① 宫田安．唐通事家系论考［M］．长崎：长崎文献社，1979：413－451．

（一）俞惟和的祖父与父亲

宫田安提到俞惟和的祖父俞大猷是将军。国内有关俞大猷的文献资料非常丰富，有《明史·俞大猷传》，九州出版社出版的《大明雄风：俞大猷传》。后一部是长篇历史人物传记，以丰富的史料、生动的文笔，加上作者曾纪鑫独到的见解，叙述了俞大猷的生命历程，描写了他南征北战，抗击倭寇，为国效命的不朽功勋，再现了其立德、立功、立言"三不朽"的人生境界与人格魅力。

《福建省志·人物志》收录了《俞大猷传》，现摘录开头和结尾部分。

　　俞大猷，字志辅，号虚江，福建晋江人。明弘治十六年（1503）生，祖俞敏，以"开国功"任泉州百户；父俞原瓒，世袭百户。俞大猷为诸生时，从王宣、林福等学习《易经》，对兵法饶有兴趣，曾从赵本学"以《易》推衍兵家奇正虚实之权"，又向李良钦学习剑法。嘉靖十四年（1535），俞大猷参加武举会试，中武进士第五名，升授千户，奉命守卫金门。

　　……

　　俞大猷以儒生起家，出任武职后，经历 50 多年戎马生涯。一贯以古贤豪自诩，治军有方，"用兵先计后战，不贪近功"，在抗倭中立下不朽战功。一生屡起屡踬，但不计个人得失，始终忠诚许国，且老而弥坚。其足迹所至，都得到民众的拥戴。金门、武平、崖州、宁波、饶平等处，均有专祠奉祀。俞大猷留下的著述有：《正气堂集》、《兵法发微》、《剑经》、《沿海近事》、《续武经总要》。其子俞咨皋，字克迈，以指挥使治兵海坛，累官至福建总兵。

《福建省志·人物志》以及《泉州市志》等资料，都说俞大猷是晋江人，并只提到俞大猷的一个儿子俞咨皋。其实，俞大猷的正史上记录只有四个儿子。《俞大猷传》里说，俞将军除这四子外，还有一个儿子俞咨岳，也不排除还有其他嫡子和庶子。俞大猷的长子俞咨荣，1566 年生，泉州卫指挥佥事；次子俞咨皋，1609 年武科举人，泉州卫佥事，福建总兵；三子俞咨乐，后裔主要聚居在南安金淘草埔村；四子俞咨伯。①

从国内文献上，无法证实宫田安说的俞大猷有儿子俞乘权。但根据有关文献，可以做如下推测：（1）俞大猷出生于晋江，上述四个嫡子多数在泉州，三子俞咨乐在南安，四子俞咨伯去向不明，是否移居福清？俞咨伯和俞乘权是否为同一个人？（2）俞乘权是不是俞大猷的庶子？俞大猷一生南征北战，是否在福清海口一带打倭寇期间，纳当地女子为侧室生有庶子？这不太可能，因为俞乘权有妹妹，是林楚玉的发妻。如果俞大猷打仗期间有侧室，不可能长期住在某地，打完仗即刻转移，也不可能有多个庶子。（3）《俞大猷传》说，俞大猷有两个侄子，一名咨益，二名咨禹，也都在军中。这说明俞大猷有兄弟，有可能其中一个兄弟迁居福清海口。明代海口也有镇东卫，俞大猷曾任过福建总兵，也有可能把兄弟或者儿子、侄子派驻海口。

（二）长崎住宅唐人俞惟和

《福建省志·华侨志》记载："明朝抗倭名将俞大猷的儿子俞乘权、孙子俞惟和为避战乱，也在万历年间前往日本定居。"② 俞乘权与俞惟和父子一起去日本的说法与日本文献记载不一致。俞乘权在日本只作为俞惟和的父亲出现在一些文献里，没有在日本活动的记录。

日本福济寺于二战前出版图片集《光风盖宇》，其中收录一幅俞惟和画像（见图9-1），并有解说文，写道："俞惟和居士是福建省福清县人，于元和八年（1622）来长崎，遂把籍置于此地，娶河野氏之女。宽永六年（1629）超然禅师渡来之际，与魏（之琰）、王（心渠）和林（楚玉），共同创建崇福寺。延宝二年（1674）没，寿七十有六。"③ 1929年超然禅师到长崎时，俞惟和已经在长崎生活了7年多，此时崇福寺的首席檀越是俞惟和的姑父林楚玉，因此俞惟和为崇福寺的创建做出了不少贡献。

一般来说，在长崎的华人富商，都是作为"三福寺"的檀越，与东渡名僧保持亲密的交往，隐元、木庵和即非全集里都收录着书信、诗偈、法

---

① 范中义主编.俞大猷传［M］.北京：线装书局，2015：284-286.
② 福建省地方志编纂委员会编.福建省志·华侨志［M］.福州：福建人民出版社，1992.
③ 三浦实道编.风光盖宇［M］.长崎：福济寺，1926：50.

图 9 - 1　俞惟和画像

资料来源：三浦实道编《光风盖宇》。

语等文献。查阅"黄檗三笔"的全集，只有即非全集里有一处提到俞惟和的名字。有关俞惟和的文献资料非常有限。

俞惟和到日本后改姓为河间，他的子孙都使用河间姓氏。其实，河间是俞氏祖先的发祥地，在河北省（直隶省）河间府。可见，俞惟和骨子里，没有忘记自己是华人，没有忘记祖先。隐姓改名，是长崎华人的通常做法，尤其是家庭与明代皇室或官府有关的华人，为防止清朝的报复，把姓氏改为复姓，表面看起来，貌似日本人，以保全家庭，祈祷子孙福禄双全。

俞惟和到长崎后，娶当地医师河野氏的女儿为妻，生二女一子。儿子俞道直，于父亲离世 3 年后，按照父亲的遗愿建造广德院作为俞氏祠堂，5 年后被任命为内通事，1693 年成为稽古通事，正式进入唐通事阶层。俞惟和的孙子俞直俊和曾孙俞良直都是大通事，尤其曾孙任 64 年唐通事，在大通事任上达 32 年，是任职最长的唐通事。进入唐通事，成为大通事，意味着福禄双全。这是长崎华人梦寐以求的事情。俞惟和生前也十分注重子女的教育，望子成龙，也期待儿孙成为唐通事。

二 以俞惟和为始祖的唐通事家系

以俞惟和为始祖的河间氏家族是长崎唐通事世家，出 2 个大通事，2 个小通事，2 个小通事格，共计 10 人出任唐通事。第六代俞英直因犯罪被免职后隐居，把河间氏唐通事役株卖给彭城氏，由此断送了河间氏唐通事役株。河间氏唐通事家族中有 2 人因犯罪被免职。

始祖 俞惟和（1605～1674），字道通，排行八官，出生于福建省福清县，祖父俞大猷（将军），祖籍直隶省河间府，父俞乘权，福清籍林楚玉是俞乘权的妹夫。1622 年，俞惟和随姑父林楚玉东渡日本长崎。

第二代 俞道直（？～1695），俗称河间八郎兵卫，字元梦，俞惟和子，稽古通事（1693 年任）。

第三代 俞直俊（1681～1731），俗称河间八平次，字道恕。第二代三子，大通事（1723 年任）。深信关圣帝，建大悲庵，供奉关圣帝，出版《关夫子经》。

第四代 俞良直（1702～1784），俗称河间八平治，原名幸太郎，字如水，第三代长子。大通事（1754 年任），1767 年把家宝阵鼓献给幕府将军。

△河间幸太郎（？～1769），第四代六子，稽古通事（1778 年任）。

△河间丰吉（1755～1798），第四代八子，小通事（1782 年任），因走私被追放。

△河间长三郎（？～1781），第四代九子（义子），小通事末席（1779 年任）。

第五代 俞伦恭（？～1802），第四代女婿，生父林楚玉第六代林丰吉四子，原名林盛松。小通事（1782 年任）。

第六代 俞英直（1780～1846），俗称河间八兵卫，字泰和，第五代子，小通事末席（1802 年任），1821 年与唐人走私，被免职。

第七代 俞令宜，第六代义子，稽古通事（1821 年任）。

第八代 俞直候（？～1830），第六代女婿，稽古通事（1825 年任）。

△河间八郎，生父刘焜台（1599～1667，祖籍不明）的第八代孙彭城

藤四郎，稽古通事（1832 年）。实际上是俞英直把俞家唐通事役株卖给彭城藤四郎。

第四节　福清籍王心渠唐通事家系

江户时期在长崎，王姓唐通事世家很少。颍川君平的《译司统谱》跋文介绍的 27 家唐通事世家中，没有王氏，但唐船请人名单里有漳州人王二官。宫田安《唐通事家系论考》中只介绍了王心渠一家。

一　始祖唐年行司王心渠

王心渠（1594～1678），讳引，排行三官，出生于福建省福州府。他是日本元和与宽永年间（1615～1643），也就是 17 世纪初，直接从福建东渡到日本长崎的闽商。王心渠是有学识的儒商，到长崎后很快获得住宅唐人的身份，晚年（1678）任唐年行司。[①]

图 9－2　王心渠画像

资料来源：三浦实道编《光风盖宇》（福济寺出版）。

---

① 宫田安. 唐通事家系论考［M］.长崎：长崎文献社，1979：798－800.

关于王心渠的原籍问题，日本很多文献记载王心渠是福州府人。但没人考证他出生于福州府哪个县。隐元出生地是福清，隐元与王心渠的关系非常亲密。隐元曾经提到，王心渠是福唐人。隐元在《黄檗和尚扶桑语录》中写道：“明历元年乙未春三月福唐王、何、林、魏诸檀越同寺主等请师住崇福禅寺，于五月念（廿）三日进寺。”① 这里的“福唐”就是福清，“王”就是王心渠（王引）。

日本福济寺于二战前出版图片集《光风盖宇》，其中收录一幅王心渠画像（见图 9-2），由木庵禅师题赞，是王氏分家第九代王恒四郎的儿子王定太郎收藏的。② 木庵禅师（1611～1684）于 1655 年 7 月到长崎，入住福济寺任住持 5 年，1660 年进京（京都）登宇治黄檗山。在《新纂校订木庵全集》里没有有关王心渠的篇目，也没有提到王心渠。由于木庵出生于晋江县，到长崎后又在漳州寺——福济寺任住持，虽然与福州一带的儒商保持往来，但没有像隐元和即非禅师那样关系密切。为王心渠画像题赞时间，应该是木庵在长崎期间。

王心渠是儒商，笃信佛教，热心参与崇福寺建设，成为崇福寺大檀越。1632 年，崇福寺获准建设，1635 年崇福寺殿堂竣工。此时崇福寺的首席檀越是福清籍林楚玉（太卿），王心渠排第二位，何高财（毓楚）排第三位。崇福寺檀越是按照贡献大小排位的。1645 年 8 月，崇福寺首席大檀越林楚玉去世，之后王心渠成为首席大檀越。之后的排位顺序是：王心渠（52 岁）、何高财（48 岁）、林守壂（36 岁）、魏之琰（29 岁）。林守壂是林楚玉的长子，此时已经升至大通事，福清籍魏之琰还没有获准定居，往返于长崎与东京（越南）之间，进行海上贸易。1647 年，崇福寺铸造梵钟，此时的崇福寺檀越排名还是王、何、林和魏，被人称为“四大檀越”。

王心渠与隐元都来自福清，两人关系很密切。1652 年 4 月，第一次招请隐元的 13 人名单中有王心渠的名字。1654 年，隐元到长崎时，迎接大师的 14 位檀越代表名单里也有王心渠的名字。1655 年，邀请隐元入住崇福寺的檀越代表名单里也有王引（心渠）。1659 年，获得幕府将军的许可

① 平久保章编. 新纂校订隐元全集：第四卷 [M]. 东京：开明书院，1979：1715.
② 三浦实道编. 风光盖宇 [M]. 长崎：福济寺出版，1926：51.

后，隐元大师奉命选址建寺。这期间王心渠给隐元写过一封信。①《新纂校订隐元全集》中有 4 处提到王心渠的名字，有 4 篇诗偈、法语是为王心渠写的。其中《赠心渠三公七十寿》是，1663 年王心渠迎来古稀之年，隐元特地写的贺诗一首，其中写道："招得贤英超七子，始知道雅是三公。"②评价王心渠为"贤英"，也就是德才兼备的英才，他所选择的路是正道。这里的"三公"是指王心渠排行老三，是对王心渠的尊称。

王心渠与即非关系更亲近，因为即非任崇福寺住持很长时间，王心渠是崇福寺大檀越，林楚玉去世后成为首席大檀越，这说明两人的关系很亲密。1658 年，迎接即非到崇福寺任住持的檀越代表中，排位第一的人就是王心渠。1665 年，即非禅师受小仓藩（今福冈县）主小笠原的优待，到小仓建广寿山寺，1668 年回到长崎，此时迎接即非的檀越代表仍然是王、何、林、魏四大檀越。1671 年即非禅师圆寂，王心渠与福清籍俞惟和等人写祭文悼念。《新纂校订即非全集》收录 2 篇即非写给王心渠的诗偈，有 6 处提到王心渠的名字。1668 年，即非从小仓藩回到长崎，王心渠迎来七十五寿辰，即非写颂偈《赠王心渠居士七十五》祝寿，诗偈开头写道："铁铸面皮金铸骨，眉毛落尽头如雪。"③ 意思是说王心渠有毅力，坚强，铁骨铮铮，高度评价了他含辛茹苦，艰苦创业的事迹。

1678 年 3 月，王心渠 85 岁高龄，被任命为唐年行司。王心渠被任命为唐年行司，虽然没有什么权势，但毕竟是广义上的唐通事，意味着他的后代可以袭位，为进入正式的狭义上的本通事打下了基础。

1678 年 7 月，王心渠任唐年行司不到半年就离开了人世。遗体火化，安葬在崇福寺后山。正因为王心渠有生之年成为唐年行司，所以他儿子继承了他的职位，孙子和曾孙都成为正式的唐通事，职位都升至小通事级别。王心渠在长崎没有改姓，他的后代也都使用王姓，他有很强的民族认同感，是一代著名爱国华人。

---

① 陈智超，韦祖辉，何龄修编. 旅日高僧隐元中土来往书信集［M］.北京：中华全国图书馆文献缩微复制中心，1995：411 – 415.

② 平久保章编. 新纂校订隐元全集：第八卷［M］.东京：开明书院，1979：3629.

③ 平久保章编. 新纂校订即非全集：第三卷［M］.京都：思文阁，1993：1145.

　　王心渠到长崎后，应该也跟林楚玉、何毓楚一样娶日本大家闺秀为妻子，宫田安和李献璋等学者没有提到其妻子的名字，只提到墓碑上刻有"故妣宝岸妙寿信女"，1658 年故。王心渠有个儿子，叫王笑云，日本名王吉郎右卫门，他继承父业成为唐年行司，也接任崇福寺檀越，与其他檀越一道迎接第十代住持道本禅师（1664～1731，福清县陈氏，1719 年到长崎）。

二　以王心渠为始祖的唐通事家系

　　王氏唐通事家族也是长崎唐通事世家，但名望并不高，虽然有本家和分家两个唐通事役株，但没有培养出大通事，其后代最高任至小通事。本家传 9 代，分家也传 9 代，共有 19 人出任各级唐通事，出小通事及小通事级别的 5 个，多数是唐年行司。王氏家族，虽然作为唐通事家族名望不高，但王心渠作为崇福寺第一檀越，做了很多善事，所以他的名字永远记录在长崎史册中。

（一）王氏本家

　　始祖　王心渠（1594～1678），讳引，排行三官，出生于福建省福州府。17 世纪初日本元和与宽永年间（1615～1643）东渡日本，商人身份，晚年（1678）任唐年行司。

　　第二代　王吉郎右卫门（1654～1726），原名吉左卫门，号笑云，王心渠嫡子，唐年行司（1678 年任）。1719 年，王笑云等 16 位居士迎接东渡僧人道本禅师到长崎任崇福寺住持。

　　△王村右卫门（？～1706），王笑云子，唐年行司见习（1698 年任），早于父亲离世。

　　第三代　王喜左卫门（？～1748），王笑云次子，小通事末席（1726 年任）。

　　第四代　王三右卫门（？～1761），讳纯如，第三代子，小通事并（1755 年任）。

　　第五代　王三次郎（1745～1772），稽古通事（1762 年任）。

　　第六代　王政吉郎（1769～1800），5 岁任稽古通事（1773 年任）。王心渠的嫡孙到此断代，第七代开始由别姓人继承。

第七代　王传十郎（1789～1834），讳征英，王政吉郎的义子。小通事（1829年任）。

第八代　王准次郎（？～1860），前一代子，小通事并（1857年任）。

第九代　王胜三郎（1849～1870），前一代女婿，稽古通事（1861年任）。

（二）王氏分家

始祖　王喜平次（1682～1722），本家第二代王笑云三子，王心渠孙子，唐年行司（1719年任）。

第二代　王幸次郎（？～1733），前代外甥（义子），唐年行司（1723年任）。

第三代　王吉左卫门（？～1761），前代义子，唐年行司（1733年任）。

第四代　王吉郎右卫门（？～？），前代嫡子，唐年行司（1763年任）。

第五代　王长五郎（？～1767），前代嫡子，唐年行司（1664年任）。

第六代　王二七郎（？～？），前代嫡子，唐年行司（1767年任）。

第七代　王正次郎（？～1853），前代嫡子，小通事末席（1828年任），分家第一个正式唐通事。

第八代　王利三郎（？～1856），前代嫡子，稽古通事（1853年任）。

第九代　王恒四郎（1836～1899），号林庭，前代嫡子，稽古通事（1859年任）。王氏分家末代唐通事。

第十章　长乐籍唐通事家系

在福建籍 25 个唐通事家族中，有 3 个唐通事家族出自长乐县。他们在长崎具有一定的势力，作为唐通事也具有较高的社会地位，涌现出刘宣义这样的著名大通事。在第五章，已经讲述了以刘一水为始祖的唐通事家系，在此介绍另外两家，郑宗明和马荣宇唐通事家系。

长乐县位于闽江入海口南岸，东濒台湾海峡，是福州府的门户。长乐太平港是郑和七下西洋的开洋地，也是海上丝绸之路的起点。长乐是海外移民最多的地方之一，是中国著名的"侨乡"。

第一节　长乐籍郑宗明唐通事家系

一　始祖郑宗明

郑宗明（？～1715），出生年月不详，原籍为长乐县，排行二官，卒于 1715 年。颍川君平在《译司统谱》①"住宅唐人之觉"，列举的 10 位住宅唐人中，没有郑宗明的名字，但田边茂启在《长崎实录大成》②第十卷所列举的 33 位住宅唐人中有郑宗明的名字。郑宗明的墓地在长崎崇福寺附近，是由嫡后孙郑干辅修建的。

关于郑宗明的身世，在日本没有任何记载，一直是个谜，后来他的后孙逐步揭开谜底。大通事、著名语言学家郑干辅为祖先营造了墓地，立了遗德碑，称自己是郑宗明的第九代后孙，其实是第八代。1655 年颍川君平

---

① 颍川君平. 译司统谱 [M].1897：119.
② 田边茂启. 长崎实录大成：第十卷 [M].手抄本.

撰写《译司统谱》，郑氏后孙郑永宁为此写了跋文："余所继承之家先祖为郑宗明，福州府长乐县。"① 这才正式披露郑宗明的出生地。

日本学者在《锁国之窗》中，有一章"郑敏齐与满洲语及英语"，提到郑敏齐（郑干辅）家的郑氏被人称为郑成功的后孙。② 还有的文献说，郑宗明是郑芝龙的二子。③ 郑芝龙（1604～1661）是日本江户初期，东亚海域叱咤风云的人物，他除了日本的正室田川氏外，还有 6 位侧室，共有包括郑成功在内的 7 个儿子。④ 2001 年发现的明代崇祯年间编修的《郑氏族谱》记载了他的 4 位庶子：郑渡陈出，郑思（恩）颜出，郑荫李出，郑袭黄出。⑤ 郑芝龙还有 2 个庶子，田川七左卫门过继给日本人，郑世默与父亲一同被杀。无法确认郑芝龙是否还有其他儿子。

但从郑宗明隐瞒自己身世的种种迹象说明，郑宗明肯定与郑芝龙有某种血缘关系，保密是为了保全家人。江户时期，长崎的华人，为了使自己的后代有更好的前程，多数改为日本姓，但郑宗明除了掩盖自己的身世外，并没有改姓，以表明自己是华人，他骨子里具有强烈的民族认同感。

二　著名语言学家、大通事郑干辅

郑干辅（1811～1860），原名大助、来助，讳昌延，字素敬，号敏齐，郑官十郎子，是郑宗明的嫡后孙。关于郑干辅的身世以及他的功绩，增田廉吉在《锁国之窗》中介绍得比较全面。增田廉吉写道：

> 长崎市崇福寺一峰门前建有颂德牌（明治 13 年，即 1880 年五月），……其碑文写道，郑先生讳昌延，字素敬，号敏齐，俗名一开始为大助，后改为郑干辅。文化八年辛未（1811）正月生，始祖郑宗明九⑥孙。先考邦宗，亦称官十郎，嫡妣为加幡氏，与生母早别，

① 颍川君平. 译司统谱 [M]. 1897：跋 3.
② 增田廉吉. 锁国の窗 [M]. 大阪：每日新闻社出版局，1943：129.
③ 许海华. 幕末における长崎唐通事の体制 [J]. 东アジア文化交涉研究，2011（5）：273.
④ 朱清泽，郑建新. 郑成功 [M]. 北京：军事科学出版社，2007：7-9.
⑤ 陈支平. 从新发现的《郑氏家谱》看明末郑芝龙家族的海上活动及其与广东澳门的关系 [J]. 明史研究，2007：245.
⑥ 原文有误，郑干辅实为郑宗明八世孙。

从于嫡母，非常孝顺。受业于周竹溪，极其聪明出众。十五岁从官，十七岁超越父亲。父亲为此而沾沾自喜，没过几年就辞世。时适周老师辞去常年所任的帮办职务，其后先生被推荐为候补，先生由此突然超越诸位前辈，执掌唐商及其他要务。后日，自愿报名入江户昌平校，四年后回到长崎，远离所有公务，专心教导门徒。此之前，先生娶某氏之女，因多病无子。于是在其学生中收纳同僚吴泰藏之弟牛郎作为嗣子，他就是郑永宁。郑永宁出人头地，是先生升职为大通事之后的事情。嘉永末（1853 年前后），俄国使节侵袭北虾之时，幕府为了防备起见，命唐通事研究满洲语，先生开启了此路。安政四年（1857）幕府开放横滨港之际，先生请示长崎奉行，聘请美国人玛高温氏，与同僚的子弟一起学习了英语。当时世间有人提出异议，先生不顾这些，勉励徒弟专心学业。结果没过几年取得很大成绩。明治中兴外交事业繁盛之际，长崎唐通事大显身手名震朝野。这都是先生所赐。先生还常习禅，所以先生的学问极其简明正确，没有任何迂回，言谈流畅。万延庚申（1860）七月二十日离世，享年五十，葬于崇福寺一峰门下祖坟莹城。①

把这一文献概括起来，主要有以下内容。

第一，郑干辅的家世。郑干辅出生于 1811 年，是郑宗明的第九代后孙（实际为第八代），父亲叫邦宗（郑官十郎，1787 ~ 1828），干辅是庶子，生母早逝，由嫡母加幡氏带大，儿时十分孝顺。郑干辅妻子多病无子，他在学生中收同僚晋江籍吴泰藏之弟牛郎为嗣子，也就是郑永宁。郑永宁出人头地，后来成为明治政府出色的外交官。郑干辅于 1860 年与世长辞，享年 50 岁，葬于崇福寺一峰门下祖坟莹城。

第二，郑干辅少年时期。郑干辅 15 岁之前跟着周竹溪学习汉学，聪明过人。周竹溪是泉州籍周辰官的第六代后孙目附役周文次右卫门（? ~ 1826）。他曾经翻译过《忠臣藏演义》，是很有才华的华人后裔。②

① 增田廉吉. 鎖国の窓［M］. 大阪：每日新聞社出版局，1943：125 - 130.
② 参见本书第十三章第四节。

第三，郑干辅唐通事经历。13 岁任稽古通事见习，15 岁任正式的稽古通事，虽位居最低级唐通事，但也属于正式的唐通事，也就是长崎地役人。1826 年他的师父周竹溪离世后，郑干辅接替任帮办，执掌有关唐商等的事务。1827 年，郑干辅 17 岁时升任小通事末席，赶上了父亲的职位。此时父亲郑官十郎也是小通事末席。看到儿子的成长，郑官十郎十分高兴。第二年郑官十郎离开了人世。1836 年，郑干辅 27 岁时又升迁为小通事助。1857 年升至大通事。

第四，郑干辅江户昌平校学习时期。1837 年至 1840 年，郑干辅自愿赴江户，舍去优厚的工作待遇，入昌平校读书。所谓昌平校，就是于 1790 年成立的江户幕府直属的教育机关，也是东京帝国大学的前身之一，全称为昌平坂学问所。这说明，郑干辅不同于其他人，不仅高瞻远瞩，也有勇气和胆量，在明治维新 30 多年前就看到文明开化的曙光。

第五，郑干辅满语学习经历。1840 年，郑干辅从江户昌平校毕业回到长崎，心思已经完全不在唐通事工作上。虽然后来升至小通事（1844 年，34 岁），但还是专心钻研学问。1850 年，40 岁时，郑干辅被任命为学习满语世话挂，也就带头学习满语，一起学习满语的同僚还有大通事平野繁十郎（1796 ~ 1860，山西籍冯六的后孙）、颍川藤三郎（？ ~ 1859，龙溪籍陈冲一第八代后孙）。其背景是，日本嘉永年间（1848 ~ 1854）发生俄国人侵袭北海道北部地区的事件。这件事令幕府恐慌，为防备清朝人的侵袭，令长崎的唐通事学习满语。日本文献记载，郑干辅通满语，说明他具有语言学天赋，已经掌握了满语，并达到熟练的程度。

第六，郑干辅学习英语的经历。郑干辅一边学习满语，一边从事唐通事工作，职位也逐步升为大通事助（1851 年任）、大通事（1857 年任）。其间发生美国黑船事件（1853），敲开了日本门户。1859 年，郑干辅最早意识到学习英语的重要性，认为唐通事仅仅学习汉语还不够，还要学习英语，并向长崎奉行提出建议，得到准许。1859 年，在郑干辅的带领下，何礼之（温州府永嘉县籍何海庵后孙）、游龙彦三郎（福清籍林时亮后孙）、彭城大次郎（江苏省淮安府籍华人刘凤岐第十一代后人）、太田源三郎（福州籍田氏后孙）和平井义十郎（祖籍不明）等跟随美国人玛高温学习英语。玛高温是纽约人，传教士、医师，在长崎只逗留两周，郑干辅等人勤奋好学，具有语言学天赋，在短短两周之内掌握了英语入门要领，这在当时被传为佳话，为明治维政府输送了一批英语人才。郑干辅收下20多个弟子传教英语，其中比较有影响的有何礼之（翻译家、政治家）、郑永宁（养子，外交家）、颍川君平（驻纽约领事）、平井希昌（义十郎，长崎最高翻译官）、柳谷谦太郎（驻旧金山领事）等。

郑干辅作为华人的后裔，在日本江户时期最早放眼世界，率先学习英语，培养英语人才，为日本文明开化以及明治维新做出了巨大贡献。他的英名永远留在日本史册。

三 著名外交家郑永宁父子三人

郑永宁（1829～1897），原名吴卯四郎（牛郎）、右十郎。很多人说郑永宁是郑成功的后裔，其实二者没有任何血缘关系，郑永宁作为郑干辅的养子，是名义上的郑家后裔。他的生父为福建晋江籍吴荣宗的第八代后裔吴用藏（1794～1831）。郑永宁20岁才踏入唐通事门槛，23岁升为小通事末席，32岁任小通事过人，一直到唐通事体制解体。他是郑家最后一位唐通事。

郑永宁作为郑干辅的养子，踊跃学习英语，初显英语才华，精通英汉日三语。幕末郑永宁和他的吴氏家族亲兄弟在唐通事中占据了半壁江山。明治维新后，凭借语言优势，一开始进入长崎地方政府，与他的亲兄吴硕一道任广运馆翻译方（翻译官），1869年被调入外务省，历任大译官、外务少记、一等书记官、权大书记官，曾两度出任驻华临时全权公使。[①]

郑永宁与中国的关系最密切，结识了很多清朝官员。当时清政府没有日语翻译官，凡是中日之间发生的外交关系，基本都由郑永宁担任翻译。查阅《日本外务文书》可发现，从1868年第一卷到1894年第二十七卷，频繁地出现郑永宁的名字，他跟随柳原前光、伊达宗城、副岛种臣、大久保利通、森有礼、伊藤博文访问中国，主要担任翻译官、书记官。他参与了签署《中日修好条规》的整个过程，多次跟随柳原前光、伊达宗城等大

---

① 宫田安.唐通事家系论考 ［M］.长崎：长崎文献社，1979：682－683.

臣前来中国交涉。由于在签署《中日修好条规》中有功，获得正五位勋五等勋章。在琉球漂民事件和日军入侵中国台湾事件（1871～1874）的处理过程中，郑永宁也担任过驻华特命全权公使柳原前光的翻译官。森有礼与李鸿章就朝鲜问题进行谈判时，郑永宁也在谈判席上。1881 年任司法省御用挂（参事），训点翻译《大清会典》《法国律例》等文献。1885 年，郑永宁又被调回外务省，跟随伊藤博文到天津签订了中日《天津条约》。1888年 68 岁时，在外务省退休，1897 年在东京去世，享年 69 岁。①

郑永昌（1855～1931），郑永宁的长子。宫田安说永昌是郑永宁的二子，但核对三个儿子的出生年，永昌年龄最大，排序是长子永昌，次子永庆，三子永邦。1855 年生于长崎，一直到 1869 年都在长崎度过。1872 年17 岁毕业于外务省汉语学校，同年随父亲郑永宁到北京，后继承郑家事业，进入外务省，成为外交官，历任日本驻北京公使馆一等书记。1874～1877 年留学美国，毕业后任日本驻纽约领事馆书记，前后长达 7 年。1889年转任日本驻北京公使馆交际官，1892 年升为二等书记官。中日甲午战争时期从军，日本占领旅顺后担任当地的"民政官"，战后复职回到驻北京公使馆任书记官。1896 年调任驻天津领事馆二等领事，1897～1901 年任驻天津一等领事。1902 年任袁世凯的顾问。1913 年任直隶省（今河北省）长芦盐务稽核所所长，1921 年调任奉天（今沈阳）盐务稽核所所长。1923年辞职，回日本名古屋养老。1931 年去世，享年 77 岁。② 宫田安考证，其前妻为长崎控诉院（法院）院长长夜敏行的次女，后妻郑滨子是社会名人。

郑永邦（1863～1916），郑永宁三子。出生于长崎，东京外国语学校毕业，1880 年任日本驻北京公使馆见习翻译，1885 年代替其父亲郑永宁，担任伊藤博文的话语翻译。甲午战争时期参军，甲午战争后订立《马关条约》时，郑永邦任伊藤博文的翻译。1896 年郑永邦曾任日本驻北京公使馆书记官。义和团事件发生时，全力保护驻北京日本公使馆，并出面与清政府交涉。后升任驻北京公使馆二等书记官，1905 年 12 月，郑永邦跟随外务大臣小村寿太郎到北京缔结《满洲善后协约》。1906 年调任驻英使馆书

① 日本人物辞典编纂委员会编．日本人物辞典［M］．北京：商务印书馆，1988：3009.
② 日本人物辞典编纂委员会编．日本人物辞典［M］．北京：商务印书馆，1988：3008.

记官。1911 年又调到驻北京公使馆，1913 年 51 岁时辞职，1916 年离世。

郑永宁与两个儿子都是日本政府外务省高级官员，所承担的角色是起草、记录、整理文书的书记官，也是汉英翻译官，他们是语言学英才。郑永宁作为末代唐通事，他和他的两个儿子身上明显带有双重身份，既是名义上的华人后裔，又是日本政府官员；对日本政府而言，他们是功臣，但对中国人民而言，和平外交时期，他们所担任的角色是中日两国的使者，而在中日外交纠纷迭起，发生对峙、战争的年代，他们又是日本军国主义的帮凶。郑永宁父子所任职的年代，几乎没有和平外交，中国始终处于挨打、挨欺负的弱势地位，虽然他们是名义上的华人后裔，但作为日本政府官员，无法站在中国的立场上。其实，郑永宁名义上出生于晋江籍吴荣宗后孙家庭，继承长乐籍郑干辅的唐通事役株，也使用华人的姓氏，但他的血脉已经与华人没有关系。

四 实业家郑永庆

郑永庆（1859~1895），郑永宁次子，明治维新初期实业家，创办日本第一家咖啡馆。关于郑永庆的存在，国内很少有人知道，但在日本他是个相当有名的人物。

郑永庆 1859 年出生于长崎，由于家门是唐通事世家，从小受到良好的家庭教育，读过"四书""五经"等经典。由于其祖父郑干辅与父亲郑永宁不仅擅长中国古典文化，还最早习得英语，受到家庭熏陶，郑永庆也从小就掌握了汉语和英语。明治维新后郑永宁进入外务省成为外交官，1870 年到中国与清政府谈判签订《中日修好条规》期间，带着长子永昌和次子永庆。此时，永庆 14 岁，在中国度过 3 年，主要学习汉语。1872 年，回到东京，不久到京都跟着法国人学习法语。郑永庆掌握 4 种语言，堪称语言学天才。1874 年，其兄永昌留学美国期间，永庆也跟随去美国，进入哥伦比亚大学，同期日本留学生中有日本明治时代的著名政治家鸠山和夫。1879 年，永庆在美国患病，未拿到学位，中途回国。回国后一开始受雇于外务省，职位是御用挂，不久辞职到冈山县师范学校任教头。出身于外交官世家的郑永庆不甘于现状，又回到东京，进入大藏省任法语通译，但由于美国中退留学生的名声影响了他的仕途，于是不得不辞职寻找新的门路。

这回郑永庆走的是实业之路。1888 年，在被烧毁的自家宅院盖起洋馆，成立了日本第一家咖啡馆——可否茶馆。他天真地认为，"文明开化"的年代，大众需要一个社交场所。但开业不久，无人光顾，他背负了一大堆债务，只好关门。1995 年，没能实现远大抱负的郑永庆，英年早逝。[①]

郑永庆的咖啡馆虽然没有成功，但给当时的日本社会留下了很深的影响，他把欧美新式咖啡馆风格展示给时人，同时给还没有开化的日本带来了文明的新鲜空气。他于 1888 年编著《可否茶馆广告》，介绍世界茶馆风情，其遗著至今还保存在日本图书馆。

五　以郑宗明为始祖的唐通事家系

以郑宗明为始祖的唐通事世家，进入唐通事阶层的时间比较晚。第二代郑茂左卫门，1705 年才开始任低级唐通事（稽古通事见习），属于唐通事后起之秀。出 1 位大通事，3 位小通事格，共有 8 位唐通事。郑氏家门，在长崎虽然作为唐通事并不出名，但因培育出一代著名的语言学家郑干辅，著名外交家郑永宁父子三人和著名实业家郑永庆而闻名于世。

始祖　郑宗明（？～1715），住宅唐人，长乐县人。

第二代　郑茂左卫门（？～1724），与郑宗明关系不详，疑似兄弟。1705 年任稽古通事见习，1715 年任稽古通事。

第三代　郑贞次郎（？～1739），与前代关系不明，宫田安说疑似前代子，《译司统谱》里有稽古通事见习郑贞次郎的名字（1724 年任），1731 年出走。

第四代　郑敬左卫门（？～1787），原名文次郎，贞次郎子。由于父亲出走，以郑茂左卫门之子的名义继任稽古通事，职位升至小通事末席（1775 任）。

第五代　郑龙之助（？～1773），郑敬左卫门子，早于父亲离世，稽古通事见习（1769 年任）。

---

① 郭连友.唐通事在日本明治维新期发挥的历史作用［D］.北京：北京外国语大学日本语研究中心，2015：15－17.

第六代　郑孙四郎（？～1802），原名忠兵卫，郑敬左卫门次子，稽古通事（1787年任）。

第七代　郑官十郎（1787～1828），原名彦兵卫，讳邦宗，孙四郎子，16岁任稽古通事，35岁升至小通事末席（1821年任）。

第八代　郑干辅（1811～1860），原名大助、来助，讳昌延，字素敬，号敏齐。郑官十郎子，大通事（1857年任），通满语，最早习得英语的语言学英才。

第九代　郑永宁（1829～1897），原名吴卯四郎（牛郎）、右十郎，郑干辅义子，生父为吴用藏（晋江籍吴荣宗后裔），小通事过人（1860年任），外交官，郑家末代唐通事。

第十代　郑永昌（1855～1931），郑永宁长子，驻天津领事（1896年任二等领事，1897年任一等领事）。

△郑永庆（1859～1895），郑永宁次子，明治维新初期实业家，创办日本第一家咖啡馆。

△郑永邦（1863～1916），郑永宁三子。甲午战争后订立《马关条约》时，郑永邦任伊藤博文的翻译，郑永邦曾任日本驻北京公使馆书记官，义和团事件发生时，全力保护驻北京日本公使馆，并出面与清政府交涉。1905年12月，郑永邦跟随外务大臣小村寿太郎到北京签署《满洲善后协约》。

第十一代　郑梅雄（1888～1944），永昌子。

第二节　长乐籍马荣宇唐通事家系

以长乐籍马荣宇为始祖的中山氏家族，也是唐通事世家，但介入唐通事的时间比较晚，名气不大，多数担任低级唐通事。马氏家族虽然不是唐通事名门，但仍然在日本有一点名望，其原因是，父以子为荣，马荣宇的长子北山寿安是远近闻名的医师。

一　住宅唐人马荣宇

马荣宇（？～1654），讳晟，荣宇是字。万历末至天启初（1620年前后），也就是日本元和（1615 ~ 1624）中期，为躲避明末的兵乱而到日本长崎。到了长崎后，很快得到居住许可，获得住宅唐人的资格。马荣宇是药材商人，娶日本人樋口氏之三女，生二男。① 马荣宇晚年与崇福寺的住持超然（福州府籍，1629 年到长崎）、百拙（福州府籍，1646 年到长崎）、道者（莆田县籍，1647 年到长崎）有密切的来往，为崇福寺的创建做出过贡献。上述三位东渡僧人都是于隐元东渡之前到长崎的，是崇福寺历代住持，与当地华人保持亲密的关系，为隐元东渡日本打下了良好的基础。马荣宇也是佛教信徒，经常游法苑，连离世也选择了禅门方式，1654 年 6 月 21 日午时沐浴，酉时安禅坐脱，也就是端坐念佛，坐着离开人世。

据宫田安考证，马荣宇的祖籍是福建省长乐县。马荣宇出身于武将世家，后汉时期出现过马援将军，三国时期有马超将军，他们都是扶风茂陵（今陕西兴平）人。明代出现马铎，马铎字彦声，出生于福建省长乐县，永乐十年状元，精于经史，家里经营梅岩书屋，从马铎开始从武将转变成文官。

马援和马超是我国历史上的著名人物。《后汉书·马援列传》和《三国志·马超传》，对马援和马超分别进行了专门的记述。

马铎是明代名臣，民间有"一日君"的传说。《长乐市志》② 载：

> 马铎（1368 ~ 1423），字彦声，一字梅岩，岭前人。马铎少时从郑宣学《礼记》，聪明非凡，能下笔成文。明永乐十年（1412）中进士第一，授翰林院修撰，深得明成祖信任。永乐十一年和十五年，明成祖二次去北京，留太子朱高炽在南京监国，都命马铎辅太子。马铎对于公事，无论劳苦、艰险，都敢独自承担。太子朱高炽屡次对翰林学士杨士奇说："马铎可谓质实无伪者矣。"因此公务多由马铎代行。

据李献璋考证，马荣宇字晟，排行老二，长兄马升，弟马晚，父亲叫唯仁，五府君。日本有的文献说，马荣宇是名医马莳的儿子，但马莳是浙

---

① 宫田安．唐通事家系论考［M］．长崎：长崎文献社，1979：593 - 595.

② 长乐市地方志编纂委员会编．长乐市志［M］．福州：福建人民出版社，2001.

江一代的马氏先人，与马荣宇不是一个支系。① 李献璋与宫田安的说法至少有一点是一致的，那就是，马荣宇的字为晟。

根据日本文献记述的线索，笔者探访过长乐区潭头镇岭南村。岭南村与刘一水的原籍二刘村是邻村，都在潭头镇境内。岭南村是马铎的出生地，村里至今还有马铎故居（见图 10 - 1 和图 10 - 2）。马铎故居围墙上，有马铎故居简介，上面写道：

图 10 - 1　马铎故居

图 10 - 2　"状元及第"金字匾

① 李献璋. 長崎唐人の研究［M］.東京：親和銀行ふるさと振興基金会，1991：260 - 262.

明马修撰宅（即马铎故居），位于长乐市潭头镇岭南村，雁山之麓，前临岭西湖（领南湖），面对鱼、虾、蟹、鲎四灵山。始建于明永乐间（1403～1424），七柱六扇五间出游廊，进深14米，面宽16米，埕深3米、宽9米，左右廊榭各3间，单檐硬山顶、木构。其居据山林之胜，名曰"梅岩"，遂以为号。大厅原有两副对联，一云："圣朝礼乐传三代，翰苑文章第一家。"一云："京监状元天下有，代主郊天世间无。"据传，此联为永乐帝御赐，马家子孙皆以此为荣。厅前正门横额上，原有一块直式朱砂底、红边，永乐帝御赐的"状元及第"金字匾。……民国24年，专员兼县长王伯秋，奉檄设民众教育馆，委肖道五为馆长，着手收集有关地方文物时，此匾被征及。王伯秋新制一匾换取原匾陈列馆中，后散失。今马家后裔又复制一匾，悬挂在厅。马铎故居于1998年10月，被公布为市级文物保护单位。

笔者在岭南村书记的帮助下，找到岭南村马氏家谱（见图10-3）。这是手抄本，在这里，马铎是第十代，他的后代记录到七代。第十一代马旺，第十二代马纯，第十三代马德愈，第十四代马宗润，第十五代马凤翙，第十六代马驭，第十七代马荣。其中记载，第十七代马荣，字达华，行三，娶仙山李氏，生男行春，生于明万历丙寅（1566年，有误：丙寅年为嘉靖四十五年）十月十三日寅时，卒于清顺治?年十月十七日癸时（卒年不明），葬县山庄园。祖父马文璋—父马榆祖—马铎，这一派下世代居住在岭南村，而其他派下迁居到罗联乡（罗田）、玉田等地，如与马铎同辈的马镛（同属第四代祖先马聪的第十代后孙）就是罗田派下的始祖。

第十七代马荣是不是马荣宇？从生卒年看，马荣生于1566年，卒于顺治年间，也就是1638～1661年，与长崎的马荣宇在世年代很接近，但家谱中明确记载着马荣娶李氏，生一男，墓地在县山庄园，显然与卒于日本长崎的马荣宇对不上号。看来马荣宇不是第四代马聪的后代，也就是说，不是马铎的直系后代。确切地说，马荣宇与马铎应该是同宗不同派下的后孙。

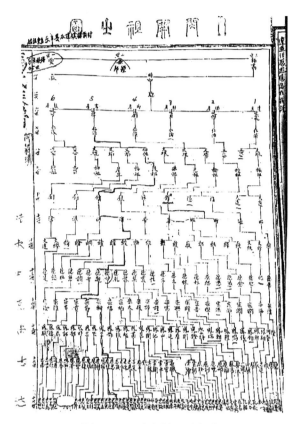

图 10－3　岭南村马氏家谱

二　名医北山寿安

北山寿安（？～1701）是马荣宇的长子，生母为日本人樋口氏。北山寿安，也叫道长，号友松，别号寿庵、逃禅庵，没有使用马姓。他出生于长崎，并在长崎学医，后到大阪行医，成为日本名医，是被载入沙县籍卢千里撰写的《长崎先民传》的著名人物。

《长崎先民传》"北山道长"中的内容，概括起来，主要有以下几个方面：

第一，北山寿安的身世，与宫田安考证的内容一致，父亲闽人，名曰荣宇。道长卒于大阪，有子，早于父亲离世，门人某氏继承家业。

第二，到大阪之前，少年时期擅长闽语，跟着东渡僧人独立和化林禅师学医，传习"方外之方，法外之法"，也就是，跟着师傅，不仅学习先人医术，还掌握书本外的秘方绝术，同时读"素难"①医书。学成之后，逐渐成为优秀的医师。但觉得在长崎无法施展才华，于是遨游各地，放弃家业。在去摄州、大阪的途中，路过比较富裕的小仓藩（今福冈县），藩主源氏得知道长会讲闽语，可胜任唐通事，于是承诺给他余禀（鱼肉米），并提供每年 20 人扶持米，要他留下来。面对如此优厚的待遇，他毫不犹豫，婉言谢绝藩主的好意，直奔大阪。

第三，在大阪开医馆行医。当时的大阪是大城市，很繁华、富裕，各路豪杰俊士云集于此，是人人向往的地方。道长寓居大阪，开张行医，经常宴请患者，见者无不称奇。即使医术高明的老医生，都无法与道长的医术相媲美。王侯贵族重金聘请，都被他拒绝。不久道长家集聚了万贯财富，他的居所被人称为"逃堂"，遂称"仁寿庵"。

第四，道长是多才多艺的学者。道长读遍古今医书，每当读到不当之处，立即予以纠正，曾说："古今方书（医书）汗牛充栋，何必新著书之为。不若纠古人谬，解后生惑，吾安不能，因削笔之。"《医方考绳愆》等就是纠正谬误之处的杰作。他的《增广口诀》等著书流传于世。

他的医学著作很多，如《北山医案》《北山医话》《方考评议》《医方考绳愆》《众方规矩》《医方大成论抄》《首书纂言方考》《首书医方口译集》等，有的至今还摆在图书馆供人阅读。笔者收集到《北山医案》（见图 10 - 4），这是道长撰写的医书，其实就是病例记录，分上、中、下三册，于日本元禄年间（1688～1704）写成。书中详细记录了几十种成功救治的病例，最后还收录了独立禅师的药方几十种。这是道长几十年行医积累的医术药方，凝聚着他爱患如亲的仁心，是几十年钻研医学的结晶。

北山道长的医术是跟着东渡僧人医师学成的。道长的第一位师父是浙江杭州府籍的独立禅师（1596～1672）。② 独立也是著名医师，他比隐元早一年（1653）到长崎，隐元到日本后，遂拜隐元为师，剃度出家。独立在日本游历各地，广施药品，行医救治，人称神医。道长在长崎生长，父亲

---

① 素难，指中国医学典籍《素问》和《难经》。
② 山本悦心. 黄檗东渡僧宝传：下卷 ［M］. 爱知：黄檗堂，1841：11-12.

图 10-4　北山道长的著作《北山医案》

马荣宇又是崇福寺的檀越，而独立又长时间住在崇福寺，所以独立与马荣宇父子之间关系很亲近。道长的第二位师父是福州府籍的化林性英（1597～1667）禅师。① 化林禅师在中国时以儒医为业，擅长书画技艺。化林是在闽侯县雪峰山，拜即非禅师剃度出家的。1661 年到长崎，住进崇福寺，也任过崇福寺住持，他医术高明，与独立齐名，被称为"桑门巨擘"。作为崇福寺住持的化林，同样与檀越北山道长亲密交往，收北山道长为徒。北山道长也是虔诚的黄檗宗教徒，他与即非、千呆、大眉等名僧保持交往，跟随名僧潜心修禅。

　　北山道长医术高明，爱患如亲，经常给穷人施舍药品，医治过无数疑难杂症，挽救过无数人的生命。他博览群书，专心著述，给后人留下了宝贵的医学财富。他是中日两国人民都引以为傲的医术、医学英才。

三　以马荣宇为始祖的唐通事家系

　　以马荣宇为始祖的中山马氏家族，作为唐通事家族，名气并不大，不

---

①　山本悦心. 黄檗东渡僧宝传：下卷 ［M］. 爱知：黄檗堂，1841：20-21.

仅介入唐通事的时间晚，而且子孙多数担任内通事和低级唐通事，虽然有一个分家，但不到三代因盗窃罪断送唐通事役株。中山家系出大通事过人1人，唐通事目附1人，大通事格2人，小通事1人，小通事格2人，先后12人担任唐通事。

马荣宇的后代改姓"中山"。1636年长崎到任一位姓氏为马场的奉行，为避讳改姓中山。

（一）中山（马）氏本家

始祖　马荣宇（？～1654），讳晟，万历末，也就是日本元和（1615～1623）中期至长崎，原籍福建省长乐县，住宅唐人，药材商人，娶日本樋口之女，生二男。

△长子北山寿安（？～1701），号友松，别号寿庵、逃禅堂，随东渡僧人化林（福州府籍）与独立（杭州府籍）学医，后到大阪行医，成名医。

第一代　中山藤左卫门（？～1679），讳荣长，马荣宇二子，商人，由于会讲唐话，被推荐为唐通事候选人，但拒绝任官职，改姓中山。

第二代　中山太平次（？～1728），第一代女婿，持南京话，内通事小头，值组定役，宁波船与温州船遇难时曾出面营救。

第三代　中山太左卫门（1690～1758），讳宗荣，第二代女婿，小通事并（1745年任），唐通事目附（1755年任）。

第四代　中山太左卫门（？～1782），原名政太郎、伊右卫门，讳保高，第三代女婿，小通事末席（1766年任）。

第五代　中山辰三郎（？～1784），第四代养子，稽古通事（1772年任）。

第六代　中山伊右卫门（？～1821），原名太四郎，讳保高，第四代嫡子。小通事助（1819年任），丝割符末席。

第七代　中山太平次（1793～1843），讳良钢，第六代义子，小通事（1841年任）。

第八代　中山太平次（1816～1878），原名健次郎，讳昌丰，第七代次子，大通事过人（1860年任），中山家末代唐通事。

△北山玄庵，中山太平次之兄，医师。

第九代　中山安太郎（1836～1851），无薪稽古通事（1846 年任），第八代侄子（北山玄庵次子）。

第十代　中山玄三（1836～1868），讳君达，北山玄庵女婿，无薪稽古通事，小通事助（1865 年任）。

（二）中山（马）氏分家

第一代　中山太八郎（？～1761），本家第三代中山太左卫门女婿，稽古通事（1747 年任），《长崎实录大成》序文作者，稽古通事（1747 年任），因博学而远近闻名，与东渡僧人道本有来往，编撰《摘疏集》。

第二代　中山新次郎，原名代八、新九郎，讳翰如，太八郎长子，稽古通事见习（1740 年任）。

第三代　中山直次郎（1746～1778），原名藤左卫门、直右卫门，讳自骏，第一代次子。稽古通事（1761 年任），因盗窃罪，被处以死刑。

第十一章　福州府籍唐通事家系

福州府籍唐通事家族有 4 个，他们在长崎社会地位比较低，都从唐年行司、唐船请人和内通事小头起步，职位也都不高，远不及同一个府内的福清和长乐县籍华人家族。列入福州府籍唐通事家系的 4 个始祖，其具体出生地无法考证，有的疑似福清籍。但按照日本学者的说法，暂且放在福州府来考察。

第一节　福州府籍陈九官唐通事家系

江户时期，在长崎华人世界里，陈氏最多，颍川（陈）氏住宅唐人就有 10 个，其中有 6 个出自唐通事世家：陈冲一、陈九官、陈敬山、陈清官、陈三官、陈一官。陈冲一是福建省龙溪县籍，陈九官（独健）是浙江籍，其余 4 人原籍不明。此外，有 2 个陈姓直接使用日本妻子的姓，福州府籍陈奕山的后代使用矢岛，漳州府籍陈潜明的后人使用西村；还有一个陈姓，福州府的陈九官没有改姓。本节介绍福州府籍陈九官唐通事家系。

一　唐船请人陈九官

陈九官（？～1686），福州人，1632 年到长崎，唐船请人。宫田安在《唐通事家系论考》中，只考证了浙江籍陈九官（独健），只是提到还有一个唐船请人陈九官，但排除在唐通事家系之外。

据李献璋考证，陈九官是福州人，日本宽永九年（1632）到长崎，身份是商人。1650 年兴化府莆田县籍超元到长崎，成为崇福寺第三代住持，此时陈九官作为崇福寺檀越，帮助过超元禅师，并为崇福寺的建设和维持出了不少力。陈九官到日本后娶了日本女子，生有子女。在长崎经营"船宿"（专为唐船贸易商人开设的旅店），1663 年被任命为唐船请人，1686 年病死于长崎。①

唐船请人与唐年行司一样，都是幕府实行禁海令的产物，是限制外国船只带进基督教徒的一种手段。凡是进入长崎的唐船都须经唐船请人做担保，方可登陆进行贸易。最早担任唐船请人的是漳州府的蔡三官，《译司统谱》没有记入始任时间，之后日本宽文三年（1663）被任命的有 6 人。唐船请人作为非正式的唐通事，看似无权势，但有薪水，属于广义上的唐通事。最初，凡是到长崎的唐船船主必须认识这 7 家华人，并经他们做担保，最后经长崎奉行许可，方可登岸交易。对于唐船贸易商而言，认识唐船请人是到长崎进行贸易的必要前提。

江户时期的唐船请人制度，至今残留于日本居民租房、就职等日常生活，也关系到 20 世纪末赴日的中国留学生。1972 年中日建交后，中国自费留学生申请去日本，必须找一位日本籍或具有永驻权的外国人作"身元保证人"。笔者于 1995 年自费去日本留学时，也是通过熟人找到具有永驻权的韩国人作身元保证人的。其实，身元保证人制度只起到限制人数，保证留学生质量的一种辅助作用。名义上，身元保证人要为留学生提供生活保障，当留学生触犯法律时承担连带责任，但实际上不承担任何责任。日本政府也了解身元保证人只是"稻草人"，所以进入 21 世纪后改革留学生签证程序，取消了这一制度。

二　以陈九官为始祖的唐船请人家系

福州府籍陈九官家系，作为唐通事世家，职位低，其后代未能进入正式的唐通事阶层。颖川君平在《译司统谱》②，罗列了 51 位唐船请人的名单。其中，陈九官家系如下：

始祖　陈九官，日本宽文三年（1663）始任，宽文十二年（1672）被免，贞享三年（1686）四月十二日病死。

---

① 李献璋．長崎唐人の研究［M］．東京：親和銀行ふるさと振興基金会，1991：309－310.
② 颖川君平．译司统谱［M］.1897：112－115.

第二代　陈长右卫门，陈九官之子，在任期间为 1686～1724 年。

第三代　陈弥吉，陈长右卫门之子，在任期间为 1724～1771 年。因 1764 年撤销唐船请人职位，故此后改任内通事小头见习。

第四代　陈和平，陈弥吉之子，在任期间为 1771～1779 年。

第五代　陈传九郎，陈和平之子，内通事小头见习，被任命时间为 1779 年。

第六代　陈千藏，陈传九郎之子，内通事小头见习，被任命时间为 1785 年。

第七代　陈吉右卫门，陈千藏之子，内通事小头见习，在任期间为 1801～1832 年。

第八代　陈吉右卫门，前代吉右卫门之子，1832 年任内通事小头见习，1843 年被免。

第九代　陈富一郎，第八代吉右卫门之子，1843 年任内通事小头见习。

第十代　陈八三郎，陈富一郎之子，1851 年任内通事小头见习。

第二节　福州府籍陈奕山唐通事家系

长崎矢岛氏（陈氏），始祖陈奕山（1574～1651），排行三官，1635 年任唐年行司。林陆朗、李献璋称他为福州帮头领之一。

一　唐年行司陈奕山

宫田安在《唐通事家系论考》[①] 中，有关陈奕山的信息很少，由于没有文献资料，只从第四代孙开始记载，共 6 代 7 人，没有出大小通事，多数充任内通事、唐年行司等低级职务。

据李献璋考证[②]，陈奕山生于 1574 年，卒于 1651 年，大约日本庆长年间（1596～1615）中期，也就是 17 世纪初到长崎，商人身份，到长崎

---

① 宫田安. 唐通事家系论考 [M]. 长崎：长崎文献社，1979：150－156.
② 李献璋. 長崎唐人の研究 [M]. 東京：親和銀行ふるさと振興基金会，1991：278－279.

后事业成功，成为福州帮"头人"（头领），1635 年被任命为唐年行司，有一子一女。

颖川君平在《译司统谱》中，记录的矢岛氏均为陈奕山后代。以此推测，陈奕山到长崎后，娶矢岛氏日本女子，其后代沿用矢岛姓氏。

关于唐年行司职务产生的背景，在其他章节中有过介绍。简言之，唐年行司是日本幕府当局实行禁海令的产物。1635 年后，由于唐船全部集中于长崎，长崎周边的华人也都集中于长崎，给管理上造成很大的压力，幕府为了防止华人冒犯"国禁"，也为便于调解纠纷，决定设立"唐年行司"职位，在有威望的住宅唐人中遴选。说得通俗一点，唐年行司是长崎地方政府的辅助人员，是长崎华人的自治机构，长崎奉行为此刻制印章叫"御朱印"，轮番代管，以防在火灾等灾难中遗失。当年首批华人帮头领有 6人，欧阳云台（祖籍福建漳州，后移居南昌）和何三官是三江（江南、江西、浙江）帮头领，张三官（张敬泉）和银七官是漳泉帮头领，何八官、陈奕山和林时亮（第二批任命）是福州帮头领。

陈奕山被任命为福州帮三位头领之一，意味着他经济实力雄厚，有学识，有威望。福州帮就是出生于福州地区的华人民间团体。当时，在长崎的福州地区华人主要来自福清、长乐、福州府城。在福州帮三位头领中，陈奕山到长崎的时间最早，起家也早，何毓楚（八官）和林时亮晚于陈奕山到长崎，起步晚，但由于他们二人的儿子优秀，都进入正式的唐通事阶层，所以后来居上。当时在长崎，福州帮人数最多，实力最强，宗教活动以及婚丧嫁娶等活动都是以"帮"为单位，以头领为中心举行，头领承担福州地区华人之间民事纠纷调解的职责。唐年行司职位由长崎奉行任命，也是广义上的唐通事，一开始拥有很高的地位，可以说他们扮演着华侨领袖的角色，主要职责是管理唐人，当唐人违反禁令，发生纠纷时出面调停。但 1689 年成立唐人屋敷后，唐年行司的地位逐渐被取代。

二　以陈奕山为始祖的唐通事家系

陈奕山与日本矢岛氏女儿结婚，生有一男一女。但陈奕山的儿子和孙子没有继承父业，曾孙开始任内通事小头，传承至第九代，便到了幕末。

根据日本有关文献，整理陈奕山唐通事家系如下：

始祖　陈奕山（1574～1651），1635 年任唐年行司。

第一代　陈泡散，陈奕山之子；陈影霞，陈奕山之女。

第二代　无记录。

第三代　无记录。

第四代　矢岛专助（1715～1756），内通事小头（1731 年任）。

第五代　矢岛七左卫门（?～?），第四代子，内通事小头（1757 年任）。

第六代　矢岛庄次郎（?～?），第五代子，内通事小头（1774 年任）。

第七代　矢岛佐忠太（1748～1830），讳祇房，唐年行司（1811 年任），稽古通事格（1824 年任）。

第八代　矢岛京十郎（1797～1838），第七代子，唐年行司见习（1811 年任）。

△矢岛胜之进（?～?），第七代义子，内通事小头见习（1799 年任）。

第九代　矢岛富太郎（?～?），第八代义子，唐年行司（1839 年任）。

第三节　福州府籍薛八官唐通事家系

在长崎，薛姓唐通事有两家，一家始祖是薛八官，原籍福州府，另一家始祖是薛性由，原籍不明，但崇福寺祠堂里有他的牌位，疑似福州府人。两家在长崎，都没有改姓，后代都使用薛姓。本节只介绍薛八官一家。

一　唐船请人薛八官

始祖薛八官（1597～1678），原名薛禄，福建省福州人，1628 年前后到日本长崎，商人身份，后任唐船请人，是获得朱印状的在日华人之一。[①]宫田安和李献璋都说，有关薛八官的文献资料缺失。

按常理，薛八官到长崎后，事业有成，娶日本大家闺秀为妻。能够

---

①　吴伟明.十七世纪的在日华人与南洋贸易［J］.海交史研究，2004（1）.

挤入唐船请人行列里，其实也不容易。当时在长崎有上万华人，多数是普通商人，做小本生意。薛八官取得唐船请人资格，意味着他的后代可以世袭这一职位。担任唐船请人虽然有薪水，但微不足道，无法养活一家人。《译司统谱》有两处记载唐船请人俸禄为 300~510 文目，相当于 5~8.5 两金，与大通事的 33 贯目相比，简直是天壤之别。其实，担任唐船请人的华人，都是商人，他们的第一生业是经商，业余兼任唐船请人。

二　以薛八官为始祖的唐通事家系

薛八官的后代记录到第十三代，多数充任唐船请人、稽古通事见习等低级唐通事。薛八官家族，共有 11 代 13 人出任唐通事。

始祖　薛八官（1597~1678），福州府人，唐船请人（1663 年任）。

第二代　薛八卫门（？~1698），薛八官嫡子，唐船请人（1680 年任）。

第三代　薛次郎八（？~?），前代嫡子，唐船请人（1699 年任）。

△薛次郎右卫门（？~1723），薛次郎八之弟，唐船请人（1714 年任）。

第四代　薛八郎兵卫（？~1726），次郎八养子，唐船请人（1723 年任）。

第五代　薛清次郎（？~?），前代嫡子，唐船请人（1726 年任）。

第六代　薛藤次郎（？~1753），前代嫡子，唐船请人（1745 年任）。

第七代　薛龙右卫门（1744~?），前代嫡子，唐船请人（1753 年任），1764 年撤销唐船请人职位后，改任内通事小头见习。

第八代　薛富五郎（？~?），与前代关系不明，唐船请人（1794 年任），此时已撤销唐船请人职位，但仍有记载。

第九代　薛杢弥（1783~1822），稽古通事格（1817 年任）。

第十代　薛其吉（1799~1818），前代嫡子，内通事小头见习（1813 年任）。

△薛万次郎（？~1861），前代次子，稽古通事格（1848 年任）。

第十一代　薛秀之助（1835～?），薛万次郎子，稽古通事见习（1861年任），薛家末代唐通事。

第十二代　薛信一（1858～1904），前代子。

第十三代　薛贯一（1874～1892），前代长子；薛英二（1888～1938），前代次子。

第四节　福州府籍太田氏唐通事家系

太田氏家族是长崎唐通事世家，第一代太田长左卫门，是福州府人，到日本后借用日本人的姓氏，原来姓田。

一　内通事小头太田长左卫门

颍川君平《译司统谱》① 中记载，宽文六年（1666），内通事编制定为 168 人，其中 7 人被任命为内通事小头。这 7 个内通事小头的名单如下：

南京方：下田弥三卫门、杉本久兵卫；

福州方：太田长左卫门、何长左卫门；

泉州方：颍川五郎左卫门、西村七兵卫、平木庄次郎。

首批被任命的 7 位内通事小头中，下田弥三卫门、杉本久兵卫、平木庄次郎的身份无法核实，此三人可能是日本人，颍川五郎左卫门是 10 家颍川陈氏华人家族的一位后代。太田长左卫门就是太田氏家族第一代，原籍福州府。何长左卫门是浙江温州府永嘉县籍北方何氏何海庵的长子。西村七兵卫是漳州府籍陈潜明的长子陈道秀，在日本俗称西村七兵卫。

郑永宁在《译司统谱》跋文② 中说，太田氏，中国人，姓氏为田，太田左卫门的先祖是太田道灌门下的人，有 2 子，其中长子服侍德川家康，任备中守（侍卫），次子曾视察东南亚贸易，后寓居长崎，被长崎奉行收留任唐通事。

---

① 颍川君平. 译司统谱［M］.1897：100.

② 颍川君平. 译司统谱［M］.1897：跋 3－4.

　　郑永宁提到的太田道灌（1432～1486）是日本室町时代的著名武将，他的后代都是日本武士。宫田安说，太田长左卫门是福州人，原本与太田道灌无关。太田左卫门的父辈到日本后与太田道灌的后代结交，袭用太田姓氏，其长子成为德川家康的近侍，次子留在长崎任唐通事，这个人就是太田长左卫门。可是，令人感到疑惑的是，被长崎奉行看中的人，为什么没有任正式的唐通事，后来才任内通事小头？最合理的解释为：他应该是由于语言能力的不足，不能胜任正式的唐通事。也就是，太田长左卫门作为长崎华人第二代，应该会说日语，但由于生长于日本，不会讲汉语普通话（南京话）或福州话。这种例子在其他家族中曾发生过，如长乐籍著名大通事刘宣义，他的儿子因语言能力差，没有继承唐通事役株。

　　太田长左卫门是内通事小头，他从编外唐通事起步，辛勤劳作，注重培养后代，把太田家族撑起，成为长崎令人羡慕的正式唐通事世家，培育出4位小通事级别的后孙，其中1位晋升为大通事级别的唐通事目附。

　　太田长左卫门的儿子没有继承父业。从长左卫门的孙子开始，超过祖父进入正式的唐通事阶层，虽然稽古通事级别低，但有薪水，为后代升职打下了良好的基础。太田家的第七代太田源三郎是幕末长崎乃至日本最早习得英语的英才之一。1858年，何礼之（浙江籍）、游龙彦三郎（长乐籍）、彭城大次郎（江苏籍）、太田源三郎和平井义十郎（原籍不明）等4位唐通事，奉长崎奉行之命，跟随英国货船华人船员学习英语。太田源三郎（资政）19岁开始任稽古通事，20岁继承父亲役株任小通事末席。1863年幕末，太田源三郎由于具有英语能力，被任命为神奈川奉行支配定役格。唐通事体制解体后赴东京进入工部省，后被调至外务省，成为幕府官僚，作为长崎名人被载入《长崎县人物传》。日本文久二年（1862）政府派遣了以竹内保德为正使的文久遣欧使节团，其中包括福泽谕吉等著名人物，太田源三郎作为翻译随行（见图11-1）。①

---

①　2009年6月2日至9月30日，日本外务省外交史料馆举办特别展览"日英交流事始——从幕末到明治"，其中有一幅随行翻译太田源三郎的照片。

图 11-1　在文久遣欧使节团任翻译官时期的太田源三郎

资料来源：日本外务省外交史料馆举办的特别展览"日英交流事始——从幕末到明治"。

二　太田氏唐通事家系

太田氏家族也是长崎唐通事世家，第一代从内通事小头起步，孙子辈开始步入正式的唐通事阶层，出大通事级别的唐通事目附 1 人，小通事级别的 4 人。太田家虽然起步晚，而且级别低，但后孙争气，属于唐通事世家中的后起之秀。

第一代　太田长左卫门（？～？），1666 年任内通事小头，福州人。

第二代　不明。

第三代　太田由左卫门（？～1742），稽古通事（1737 年任）。

第四代　太田由左卫门（？～1798），与前代同名，小通事（1785 年任），任唐通事长达 56 年。

第五代　太田甚助（？～1822），前代子，小通事并（1810 年任），任唐通事 42 年。

第六代　太田源一郎（1794～？），前代子，唐通事目附（1848 年任），任唐通事达 47 年，俸禄 7 贯目（约合 56 万日元），3 人扶持米。

第七代　太田资政（1835～1895），原名源三郎，前代次子，小通事末席（1854 年任），明治维新后进入工部省，后转到外务省。

△太田土佐二郎（1832～1851），前代长子，稽古通事（1849 年任），早于父亲离世。

第八代　太田伊代四郎（1843～?），太田资政之弟，名义上为前代义子，稽古通事见习，小通事末席（1864 年任），太田氏家族末代唐通事。

第十二章　漳州府籍唐通事家系

漳州府出身的唐通事家族共有七家，其中以陈冲一为始祖的颍川氏家族①是唐通事名门，其他六家也都出现过大通事或唐通事目附。漳州府籍唐通事皈依两个佛寺，陈冲一家是福济寺首席檀越，陈潜明（陈朴纯）家的第二代陈道胖（铁心）是圣福寺的开山和尚。

第一节　龙溪县籍陈潜明唐通事家系

江户时期，在长崎陈氏华人最多，多数改姓为颍川。漳州府有两家陈姓唐通事家族，其中一家是以陈冲一为始祖的颍川氏，另一家是以陈潜明为始祖的西村氏。

一　始祖陈潜明与其西村氏妻子

（一）龙溪县籍陈潜明与陈朴纯

陈潜明（？~1632），龙溪县人。日本元和年间（1615~1624）到长崎，商人，获得住宅唐人身份。到长崎后与日本武士世家西村氏的女儿结婚，生一女一男。此一男就是西村七兵卫（陈道秀）。1632年，陈潜明留下两个幼子离开人世。

陈潜明离世两年后，西村氏带着两岁的幼子陈道秀改嫁，第二位丈夫是陈潜明的同乡好友陈朴纯。与其说西村氏改嫁，倒不如说陈朴纯入赘西

---

① 参见本书第六章。

村家。田边茂启在《长崎实录大成》① 第十卷中列举的 33 位住宅唐人与颍川君平在《译司统谱》②"住宅唐人之觉"中列举的 10 位住宅唐人名单里，都没有陈朴纯的名字。陈朴纯与西村氏也生有一女一男。此一男就是后来的圣福寺开山和尚铁心（道胖）。1642 年，陈朴纯跟陈潜明一样，留下 2 岁的幼子道胖离开人世。

宫田安考证说，铁心之祖陈氏（朴纯），原来是漳州巨族，先祖曾经是宋朝宰相。宋代宰相中，陈姓有：陈宜中（温州人）、陈康伯（江西人）、陈俊卿（莆田人）、陈执中（南昌人）、陈旭、陈尧佐（阆州人）等人，其中只有陈俊卿是福建人。陈俊卿是不是陈朴纯的先祖有待考证。

（二）陈道秀与陈道胖

陈道秀（1631~1693），陈潜明嫡子，父亲死后在继父的温暖抚育下成长，一直到 11 岁，受到良好的家庭教育。据李献璋说，陈道秀"幼入孔门，勤学儒业，审译唐语"。③ 西村七兵卫（陈道秀）36 岁时，被任命为首批内通事小头。从这点上看，陈朴纯是经营船宿的商人。陈朴纯死后，陈道秀继承家业，也成了船宿老板。陈道秀后来使用母亲的姓——西村，成为优秀的唐通事。

1672 年，因陈道秀在继父的精心培育下，具备良好的语言学能力，所以破格升为小通事，获 5 人扶持米。从非正式的唐通事，从待遇低廉的内通事小头，没有经历稽古通事这一基础环节，一跃成为正式的小通事，这在当时的长崎华人世界里，是非常令人羡慕的。1678 年，帮助同母异父的弟弟铁心和尚建立圣福寺。1688 年，出面指挥救援福州遇难船。1693 年，陈道秀离开人世，享年 63 岁。他的儿子陈宗荣，继承役株，从稽古通事起步，最后成为小通事，晚年晋升为大通事级别的唐通事目附。

陈道胖（铁心），1641 年出生，生父为陈朴纯，是陈道秀同母异父的兄弟。陈道胖幼年丧父，在母亲西村氏的呵护下成长，师从王、黄两位华人，也受到良好的教育。但他与陈道秀走的是不同的道路，他不顾母亲的

---

① 田边茂启 . 长崎实录大成：第十卷 ［M］. 手抄本 .
② 颍川君平 . 译司统谱 ［M］. 1897：119.
③ 李献璋 . 長崎唐人の研究 ［M］. 東京：親和銀行ふるさと振興基金会，1991：219 - 227.

反对皈依佛门，剃度出家。1677 年，圣福寺得到长崎奉行牛込重杰的准许，开始建设，陈道胖成为开山和尚，法名铁心。

铁心跟随福济寺的木庵禅师习法修行，1658 年拜木庵为师剃度入佛门。1660 年木庵禅师登宇治黄檗山，铁心也伴随木庵上山，并服侍隐元禅师。当时，铁心得到了隐元禅师直接用福建话授教的宝贵机会。《新纂校订木庵全集》里有 8 处提到铁心（道胖），另有 4 篇是写给铁心的法语、颂偈。其中《铁心徒回山》，是 1677 铁心在长崎筹建圣福寺，第二年竣工之后再次登宇治黄檗山时，木庵禅师接见铁心，并写给他的法语，此时隐元已经寂逝。《新纂校订隐元全集》有 3 处提到铁心。

圣福寺属于长崎黄檗宗四福寺之一。但圣福寺与早年建成的"三福寺"有很大的区别，它们的建立具有不同的历史背景。原有的"三福寺"，主要由华人捐建，历代住持（约 10 代左右）都是东渡华僧，檀越施主也都是华人。圣福寺的建造晚于"三福寺"约 50 年，一开始得到了长崎奉行的支持，也得到了华商的帮助。铁心之后的历代圣福寺住持都是日本僧人，几乎没有华人檀越。圣福寺只有两家华人墓地，一家是西村氏家墓，安葬着铁心父母及兄长（道秀），另一家是以漳州府籍吴振浦为祖先的吴氏唐通事家墓。

圣福寺后来成为广东人的寺院。广东人到长崎，比起三江人和福建人晚大约两个半世纪。在幕府末期文久二年（1862）以后，跟随欧美人从海上来到长崎。他们来自香港、广州等地，最初以雇员或者贸易中介的身份进入欧美人创办的商社，在欧美商社进驻长崎之时一起进入。在那以后，他们逐渐独立出来，并创办了自己的商社，积极开展与香港和广州的贸易活动。广东人到日本后，不限于长崎一地，涵馆、横滨、神户等港口城市都有他们的身影。有的广东人在长崎定居后，就开始考虑死后的归属问题，经长崎奉行批准，获得广东人公共墓地。广东人与福建人一样，笃信佛教，定居下来后便开始寻找可皈依的寺院。福建人与三江人都有自己的寺院，初来乍到的广东人没有能力承建新寺院，于是把目光投向了当时尚未拥有华人檀越的圣福寺，请愿将圣福寺作为其皈依寺院。从此，圣福寺也被称为"广州寺"或"广东寺"。

二 以陈潜明为始祖的西村氏唐通事家系

以陈潜明为始祖的西村氏家族是长崎唐通事世家。第一代西村七兵卫与福州府太田长左卫门、温州府何长左卫门等一道被任命为首批内通事小头。西村氏家族虽然起步晚，起点低，但很快步入正式的唐通事阶层，是唐通事后起之秀。西村氏本家血缘关系纯正，到第八代为止，都是陈潜明的嫡子嫡孙。本家出大通事 2 人（含唐通事目附 1 人），小通事 3 人（含小通事末席 1 人），先后有 10 人出任唐通事，但第七代和第八代因犯罪受刑，断送了西村氏唐通事役株。分家也有 10 人出任唐通事，出 1 位唐通事目附，2 位小通事末席，其余都任稽古通事。

（一）西村氏本家

始祖 陈潜明（？～1632），住宅唐人。

第一代 西村七兵卫（1631～1693），中国名陈道秀，号石林，1666年第一批内通事小头之一，小通事（1672 年任）。1678 年，帮助同母异父的弟弟铁心和尚建立圣福寺。1688 年，出面指挥救援福州遇难船。

第二代 西村作平次（？～1733），讳宗荣，前代子。1694 年按照父亲遗愿为圣福寺捐洪钟。唐通事目附（1709 年任）。

△西村贞之进（？～1729），陈宗荣子，稽古通事（1721 年任），早于父亲离世。

△西村善太郎（？～？），陈宗荣义子，稽古通事（1732 年任）。

第三代 不明。

第四代 西村利源太（？～1748），陈宗荣次子，稽古通事（1743 年任）。

第五代 西村久平太（？～1783），讳侍政，前代子，稽古通事（1749年任）。

△西村藤八郎（1750～1809），久平太子，稽古通事（1766 年任）。

第六代 西村金兵卫（1761～1809），久平太三子，小通事（1802 年任）。

△颖川丰十郎（1800～1870），讳重明，金兵卫次子，被过继到龙溪

县籍陈冲一分家 A 继承役株，成第五代，大通事过人（1838 年任），唐通事诸立合（1858 年任）。

第七代 西村俊三郎（1787～1858），金兵卫长子，大通事（1828 年任），唐通事诸立合兼唐通事目附（1841 年任），后被判刑。

第八代 西村德三郎（？～？），小通事末席（1837 年任），1846 年受处分被除名。

（二）西村氏分家

第一代 西村七郎兵卫（？～？），本家第一代陈道秀子，1687 年任稽古通事，1697 年任小通事，1705 年升至唐通事目附。大谷山大光寺大檀越。

第二代 西村任七郎（？～1724），前代子，稽古通事（1705 年任）。

第三代 西村七郎兵卫（？～？），稽古通事（1723 年任）。

第四代 西村七郎太（？～？），稽古通事（1771 年任）。

第五代 西村和三郎（？～？），前代义子，稽古通事（1792 年任）。

第六代 西村千之助（？～？），前代义子，稽古通事（1797 年任）。

第七代 西村七三郎（？～？），稽古通事（1810 年任）。

第八代 西村七次郎（？～？），小通事末席（1830 年任）。

第九代 西村千代松（？～？），本家第七代俊二郎子，小通事末席（1847 年任）。

第十代 西村甚太郎，林氏后代，稽古通事（1854 年任）。

第二节 漳州府籍欧阳云台唐通事家系

江户时期，在长崎有两家欧阳氏家族，一家始祖是欧阳华宇和欧阳荣宇兄弟，另一家始祖是欧阳云台。增田廉吉指出，欧阳华宇等华人得到长崎代官末次平藏的批准，选择悟真寺内的墓地作为华人墓地，也就是现在的稻左唐人墓地。并说欧阳华宇与欧阳云台两家都是漳州府人，有很深的因缘。① 本节侧重介绍以欧阳云台为始祖的唐通事世家。

---

① 增田廉吉. 鎖国の窓［M］. 大阪：每日新聞社出版局，1943：77 - 80.

一　唐年行司欧阳云台

欧阳云台（？～1646），日本庆长（1596～1615）初期到长崎。关于欧阳云台的原籍问题，李献璋说欧阳云台是庐陵欧阳修后裔。祖先定居福建汀州，后移居江西省洪都府南昌。欧阳云台原来是医生，到日本后没有从医，因为贸易关系到日本，在经济上获得成功，成为三江帮头领。[①] 欧阳修是北宋时期著名的政治家、文学家。经核实，欧阳修的原籍，确实是庐陵（今江西吉安），父亲是欧阳观。[②]

但是，宫田安考证的结果有些不同。日本《阳氏过去账》里记载：开祖为福建漳州府欧阳云台公。这是欧阳云台第九代后孙阳市次兵卫记录的。其中提到欧阳氏的先祖侨居洪都府南昌，第二代阳惣右卫门的墓碑上刻有"二代福建漳州府"的字样。还说现在的兴福寺所在的位置原来是日本吉氏宅邸，后荒废，日本元和（1615～1624）初期，由欧阳氏购买建别墅。[③] 郑永宁在《译司统谱》跋文中介绍阳氏原姓为欧阳复姓，是中国复姓之一，阳氏始祖欧阳云台，日本宽永（1624～1643）中期获住宅唐人资格。但没有提到他的原籍。

从以上信息可知，欧阳云台原籍问题比较复杂。长崎华人认定他是三江帮头领，而且三江寺——兴福寺原来是欧阳云台的别墅，这说明欧阳云台的祖籍为江西是确凿无疑的。

但是，欧阳云台的子孙认定自己的祖籍是漳州府。其实这并不矛盾。这个问题可以从欧阳云台与同乡人欧阳华宇的关系说起。欧阳华宇属于最早在日本做生意的华人之一，而且是富商巨贾。据史料记载，欧阳华宇是获得朱印状的在日华人之一。两位欧阳氏之间关系十分密切，增田廉吉说他们具有血缘关系。从这一点分析，不排除欧阳云台后来移居漳州府，与欧阳华宇一起到长崎做海上贸易的可能。

---

① 李献璋. 長崎唐人の研究［M］. 東京：親和銀行ふるさと振興基金会，1991：179－183.
② 侯荣荣编. 欧阳修［M］. 北京：五洲传播出版社，2008：1－8.
③ 宫田安. 唐通事家系论考［M］. 长崎：长崎文献社，1979：321－322.

据增田廉吉说，欧阳云台和何毓楚到日本后曾担任过"丝挂役"。[①] 这个职务，对于商人而言是要职。丝挂役一般由日本人担任，作为华人能够担任这么重要的职位，一方面是因为欧阳云台和何毓楚具有一定的才华和经济实力，另一方面是因为得到时任长崎奉行的榊原职直（1634～1641 年在任）的信任。被任命时间是 1635 年，此时欧阳云台在长崎居住了至少30 年。

任丝挂役的同年，欧阳云台与其他五位住宅唐人被任命为唐年行司，而且排在第一位。其排名顺序是欧阳云台、何三官、江七官、张三官、何八官、陈奕山，第二年（1636）林时亮被任命为唐年行司。

欧阳云台是首席唐年行司，他是经济实力雄厚，有威望，又有学识的华人。令欧阳云台欣慰的是，他的子孙都超过他，成为正式的唐通事。欧阳云台的子孙把姓氏改为阳氏，从"欧阳"复姓中取"阳"字为姓氏。他的儿子阳惣右卫门成为大通事，嫡孙也是小通事。

阳氏家族从第四代开始由别姓继承其役株，但他们始终效忠欧阳祖先，一直到唐通事体制解体的幕末。其中，第十三代阳其二（1838～1906），是明治维新时期的实业家。阳其二曾任过小通事末席（1855 年任），幕末进长崎港会所。与日本近代活字印刷术开祖本木昌造一起携手创办活字印刷企业，创办横滨每日新闻社和王子制纸会社，曾任日本第一国立银行职员，第二、第三届日本国劝业博览会审查员。

二　以欧阳云台为始祖的唐通事家系

以欧阳云台为始祖的阳氏家族，是长崎唐通事世家。本家继承到第十三代，12 人出任唐通事，出大通事 3 人（含风说定役 1 人）、小通事及准小通事 6 人；分家传到第八代，出准小通事 4 人。

（一）阳氏本家

始祖　欧阳云台（？～1646），日本庆长初期到长崎，住宅唐人，唐年行司。

---

① 增田廉吉. 鎖国の窓［M］.大阪：每日新聞社出版局，1943：71－76.

第二代 阳惣右卫门（？～1675），讳国涧，字惣翁，云台嫡子。大通事（1662年任）。长崎大谷山大光寺大檀越，捐赠大光寺梵钟，1660年大光寺遭火灾，捐乔木修复寺院。

第三代 阳惣右卫门（？～1689），原名三郎右卫门，第二代嫡子。小通事（1675年任）。

第四代 阳市郎兵卫（1666～1714），第三代义子，小通事（1699年任），唐通事目附（1705年任），风说定役（1708年任）。

第五代 阳市郎兵卫（？～1755），原名吉十郎，号其明。大通事（1742年任），值组定立合通事（1747年任）。因隐瞒不正行为，受到免职处分，但仍然享受俸禄10贯目。

第六代 阳三郎右卫门（？～1764），原名久次郎，第五代长子，小通事末席（1755年任）。

第七代 阳新右卫门（1724～1765），原名茂十郎，第五代次子。小通事末席（1760年任）。

第八代 阳繁太郎（？～？），讳祐荣，第七代子，稽古通事（1765年任）。

第九代 阳市次兵卫（1758～1804）原名长之助，讳忠廉，第八代义子。小通事并（1797年任）。

第十代 阳邦太郎（1779～1812），第九代长子，稽古通事（1797年任）。

第十一代 阳良次郎（？～？），原名喜久之助，第九代次子，稽古通事（1812年任）。

第十二代 阳雄三郎（1809～1855），原名子之助，讳信胤，第十一代养子，生父谷川雄平。小通事过人（1846年任）。

第十三代 阳其二（1838～1906），前代嫡子。小通事末席（1855年任），幕末进长崎港会所。

（二）阳氏分家

本家第五代阳市郎兵卫的次子阳茂十郎，1747年任稽古通事，后来以阳新右卫门的名字继承本家第七代，后另立门户，成阳氏分家第一代。

第一代　阳新右卫门（1724～1765），原名茂十郎，本家第五代次子。小通事末席（1770 年任），后回到本家，由养子继任。

第二代　阳文五郎，第一代养子，稽古通事（1762～1773 年在职）。

第三代　阳政右卫门，小通事末席（1801 年任）。

第四代　阳藤八郎，前代义子，稽古通事（1792 年任）。

第五代　阳富吉，稽古通事（1810 年任）。

第六代　阳幸十郎，小通事末席（1828 年任）。

第七代　阳六一郎，稽古通事（1839 年任）。

第八代　阳健三，原名藤四郎，小通事并（1860 年任）。

第三节　漳州府籍蔡二官唐通事家系

江户时期，长崎有两家蔡氏唐通事家族，一家始祖是泉州府同安县籍蔡昆山①，另一家始祖是漳州府籍蔡二官。本节侧重介绍蔡二官。

一　蔡二官及其后孙

始祖蔡二官（?　～1682），1615 年到长崎。《译司统谱》在"住宅唐人觉"中记载："住宅唐人，蔡二官，漳州人，日本元和八年（1622）至天和二年（1682）住，此年死。"② 关于蔡二官的名、字、讳一概没有记载，二官是他的排行。

李献璋说，长崎上町有个蔡二官家，与蔡三官住在同一个街道，貌似亲戚关系。蔡二官于元和元年（1615）来崎，此时年龄 20 多岁，庆长前半期出生。③

蔡二官及其子孙的墓地在长崎大音寺，而不在福济寺，从这一点上看，蔡二官不是泉漳寺——福济寺的檀越，也没有与木庵等东渡禅师交往。蔡二官是商人，具体从事什么行当呢？从他儿子的职业（漳州方诘番

---

① 参见本书第十三章第三节。

② 颖川君平. 译司统谱 [M].1897：119.

③ 李献璋. 長崎唐人の研究 [M].東京：親和銀行ふるさと振興基金会，1991：304－305.

内通事）看，蔡二官原来是经营船宿的老板。蔡二官及其子孙后代，在长崎没有改姓，始终以蔡氏世袭唐通事，他们没有忘记中国，没有忘记自己是蔡氏华人的后代。

蔡二官在长崎默默无闻，没有任任何官职。不知其妻子何许人，也没有墓地发现。嫡子蔡宗寿勉强任非正式的漳州方诘番内通事，一直到死，在普通的内通事岗位上呆了22个春秋。"诘番内通事"是指，唐人屋敷成立后，原来从事船宿的店主或其子孙，驻扎在唐人屋敷内，作为杂役服务的非正式唐通事，说白了就是卸货、跑腿的勤务人员。漳州方是指，专门为来自漳州方面的唐船服务的内通事。这个职位虽然不起眼，但有机会晋升为正式的唐通事，其优秀者可以晋级为稽古通事。第三代蔡权藏脱离了内通事，踏入唐通事门槛，成为优秀的唐通事。蔡权藏在父亲在世的时候，破格被任命为稽古通事见习，而没有继承父亲的班，1754年升任小通事，同年兼任唐通事目附（监察役），相当于大通事，做了33年唐通事，这对蔡家来说是很大的荣誉。

蔡家后孙里还有一个很有名的人物，他就是第九代蔡善助（善太郎）。1862年，幕府派遣"千岁丸"号官船到上海考察。这是锁国以来，日本幕府第一次向外国派遣官方船只。在考察团的51人名单里，有两个长崎唐通事的名字：小通事周恒十郎和小通事并蔡善太郎。他们两人作为翻译官同船赴上海，还各自带了一个仆人。大使根立助七郎等8人谒见苏松太道吴煦时，此二人就在其中。在上海期间此二人参与了对上海的地理、历史等情况的调查，考察结束回日本后，蔡善太郎撰写了26份考察报告。

蔡善太郎的始祖虽然号称蔡二官，但蔡善太郎不是蔡家嫡孙，与蔡家没有血缘关系。因为，第五代由养子蔡宇十郎（山西冯六官的第六代后孙）继承蔡家役株，到了第七代和第八代又因蔡家没有子嗣，分别由义子蔡丰松和蔡一郎继承。蔡善太郎是蔡家第八代蔡一郎之子。此时的蔡善太郎已经无法确认自己的血脉属于哪家。但他对外使用蔡姓，效忠蔡家先祖，死后也埋葬在蔡家墓地（大音寺）。蔡善太郎是长崎末代唐通事之一，1831年接替父亲任稽古通事，1846年升任小通事末席，1861年职位升至小通事助，1867年任小通事过人。明治维新后唐通事体制解散时，被新的长崎地方政府任用，职位是通辨役头取助（翻译官）。后改名蔡祐良，曾任驻上海领事代理（1875 年 9 月 25 日至 11 月 16 日任）。

二　以蔡二官为始祖的唐通事家系

以蔡二官为始祖的唐通事世家，地位不显赫，始祖没有任官职，从第二代任非正式的内通事起步，第三代出现唐通事目附。共有 8 人出任唐通事，出大通事级别 1 人、小通事级别 4 人。

始祖　蔡二官（？ ~1682），1615 年到长崎，商人，住宅唐人，漳州人。

第二代　蔡宗寿（？ ~1726），日本名蔡权三郎，漳州方诘番内通事（1705 年任）。

第三代　蔡权藏（？ ~1755），原名权兵卫、源之进，字九皋，号三壁齐，宗寿子。小通事（1754 年任），唐通事目附（1754 年任）。

第四代　蔡权左卫门（？ ~?），原名源之助，讳孝胜，权藏子。小通事末席（1755 年任）。

第五代　蔡宇十郎（1756 ~1796），讳祐岁，前代义子，生父平野家第五代善次右卫门四子（山西籍冯六后孙），小通事并（1785 年任）。

第六代　蔡熊右卫门（1788 ~1811），讳祐良，前代嫡子，稽古通事（1796 年任）。

第七代　蔡丰松（？ ~?），前代义子，稽古通事（1811 年任）。

第八代　蔡一郎（？ ~1831），原名源之助，前代义子，小通事末席（1824 年任）。

第九代　蔡善助（1822 ~1883），原名善太郎，前代子，小通事助（1861 年任）。蔡家末代唐通事。

第十代　蔡龙太郎（1867 ~1896），前代子。

第四节　龙溪县籍吴宗园唐通事家系

日本江户时期，在长崎有三家吴姓唐通事世家。其中，吴宗园和吴振浦是漳州府人，吴荣宗是泉州府人①，三个吴氏家族都没有改姓。本节侧重介绍漳州府龙溪县籍吴宗园唐通事家系。

一 住宅唐人吴宗园

吴宗园（1603～1638），福建省漳州府龙溪县人。田边茂启在《长崎实录大成》②第十卷中列举的33位住宅唐人名单中有吴宗园，而颍川君平在《译司统谱》③中列举的10位住宅唐人名单里没有吴宗园的名字。

宫田安说，吴宗园到长崎，娶肥前国佐嘉郡寺井里的商人寺井源助的女儿，生有一个儿子，叫吴正宝（吴市郎右卫门）。1638年，吴宗园被一位狂人杀害，英年早逝，妻子改嫁平户藩士。他的儿子吴正宝，于父亲离世55年后，才勉强任内通事小头。④从吴正宝的职位分析，吴宗园和吴正宝是船宿的老板。

二 以吴宗园为始祖的唐通事家系

以吴宗园为始祖的唐通事家族，起步晚，起点低，第三代开始步入正式的唐通事阶层，出唐通事目附1人、小通事级别4人，共有6人出任唐通事。吴家人丁兴旺，子孙满堂，从第一代到末代都是吴宗园的嫡子嫡孙继承，血缘关系纯正，在长崎华人唐通事社会里少见。

始祖 吴宗园（1603～1638），福建省漳州府龙溪县人。住宅唐人。

第一代 吴市郎右卫门（1629～1707），讳正宝，吴宗园嫡子。内通事小头（1693年任）。

第二代 吴平次右卫门（1658～1714），讳正信，吴市郎右卫门嫡子，内通事小头（1703年任），1708年被免职，1713年再次被任命为内通事小头。生有八男四女。

第三代 吴平次右卫门（1685～1755），原名市郎右卫门，讳正纯，

---

① 参见本书第十三章第一节。
② 田边茂启. 长崎实录大成：第十卷［M］. 手抄本.
③ 颍川君平. 译司统谱［M］. 1897：119.
④ 宫田安. 唐通事家系论考［M］. 长崎：长崎文献社，1979：761－762.

前代嫡子，从稽古通事一直升到唐通事目附（1731～1753 年在任）。

　　第四代　吴市郎右卫门（1710～1787），原名源九郎，讳正睦，前代嫡子，内通事末席（1755 年任）。

　　第五代　吴俊藏（1744～?），原名伊三次，讳正俊，前代嫡子，稽古通事（1766 年任），1779 年赴萨摩出仕。

　　第六代　吴平左卫门（1759～?），原名杢次郎，讳纯兴，前代之弟，第四代子，最初为外科医生，后任小通事末席（1803 年任）。

　　第七代　吴惠三治（?～?），原名德太郎，第六代嫡子，小通事助（1826 年任）。

　　第八代　吴平三郎（?～?），前代嫡子，小通事末席（1840 年任，1859 年离职）。

　　第九代　吴宗平（?～?），无薪稽古通事（1860 年任）。

第五节　漳州府籍吴振浦唐通事家系

　　长崎三个吴氏唐通事家族中，漳州府籍吴振浦与泉州府晋江县籍吴荣宗关系很亲近。在长崎，吴振浦没有什么名分，但他的后代进入唐通事阶层，涌现一批优秀人才，是唐通事后起之秀。

一　始祖吴振浦和吴家后代

　　吴振浦在日本长崎留下的文字信息很少。他的第七代嫡孙吴藤次郎，于 1826 年重修了吴家墓地，并立了始祖的墓碑，上刻有"福建漳州府迁和始祖振浦吴公墓道"。[①] 漳州府迁和是什么地方？查阅漳州市地方志，并未发现明清时期有叫迁和的地名。祖墓是吴振浦离世大约 200 多年后修建的，其后孙是不是写错？是不是指平和？现在无法考证。

　　田边茂启的《长崎实录大成》和颍川君平的《译司统谱》都没有记录吴振浦的名字。吴振浦与长崎其他第一代华人一样，到日本后娶日本女

---

　　① 宫田安. 唐通事家系论考 ［M］. 长崎：长崎文献社，1979：771－772.

子。但第七代修建的吴家祖墓上，没有吴振浦妻子的墓，我们无法知晓她的姓氏。吴振浦有个儿子叫吴堪助，也是默默无闻，没有任任何公职。其实吴氏唐通事家族是吴振浦的嫡孙吴藤次郎撑起来的，到第七代吴藤次郎（忠告），也就是修建祖墓的嫡孙，职位升至大通事过人，是吴家最有出息的后孙。第七代有嫡子，但没能继承家业，其义子吴硕三郎后来成为大通事。

吴硕三郎（1824~1891），后来改名为吴硕，虽然是吴振浦家的义孙，但本姓也是吴，是晋江县籍吴荣宗的第九代后裔，长乐县籍郑宗明家第九代郑永宁的亲兄。他19岁开始任无薪稽古通事，38岁时升到小通事，1867年任大通事。吴硕是日本长崎唐通事中最早学习英语的英才之一。由于他的英语才能出众，明治维新后被长崎地方政府任用，职务为广运馆（英语教育机构）翻译方（翻译官），不久到神奈川任翻译官，后调到外务省，任驻厦门领事馆事务代理。幕末，吴氏家族与长乐籍郑氏家族在唐通事中占据了半壁江山，日本明治维新后，都活跃于日本外交舞台。

二　以吴振浦为始祖的唐通事家系

以吴振浦为始祖的吴氏家族是长崎唐通事世家，属于起点低的后起之秀。吴家共有10人出任唐通事，出大通事1人、大通事过人1人、小通事1人、小通事级别的4人。

始祖　吴振浦（？~？），福建省漳州府迁和人。

第二代　吴堪助（？~1701），吴振浦嫡子，未任唐通事。

第三代　吴藤次郎（？~1747），吴堪助嫡子，小通事末席（1718年任）。

△吴新三郎（？~1738），藤次郎长子，稽古通事见习（1735年任），早于父亲离世。

△吴圆次郎（？~1741），藤次郎次子，稽古通事见习（1738年任），早于父亲离世。

第四代　吴保藤次（？~1749），藤次郎三子，稽古通事（1747年任）。

第五代　吴雄藏（？～1771），原名源之助，第四代嫡子，小通事末席（1765年任）。

第六代　吴吉郎八（1748～1820），吴雄藏嫡子，小通事并（1808年任）。

第七代　吴藤次郎（1789～1851），讳忠告，吴吉郎八嫡子，大通事过人（1847年任）。

△吴丈之助（1822～？），吴藤次郎子，稽古通事（1833年任）。

第八代　吴硕三郎（1824～1891），原名润平，后改为吴硕，第七代养子，生父晋江籍吴荣宇家第八代吴用藏子。小通事（1861年任），1867年任大通事。幕末调到神奈川开港任通译，曾在驻厦门、上海领事馆任职。

△吴雄太郎（1837～1860），讳广镇，吴硕养子，小通事末席，早于养父离世。

第九代　吴启太（1858～1895），吴硕嫡子，外务省秘书官。

第六节　漳州府籍高寿觉及其日本义子

在《译司统谱》中，记载着有位叫深见久兵卫的日本人，他先后担任过小通事和大通事，日本宽永十八年（1641）任小通事，宽永二十年（1643）升任大通事，日本万治二年（1659）被免，在任19年。深见久兵卫是福建漳州府籍高寿觉的嗣子。宫田安没有把高寿觉列入唐通事家系，本书作为补充列入本节。

一　住宅唐人高寿觉

颖川君平的《译司统谱》"住宅唐人觉"中没有记录高寿觉的名字，但田边茂启的《长崎实录大成》中有高寿觉的名字。那么，高寿觉何时到长崎，如何获得住宅唐人身份？现在因无任何佐证材料无法核实。但江户初期，幕府实行闭关锁国政策，不准唐船靠近长崎以外的港口，之后原定居于九州各地的华人纷纷移居长崎的历史事实是存在的。

据增田廉吉的《锁国之窗》记载，高寿觉的第三代义孙高玄岱的墓地在长崎，这是第四代曾孙修建的，其墓碑志上写道："原夫高姓（性），本中华族。唐南平郡王崇文裔也。其先出齐太公之胄，自敬仲得姓于渤海，其族连绵不绝，经汉名魏至唐太兴，厥后名臣义士代不乏人物。曾祖高某自明来萨州，典医事得禄。"① 意即，高寿觉的先祖是齐国的齐太公，东汉时期齐太公之胄高敬仲是渤海郡王，唐代其后孙是南平郡王高崇文，其家门从汉代经曹魏到唐代，子孙皆有高官厚禄，人才辈出。曾祖高寿觉从明国来到萨摩（鹿儿岛），职业是医师，因此得官禄。

卢骥的《长崎先民传》说，高玄岱的祖父寿觉，闽漳郡人也。航海寓于萨摩。② 综合其他文献，高寿觉于日本庆长（1596～1614）初到萨摩，作为医生谋生，伺候萨摩藩主，其间把萨摩人镰田新右卫门的次子久兵卫收为嗣子，大约庆长末年（1609～1610）回中国。

中国有一部《华侨华人百科全书》（人物卷），在高寿觉条目里记载，高寿觉为明末清初时期日本唐通事。福建漳州人。生卒年月不详。幼年随父亲高赞潮赴日，伺候萨摩藩主。16岁时曾返回中国，12年后再度前往长崎，任唐通事之职。③ 这条信息与高超方、高玄岱条目的内容，不符合历史事实，高寿觉在日本没有任过唐通事，而且把高寿觉的日本义子高超方的事情安到他身上，把高超方与高玄岱的国籍也搞错了。

二　大通事高超方

高超方（1603～1666），高寿觉的义子，生父为日本萨摩人（名镰田新右卫门），字应科、超方，号大诵、一觉，日本名渤海久兵卫。

李献璋比较详细地考证了高超方。④ 高超方生于萨摩，幼年时期被过继给高寿觉，成为他的嗣子。在高超方六七岁时，高寿觉回国。1617年15岁时，为寻找义父到中国，千辛万苦找到了义父，不久义父离世。之后高超方没有马上回国，而是继续在中国，一待就是12年。其间高超方游遍了

① 增田廉吉. 鎖国の窓 [M]. 大阪：毎日新聞社出版局，1943：105－107.
② 卢骥. 长崎先民传 [M]. 江户：和泉屋庄次郎校版，1819：3.
③ 杨保筠主编. 华侨华人百科全书人物卷 [M] 北京：中国华侨出版社，2001：141－146.
④ 李献璋. 長崎唐人の研究 [M]. 東京：親和銀行ふるさと振興基金会，1991：214－219.

中国北方各地，到过鲁（山东省中部）、齐（胶东半岛）、燕（河北省）、赵（山西省），好像在探访高寿觉祖先的郡望。1629 年，27 岁时回到萨摩，作为武士伺候萨摩藩主岛津家久。

由于高超方在中国度过 10 多年，唐话（闽南话）自不必说，还读过中国古代典籍，了解中国文化。因此过了几年后，39 岁时受聘任长崎唐通事，时间是 1641 年，职级为小通事，2 年后很快升级为大通事，1659 年辞去唐通事一职，在职 19 年有余。

任唐通事期间，高超方与长崎的住宅唐人和唐通事一道，曾两次联名写信给隐元，恳请隐元到长崎弘法。奇怪的是，在两次联名信中，高超方的名字都重复出现，渤海久兵卫是高超方的日本名，因其义父的祖先曾经是渤海王，所以取渤海为姓，后改为深见，这两个名称在日语里读音接近。高应科也是高超方，是他的另外一个字。也许高超方邀请隐元的心情迫切，为表达诚意，才重复署名。1654 年，应长崎华人的真诚邀请，隐元到长崎。其间高超方与隐元和木庵等东渡名僧来往甚密。

1664 年，隐元隐退，木庵接任宇治黄檗山万福寺第二代住持。这年高超方登黄檗山，为木庵禅师做翻译。木庵北上拜谒德川家纲之时，高超方陪同左右。

1649 年，高超方在长崎任大通事期间生有一子，有的人说是第四子，也有的文献说是"仲子"。他就是日后的著名学者高玄岱。

三　著名学者高玄岱

高玄岱（1649～1722），字子新，是日本江户时期著名的汉学家、医学家和书法家。高玄岱出生于长崎，因其父亲是熟谙汉学的唐通事，所以在良好的汉学环境中长大，也受到严格的家庭教育。儿时的高玄岱，与华人唐通事家庭的孩子一样，受到良好的双语教育。

高玄岱是被列入《长崎先民传》和《先哲丛谈续篇》的日本历史名人。在卢骥撰写的《长崎先民传》里，高玄岱排在刘宣义、林应寀之后，作为出自长崎的第三位学术名人入传。在林应寀（道荣）条目里，提到过高玄岱："延贞之际寀之书名显于天下，远近争求，不啻珍宝，王公贵人厚币购致之。是时高玄岱亦善书，时人称为'二妙'矣。"① 高玄岱与林道荣齐名，被誉为书法界的"二妙"。

概括《长崎先民传》"高玄岱"条目，其主要内容如下②：

第一，高玄岱幼年时期。"幼有淑质"，也就是幼年时期就具有美好的资质，心地善良，跟着寓居长崎的名医岩永宗故（知新）学医，13岁时学过舞勺（古代13岁男孩跳的一种舞蹈），后来又跟着杭州人戴曼公（独立和尚）学书法和医学。

第二，高玄岱青壮年时期。日本延宝年间（1673～1681），进京师（京都），与参议风早卿（日本江户时期天皇宫廷里的高官）结识。有一次拜谒太上皇，被太上皇问及养生术，玄岱呈献《养生编》一部，此书被宫廷当作"乙夜之览"（天子阅读之书）收藏。天贞之际（日本天和与贞享年间，1681～1687），作为医生，在萨摩得官禄，不久生病，辞职回到长崎。

第三，高玄岱在长崎期间。高玄岱光明磊落，厌恶阿谀奉承，对长崎富豪不屑以礼相待，而偏爱家贫且好学者，所以招来"肉食者"的嫉恨。高玄岱善诗文，尚气节，曾说："大丈夫之处世也，不可不骋志于青云，何必因人碌碌里巷相征逐乎。"1703年，中国杭州名医陆文齐到长崎，时任长崎奉行江源二尹（永井直允和别所常治）邀请陆文齐到府署讲学，由高玄岱任翻译，其声音洪亮，翻译流畅无误，无人与之比拟。

第四，高玄岱晚年。1709年，高玄岱因文学修养高，应征到江户。高玄岱的诗文，与江户时期的著名儒学家新井白石和室鸠巢齐名。日本正德年间（1711～1716），朝鲜通信使到日本，幕府举办宴会迎接，新井白石与室鸠巢即席赋诗。高玄岱著有《和韩唱和集》。1721年，告老还乡，次年因病离世，享年74岁。高玄岱的遗著多数收藏于其长崎家中。

---

① 卢骥．长崎先民传［M］．江户：和泉屋庄次郎校版，1819：1－2.
② 卢骥．长崎先民传［M］．江户：和泉屋庄次郎校版，1819：3－4.

第十三章 泉州府籍唐通事家系

长崎 70 家唐通事家族中，可以明确判明为泉州府籍的只有 4 家。与福州府籍和漳州府籍唐通事家族相比，泉州府籍唐通事家族数量少，起步晚，起点低，没有出现有影响力的大通事。福济寺号称漳泉寺，也就是漳州和泉州地区华人的寺院，但皈依福济寺的泉州籍华人很少，在 4 家泉州籍唐通事家族中只有吴荣宗 1 家皈依福济寺。

第一节 晋江县籍吴荣宗唐通事家系

吴荣宗家族是日本江户时期长崎 3 家吴姓唐通事世家之一，本家并没有出现大通事，第八代吴用藏生育六七个儿子，除长子留在身边继承本家唐通事役株外，其他都过继到别家任唐通事，出现郑永宁、吴硕等一批幕末社会英才。

一 始祖吴荣宗及其后人

吴荣宗（？～1678），也叫吴泰官[①]，排行一官，福建省泉州府晋江县人。《译司统谱》"唐年行司"栏目里记载：吴一官，日本庆安四年（1651）任唐年行司，延宝六年（1678）正月二十八日病死。[②] 吴荣宗被任命为唐年行司的时间比较晚，此时唐年行司的影响力并不大。

日本学者推算吴荣宗到长崎的时间，大概是日本宽永（1624～1643）初期，也就是 17 世纪 20 年代中期。在长崎，吴荣宗家境殷实，娶日本女

---

① 李献璋. 長崎唐人の研究 [M]. 東京：親和銀行ふるさと振興基金会，1991：283-284.
② 颖川君平. 译司统谱 [M].1897：94.

子为妻子，有个儿子叫吴泰和（吴市左卫门），吴荣宗死后继承父职，一直到曾孙辈都是同一个职位。1678 年离世后被埋葬在长崎皓台寺后山，这里是吴家墓地，其子孙都葬在此地。

吴荣宗家，第五代开始由日本人江里氏继承唐通事役株，之后才步入正式的唐通事阶层，到第九代吴泰藏时，小有出息，当上了唐通事九家（4 个大通事和 5 个小通事）之一。吴泰藏（1818～1865），9 岁开始任稽古通事见习，14 岁正式接父亲的班，最后升任小通事，俸禄达到 7 贯目，4 人扶持米。他热心于唐通事后代的教育，培育出卢高朗等一批英才，得到长崎奉行的嘉奖。吴泰藏有六七个兄弟，都十分优秀，为了继承唐通事，纷纷被过继到别姓家，之后都当上了唐通事，明治维新后多数进入明治政府。幕末郑永宁的郑家和两个吴氏家族，在唐通事中占据了半壁江山。

吴荣宗家族，虽然第五代开始是日本人继承，但都沿用吴姓，效忠吴家，第五代到第十一代死后也都葬在吴家墓地——长崎皓台寺后山，第十一代还收藏始祖吴荣宗的画像（见图 13 - 1）。这幅画像由木庵禅师题赞，画家姓名不明，由日本福济寺于二战前出版的图片集《光风盖宇》收录。①

图 13 - 1　吴荣宗画像

资料来源：三浦实道编《光风盖宇》（福济寺出版）。

---

① 三浦实道编. 风光盖宇 [M]. 长崎：福济寺出版，1926：51.

这幅画像说明，吴荣宗在长崎小有名气，与木庵等东渡禅师有交往，应该也是福济寺的檀越。因为木庵禅师也出生于泉州府晋江县，与吴荣宗同姓。木庵到长崎后任过福济寺住持，所以与吴荣宗之间过从甚密。

二　以吴荣宗为始祖的唐通事家系

以吴荣宗为始祖的吴氏唐通事家族，起步晚、起点低，在长崎名望并不高，没有出现大通事。第五代开始由别姓继承。共有 7 人出任正式的唐通事，出小通事 1 人、小通事级别的 5 人。第八代吴用藏，人丁兴旺，5 个儿子被过继到别姓，出现吴硕、郑永宁、吴来安等幕末至明治初期的社会名人。

始祖　吴荣宗（？～1678），排行一官，福建省泉州府晋江县人，1651 年任唐年行司。

第二代　吴市左卫门（？～1695），原名市郎左卫门，讳元气，字泰和，吴荣宗嫡子，唐年行司（1678 年任）。

第三代　吴市郎右卫门（？～1711），原名市太左卫门，讳宣政，字玄道，第二代嫡子，唐年行司（1695 年任）。

第四代　吴兵藏（？～1755），原名甚七，讳矢，字宣美，第三代嫡子，唐年行司（1711 年任）。

第五代　吴市左卫门（1726～1781），原名千左卫门，讳舒，字泰卿，第四代养子，原姓江里，唐年行司（1755 年任），小通事末席（1780 年任）。

第六代　吴市郎太（1761～1804），原名市郎左卫门，讳行和，字泰峰，第五代嫡子，小通事并（1796 年任）。

第七代　吴定四郎（1788～1809），原名藤次郎，讳逊，字芝阁，第六代嫡子，稽古通事（1798 年任）。

第八代　吴用藏（1794～1831），原名丰三郎，讳正备、正俊，字枫山，第六代次子，第七代定四郎之弟，小通事末席（1820 年任）。

第九代　吴泰藏（1818～1865），原名鹰之助，讳君林，字蓉圃，第八代嫡子，小通事（1856 年任），沙县籍卢君玉后孙卢高朗的老师。

△吴隆太郎（？～1859），讳利庸，吴泰藏嫡子，小通事末席（1857

年任）。早于父亲离世。

△高尾和三郎，吴用藏次子，樊玉环高尾氏（祖籍不明）第七代养子，继承高尾家唐通事役株成第八代。

△岛田弥三次，吴用藏三子，岛田治八的养子。

△吴硕三郎（吴硕），吴用藏四子，漳州府吴振浦家第七代养子，小通事（1861 年任），幕末被调到神奈川开港任通译，于驻厦门、上海领事馆任职。

△郑永宁，吴用藏五子，长乐籍郑宗明家后孙郑干辅的养子，著名外交官。

△吴来安，吴用藏六子，被过继到彭城家，是列入《长崎人物传》的人物。

第十代　吴荣正（1842～1902），原名三千松、忠三郎，讳邦庆，号思泉，吴泰藏四子，小通事末席（1861 年任），明治维新后，1895 年从军，陆军翻译官，被授予勋八等瑞宝章。

△高尾恭治，吴泰藏次子，高尾家高尾和三郎的养子，未任唐通事。

第十一代　吴荣一（？～？），讳泰胤，吴荣正嫡子，生有四子（鹰之助、虎之助、武之助、泰介）二女。

第二节　同安县籍方贵峰唐通事家系

在长崎，方姓华人很少，在唐通事家系中，只有同安籍方贵峰一家。说方贵峰家族是唐通事世家，有些勉强。因为只有第二代方耀山任过内通事，其他子孙都没有任唐通事。

一　始祖方贵峰

方贵峰（？～1665），排行三官，福建省泉州府同安县大西桥人。同安县大西桥在何处？查阅《同安县志》，找不到大西桥。但同安县有个西桥路，这里曾经有过西桥，是宋代建筑物，现在可能被拆除了。

方贵峰是雕刻家，是专门雕塑佛像的石匠艺人。宫田安引用 1715 年梓刻的《长崎图志》说："相传崇福寺和福济寺两寺的佛像，由明佛匠方三官塑造。"①

田边茂启的《长崎实录大成》和颍川君平的《译司统谱》都没有记录方贵峰的名字。

李献璋在《长崎唐人之研究》中考证了方贵峰卒年："崇福寺，宽文五年（1665）十一月十一五日，方贵峰，考方贵峰公神主。"② 由此可见，方贵峰的墓地在崇福寺。

二　以方贵峰为始祖的唐通事家系

以方贵峰为始祖的唐通事家系比较简略，只有第二代任过 20 多年内通事，在长崎属于最短命的唐通事家族之一。

始祖　方贵峰（？ ~1665），同安人，雕刻家。

第二代　方耀（1647 ~ 1720），子戡侯，俗称八郎左卫门，号耀山，方贵峰次子。幼小时期专注于学问，擅长华音，书法巧妙。壮年时期任译官，长达 20 多年，退隐后从医，1716 年 70 岁时削发为僧，法号为耀山。

第三代　五男二女，行踪不明。

第三节　同安县籍蔡昆山唐通事家系

江户时期，在长崎华人中蔡氏家族很少，唐通事家族只有两家蔡氏，一家始祖是泉州府同安县籍蔡昆山（三官），另一家始祖是漳州府籍蔡二官。③ 两家蔡氏居住在长崎同一个街道，关系很亲近，日本学者说他们是亲属关系。本节侧重介绍同安县籍蔡昆山（三官）唐通事家系。

一　始祖蔡昆山及其后孙

蔡昆山（？ ~1664），日本宽永年间（1624 ~ 1643），为避战乱到长

---

① 宫田安. 唐通事家系论考［M］. 长崎：长崎文献社，1979：722 - 723.

② 李献璋. 長崎唐人の研究［M］. 東京：親和銀行ふるさと振興基金会，1991：414.

③ 参见本书第十二章第三节.

崎。李献璋说，因蔡长次郎接替漳州人王二官之子王新兵卫的职位，任唐船请人，所以推断蔡昆山是漳州府人。① 其实不然，蔡昆山不是漳州人，他的墓地在长崎本莲寺，其墓碑上刻有"同安县故考昆山蔡公墓"。②

蔡昆山是第一个被任命为唐船请人的华人。《译司统谱》"唐船请人"栏里，蔡三官排在第一位，但没有记入始任时间。一般来说，唐船请人的后代世袭这一职位，但蔡昆山家与众不同，其长子蔡长左卫门没有接任这一职位，其孙蔡长次郎，也没有袭任蔡昆山的职位，而是接替漳州人王二官家的职位。王二官的嫡子王新兵卫，1680 年任唐船请人，1693 年被免，同年接替他的是蔡长次郎。其实这一点也不奇怪。因为，王二官家族，第二代后断代，没有人袭位，但此时泉州方面还有江七官的儿子江七郎兵卫在位；蔡昆山是第一位唐船请人，儿子蔡长左卫门却没有接班，此时漳州方缺人，况且，两个蔡家关系很亲近，尽管泉州闽南话与漳州闽南话有腔调上的区别，但都属于闽南话。

蔡昆山到长崎以后，从事贸易活动，家境殷实，但与蔡二官一样，默默无闻。何时结婚，妻子是何方人士也无法得知。他有个儿子，但没有接替他的职位。蔡长次郎于蔡昆山去世 30 年后才勉强任唐船请人。第五代由养子继承，但继续使用蔡姓袭位，效忠蔡家祖先。

第八代蔡恒次郎（1817 ~ 1858）是蔡家第一位正式的唐通事，尽管级别低，但属于正式的唐通事。他性格刚毅，具有很强的民族认同感。13 岁接任父亲的班，当上内通事小头见习末席，16 岁转正成为内通事小头，34 岁挤入唐通事阶层被任命为稽古通事格（1850 年任），39 岁任稽古通事（1855 年任）。蔡恒次郎在任唐通事期间是日本嘉永年间（1848 ~ 1854）。当幕府让唐通事学满语时，在所有反对的华人中，他态度最为坚决，最后辞职。作为官员不服从幕府的命令，按道理犯了大忌，但幕府和长崎奉行，有可能因为到了幕末，无暇管那么多琐事，也就没怎么怪罪。1858 年蔡恒次郎离世，不久儿子蔡慎吾被任命为无薪稽古通事。

蔡昆山的第九代后孙蔡慎吾（1849 ~ 1876），是日本很有名的兵学家。

① 李献璋. 長崎唐人の研究 ［M］.東京：親和銀行ふるさと振興基金会，1991；304 - 305.
② 宫田安. 唐通事家系论考 ［M］.长崎：长崎文献社，1979；321 - 322.

蔡慎吾 10 岁那年失去父亲，继承父亲的役株当上了唐通事。他幼小的时候，受到父亲良好的家庭教育，跟随龙溪县籍大通事颍川藤左卫门（道恭、号春豫，陈冲一第四代孙）学唐音。先生授课使用方言土语（闽南话），蔡慎吾却用正音（南京话）接受理解，对他的奇敏的表现，先生连连表示感佩。幕末日本国门敞开，英法学盛行，16 岁的蔡慎吾，立志留学海外，虽然尽了百般努力，但当时没有留学欧美的制度，无法实现夙愿。恰好当时有位英国人到长崎，蔡慎吾闻讯造访，要跟着学习英语，但英国人到了回国时间，也未能如愿以偿。到了明治初年，开始招募留学生，未能学成英语的他也落选。学英语和留学都无法遂愿，但他没有气馁，励精图治继续苦读英法书籍。有位华人曾经预言："呜呼哉，君有才识、有气概，过了若干年必成大器。"蔡慎吾认为，他学英法学，专攻兵学和地学，有益于国家，绝不是鹦鹉学舌，虽然其道不同，但其心与父亲一样。其后，蔡慎吾进入日本一所大学的开拓工部任地理寮御用挂。1876 年死于东京官舍，儿子蔡进市把衣发送到长崎本莲寺蔡家茔城内埋葬。增田廉吉说蔡慎吾是日本兵学家。①

二　以蔡昆山为始祖的唐通事家系

蔡昆山到长崎后，任广义上的非正式唐通事——唐船请人，后代多数袭任这一职位，第八代才出现正式的唐通事——稽古通事。

始祖　蔡昆山（？～1664），排行三官，福建省同安县人，日本宽永（1624～1643）中期到长崎，1663 年任唐船请人。

第二代　蔡长左卫门（？～1689），排行二官，蔡昆山嫡子，没有继任父亲的唐船请人职位。

第三代　蔡长次郎（？～1733），蔡长左卫门嫡子，1693 年接替漳州人王二官之子王新兵卫的职位，任唐船请人。

第四代　蔡太郎左卫门（？～1743），蔡长次郎嫡子，唐船请人（1733年任）。

① 增田廉吉. 鎖国の窓 [M]. 大阪：毎日新聞社出版局，1943：131－134.

第五代　蔡长次郎 (？~1766)，蔡太郎左卫门养子，内通事小头见习末席 (1764 年任)。

第六代　蔡长藏 (1748~1803)，蔡长次郎嫡子，内通事小头见习末席 (1766 年任)。

第七代　蔡长次郎 (1789~1845)，原名嘉平，蔡长藏嫡子，内通事小头见习末席 (1803 年任)。

第八代　蔡恒次郎 (1817~1858)，讳奇 (绮) 石，蔡长次郎嫡子。1829 年接替父亲任内通事小头见习末席，1832 年晋级为内通事小头，1855 年跃入正式唐通事门槛，成为稽古通事，是蔡家第一位正式的唐通事。

第九代　蔡慎吾 (1849~1876)，讳降忠，号翠萍，恒次郎嫡子。1859 年，11 岁任无薪稽古通事，之后因幕末唐通事体制解体，转成学者。跟随颍川藤左卫门 (道恭、号春豫，龙溪县籍陈冲一第四代孙) 学唐音 (普通话——南京话)，立志去海外留学，但未如愿，读英法书籍，修兵学和地学，任地理寮御用挂。

第十代　蔡进市 (1873~1901)，蔡慎吾嫡子。

第四节　泉州府籍周辰官唐通事家系

江户时期，在长崎周姓是比较罕见的华人姓氏。在唐通事世家里，只有周辰官一家。以周辰官为始祖的唐通事家族，是长崎唐通事后起之秀。

一　住宅唐人周辰官

始祖周辰官 (？~1682)，福建省泉州人，曾经是基督教徒，后来在长崎却成为长崎奉行揭发基督教徒的探子。

《译司统谱》"住宅唐人觉"记载："住宅唐人，周辰官，泉州人，日本正保二年 (1645) 至天和三年 (1683) 住三十九年，此年死。原邪宗门之者成目明。"[1] "邪宗门"是指基督教，"目明"是指探子。

---

[1]　颍川君平. 译司统谱 [M].1897：119.

周家第六代周文次右卫门（？～1826），也就是第八代恒十郎的祖父，在当时的长崎小有名气，1805 年升格为小通事并，1820 年升至唐通事目附（监察役），俸禄最后达到 5 贯目，3 人扶持米。周文次右卫门具有很高的汉学造诣，曾汉译过《忠臣藏演义》。这是描写江户时代 1701 年发生的元禄赤穗事件，在日本比较有名，几乎家喻户晓。汉译本《忠臣藏演义》由十回构成，在译本中使用大量明清白话和口头语。由此可以看出，周文次右卫门虽然处在幕末时期，但仍然努力学习汉语，具有扎实的汉学功底。周文次右卫门的《忠臣藏演义》，也从侧面反映了幕末唐通事对汉学的态度以及唐通事的整体汉语水平，这是一部研究江户时期中日文化交流史不可多得的历史文献。[①]

周家第八代周恒十郎，是幕末很有名的译官，他与漳州府籍蔡二官家的第九代蔡善助（善太郎），于 1862 年被幕府钦点，随同"千岁丸"考察船赴上海考察。他与蔡善太郎作为翻译官同船赴上海。考察结束回日本后，协助蔡善太郎撰写了 26 份考察报告。

周恒十郎也是长崎末代唐通事。1829 年任无薪稽古通事，1857 年升为小通事，1867 年升至大通事过人，他是周家最有出息的后孙。颖川君平的《译司统谱》中没有记录他的生辰，在各种历史文献里也无法考证他的殁年。明治维新后，他进入新的长崎地方政府。

二 以周辰官为始祖的唐通事家系

以周辰官为始祖的周家，是长崎唐通事世家，家格低调，起步晚、起点低，但后来到幕末崛起。周家有 6 人出任正式的唐通事，出 3 位大通事级别的人物。周家血脉关系纯正，没有收养义子，也没有女婿继承，到末代都是周辰官的嫡孙继任。

始祖 周辰官（？～1682），泉州府人，住宅唐人。

第二代 周文右卫门（？～？），周辰官长子，泉州内通事（1693 年任）。

---

① 吕田．从《忠臣藏演义》看江户期唐通事周文次右卫门的汉译手法［D］．长春：长春工业大学，2016．

△周清左卫门（1655~1713），后改名为颖川藤七，讳茂通，龙溪县籍陈冲一本家第二代叶茂猷养子，生父为周辰官（？~1682）次子，大通事（1704年任）。

第三代　周权左卫门（？~1754），原名大岛权左卫门，周辰官孙，唐年行司（1714年任）。

△周藤平次（？~1735），权左卫门之子，唐年行司见习（1723年任），早于父亲死。

第四代　周安兵卫（？~?），权左卫门之子，唐年行司（1754年任）。

第五代　周藤次郎（？~?），前代子，唐年行司（1760年任）。

第六代　周文次右卫门（？~1825），原名政次郎、文次郎，前代子，周家第一位唐通事，翻译《忠臣藏演义》，唐通事目附（1820年任）。

第七代　周壮十郎（1788~1840），原名恒十郎，前代子，唐通事目附（1830年任）。

第八代　周恒十郎（？~?），原名辰太郎，前代子，小通事（1857年任），大通事过人（1867年任）。

第九代　周昌平（？~?），前代子，无薪稽古通事（1860年任）。

△周峰右卫门，稽古通事见习（1711年任）。

△周才右卫门（？~1734），稽古通事见习（1723年任）。

附录：

雕刻家范道生

江户时期，在日本还有一位泉州府籍雕刻家，叫范道生。范道生在方贵峰，之后到日本，其雕刻技艺及名望远高于方贵峰。1659年隐元大师奉命选址建寺，1661年新建寺院命名为黄檗山万福寺，1662年新黄檗山法堂建成，此年雕塑家范道生受邀东渡，在黄檗山雕刻佛像。1664年，范道生在父亲七十大寿时回国，隐元写颂偈《范道生求祝乃尊赞公信士七十寿》。① 之后，从泉州再次东渡却未能获许入境，此时幕府对华人入境的审批，更加严格，幕府当局无法理解华人对孝的执着之心。所以范道生未能前往京都新黄檗山继续完成佛像雕刻任务，只好滞留于长崎数年，1670 年最终病逝于长崎。

隐元对范道生的雕塑作品给予很高的评价，曾写两篇诗偈赞扬。一篇是《荐范道生信士》②，另一篇是《示温陵道生信士》③。后一篇写道：

> 普门瑞现启迷开，
> 惹得人天俱破颜。
> 好手手中夸好手，
> 同班班里有谁班。
> 一刀剖出恒沙佛，
> 百亿身分方寸间。
> 无别无分无二致，
> 俨然一会在灵山。

山本悦心编撰的《黄檗东渡僧宝传》最后作为附录收录了《荐道生信士》④，现摘抄如下：

士名道生，字石甫，范氏之后，中国福建省泉州府人。斋戒笃行，以善雕刻而闻名，世称范道生。因曾入朝为官、任印官之职，世人不称其姓名而称印官，所以方有士之名。开祖大师（隐元）应请东渡，屡屡凝望名山望刹之梵像，常感慨其之不得法。偶闻闽南有善雕刻者，遂于宽文壬寅春（1662）召士西来，使其刻造我黄檗山之观音、罗汉、韦驮、珈蓝、祖师、监斋等梵像。其巧心妙手令瞻仰礼拜

① 平久保章编. 新纂校订隐元全集：第八卷［M］. 东京：开明书院，1979：3562.
② 平久保章编. 新纂校订隐元全集：第十卷［M］. 东京：开明书院，1979：4577.
③ 平久保章编. 新纂校订隐元全集：第六卷［M］. 东京：开明书院，1979：2788. 注：温陵是泉州别称.
④ 山本悦心. 黄檗东渡僧宝传：下卷［M］. 爱知：黄檗堂 1841：27 - 28.

者尽叹珍奇。此外吾门名刹之间有非凡灵躯，概为信士所刻，其名业已传遍日中两国。偶为病疾所侵，于宽文十年庚戌（1670）十一月二日长逝，世寿三十六，有开山大师（隐元）荐偈曰："道生道灭刹尘尘，酬毕世缘卅六春。幸得日前归正信，不迷固有本天真。身心空尽无留碍，手眼圆明妙入神。彻证毫端融佛性，达观四海悉通津。"士不仅善塑佛，且习书画，又于诗作上有卓越、独到之处。遗体葬于长崎崇福寺茔地之内。

第十四章　唐通事专题研究

2016 年，福建省社科基金重点项目"明清之际日本长崎福建籍唐通事研究"（FJ2016A018）被立项前后，笔者撰写了数篇专题研究论文，其中一部分已在学术刊物上发表。有的论文内容在本书部分章节中引用。为保持本课题研究内容的完整性，经必要的补充修改后，本章摘录其中 2 篇。

第一节　福建籍末代唐通事与日本明治维新①

1853 年，闭关锁国的日本门户向世界开放后，需要应对很多欧美贸易事务，外交事务也十分繁忙，但缺乏外语人才，尤其缺乏英语人才。江户幕府长期实行闭关锁国的政策，既不准外国人自由来日本，也不准日本人随意出国；既没有完整的外语培训机构，更无掌握外语的现成人才。此时，补这个缺口，解日本燃眉之急的就是长崎的华裔末代唐通事。

在日本长崎唐通事活跃的 258 年里，前后有近千人充任各级唐通事，其中出身于福建籍家族的人占绝大多数。华裔唐通事世代扎根于日本长崎这片土地，与异国他乡结下了深厚的情缘，墓碑等唐通事的历史遗迹至今都保存在长崎。②

唐通事体制随着明治维新土崩瓦解，末代唐通事面临被时代抛弃的危险境地。但幕末长崎的唐通事群体不是墨守成规的无能之辈，而是一群锐意进取、才华横溢的优秀华人后裔。他们高瞻远瞩，思想开放，与时俱

---

①　此节主要内容曾发表于《幕末至明治初唐通事对日本外交翻译的贡献》，载《集美大学学报》（哲学社会科学版）2018 (1)。

②　李斗石. 明清之际日本长崎福建籍唐通事家系概略 [J]. 福建史志，2014 (3)：21.

进，率先学习英语，走在日本门户开放的最前沿。明治初期，他们凭借外语优势，成功实现角色的转型，不仅活跃于日本门户开放的前沿重地和外交等领域，而且走向了世界，有的成为日本最早的英语教育家，有的成为翻译家，有的进入明治新政府，成为政治家、外交家。唐通事体制解体的1867 年，长崎在任的各级唐通事有 75 人，其中 5 人年老退休，4 人赴京，剩余的全部被长崎地方政府任用，在长崎地方政府任各级翻译官（通辨职）的有 53 人，后来又有一批调到全国各地充任书记官、翻译官。① 他们也不负众望，在外交界和其他领域展示了聪明才智，赢得了日本政府的信赖。

一　幕末遣清"千岁丸"使节团中的福建籍华裔翻译官

1862 年，一向恪守闭关锁国政策的德川幕府，为了打开对中国的贸易，派遣由"御勘定"根立助七郎率领，由 51 名官吏、藩士及随员组成的考察团，乘坐"千岁丸"号官船到上海考察，滞留了近两个月。这是自实施闭关锁国政策以来，日本幕府第一次派遣官方的使节团来中国，也是开国后，日本幕府企图与中国建立关系的一次尝试。②

在这 51 人名单里，有两个长崎唐通事的名字：唐小通事周恒十郎和唐小通事并蔡善太郎。③ 他们两人作为翻译官同船赴上海，还各自带了一个仆人。根立助七郎等八人谒见苏松太道吴煦时，此二人就在其中。④ 在上海期间，此二人参与了对上海的地理、历史等情况的调查，考察结束回日本后，蔡善太郎撰写了 26 份考察报告。⑤

那么，此二人是何许人，为何能够担任汉语翻译。下面我们来追溯此二人的身份。颖川君平的《译司统谱》⑥ 里，记载着唐通事周恒十郎和蔡

---

① 許海華. 幕末における長崎唐通事の体制 [J]. 東アジア文化交渉研究, 2011 (5)：279.

② 王晓秋. 近代中国与日本——互动与影响 [M]. 北京：昆仑出版社, 2005：65 – 66.

③ 比野辉宽, 高杉晋作, 等.1862 年上海日记 [M]. 陶振孝, 等译. 北京：中华书局, 2012：16.

④ 黄荣. 幕末期千歳丸・健順丸の上海派遣等に関する清国外交文書について [J]. 東京：東京大学史料編纂所研究紀要, 2003 (13)：180.

⑤ 冯天瑜."千岁丸"——日本锁国二百年后使清第一船 [J]. 清史研究, 2000 (3)：90.

⑥ 颖川君平. 译司统谱 [M].1897：31 – 33.

善太郎的名字。

（1）周恒十郎。始祖是长崎住宅唐人周辰官①（？～1683），福建省泉州府人，基督教徒。周家作为很普通的唐通事世家，家门并不十分显赫。第六代周文次右卫门（？～1826），也就是恒十郎的祖父在当时的长崎小有名气，1805年升格为小通事并，具有很高的汉学造诣，曾汉译过《忠臣藏演义》。周恒十郎就是周家第八代，也是长崎末代唐通事，1867年升至大通事过人，明治维新后进入新的长崎地方政府，他是周家最有出息的后孙。

（2）蔡善太郎（1822～1883）。始祖是蔡二官，福建漳州人。当时在日本长崎，以蔡宗寿为始祖的蔡氏家门也并不显赫。第三代蔡权藏曾升任小通事，第五代由养子蔡宇十郎（山西冯六官的第六代后孙）继承蔡家役株（继承权），到了第七代和第八代又因蔡家没有子嗣，分别收养义子蔡丰松和蔡一郎。蔡善太郎是蔡家第九代，亦称善助，是第八代蔡一郎之子。他也是长崎末代唐通事之一，1831年他接替父亲任稽古通事，1846年升小通事末席，1861年职位升至小通事助，1867年升至小通事过人（在小通事中位于第二级）。明治维新后唐通事体制解体时，被新的长崎地方政府任用，职位是通辨役头取助（翻译官）。②后改名蔡祐良，曾任驻上海领事代理。

二　幕末最早习得英语的福建籍华裔英才

日本门户开放后，长崎的唐通事敏锐地意识到学习英语的必要性，率先习得英语。在唐通事的影响下，日本长崎成为幕末英语教育的摇篮，培养出何礼之、郑永宁、林道三郎等一批三语（英、汉、日）兼通的优秀外语人才。最早习得英语的福建籍华裔英才是郑干辅、吴硕、叶雅文。

（1）郑干辅（1811～1860）。最早学习英语，并起到领袖作用的是唐大通事郑干辅。郑干辅，又名大助，号敏齐。他的始祖是福建省长乐县籍郑宗明，日本很多文献都说宗明是郑成功的亲弟。干辅是郑家第九代嫡后

---

①　宫田安. 唐通事家系论考［M］. 长崎：长崎文献社，1979：787－797.

②　宫田安. 唐通事家系论考［M］. 长崎：长崎文献社，1979：855－856.

孙（实际为第六代嫡孙），13 岁开始任稽古通事见习，47 岁升至大通事，精通满语，49 岁开始学英语。1859 年，郑干辅最早意识到学习英语的重要性，并向长崎奉行提出建议，得到准许。1859 年，在郑干辅的带领下，何礼之、游龙彦三郎、彭城大次郎、太田源三郎和平井义十郎等人跟随美国人玛高温学习英语。这在当时传为佳话。郑干辅收下二十多个弟子传教英语，其中比较有影响的有何礼之（翻译家、政治家）、郑永宁（养子，外交家）、颍川君平（驻纽约领事）、平井希昌（义十郎，长崎最高翻译官）、柳谷谦太郎（驻旧金山领事）等。郑干辅离世后，按照他的遗嘱，1861 年唐通事们在郑干辅发起创建的长崎崇福寺三门内附设了译家学校，为唐通事后代传授汉语和英语。① 译家学校成为日本最早的英语教育机构之一，颍川重宽等人在此担任过教授方（教师），很多末代唐通事及其后代是在这里习得汉语和英语的。

（2）吴硕（1824～1891）。又名硕三郎、润平，名义上属于福建漳州府籍吴振浦家系第九代后孙，实为福建省晋江县籍吴荣宗的第九代后裔，是郑永宁的亲兄。他 19 岁开始任无薪稽古通事，38 岁时升到小通事，1867 年任大通事。吴硕也是日本长崎唐通事中最早学习英语的人之一。由于他的英语才能出众，明治维新后被长崎地方政府任用，职务为广运馆（英语教育机构）翻译方（翻译官），不久后到神奈川任翻译官，后调到外务省，任驻厦门领事馆事务代理。②

（3）叶雅文（1843～1919）。日本名颍川君平，旧名驹作，讳雅文，号锦溪。始祖是福建省漳州府龙溪县籍医官陈冲一。不过以陈冲一为始祖的颍川家，第二代开始被女婿叶茂猷继承（冲一的同乡人），第三代时，分出叶氏颍川家系，第六代时又有一支叶氏颍川分家系派生。君平归属颍川叶氏分家系第四代，也就是陈家（颍川）第九代传承人之一。他 10 岁开始任稽古通事见习（无薪），曾跟随郑干辅学习英语，1864 年 22 岁时升任小通事并，同年被调到神奈川任翻译官。1871 年大藏卿伊达宗城和外务大臣柳原前光赴清政府议约时，叶雅文与郑永宁和颍川重宽同任翻译官。

---

① 宫田安．唐通事家系论考 [M]．长崎：长崎文献社，1979：676 - 682.
② 宫田安．唐通事家系论考 [M]．长崎：长崎文献社，1979：781 - 782.

1880 年出任驻纽约领事，回国后历任大藏少书记，神户税关关长，最后官至高等官三等①，其间编写了《译司统谱》。

三　岩仓使节团中的华裔翻译官何礼之（闽籍华人外孙）

何礼之出生于以浙江籍何海庵为始祖的唐通事世家。何海庵（？～1694），是长崎第一代住宅唐人。何海庵唐通事世家第四代由于没有男丁，由女婿或义子继承其唐通事役株。何礼之的父亲何荣三郎（1813～1885）就是作为何家义子继承何家第八代唐通事，但其实也是何家第五代亲外孙。何礼之的母亲，是福建省福清县籍住宅唐人何毓楚（1598～1671）的第四代后裔（孙女）。何礼之从小聪慧过人，5 岁继承父亲的役株，任稽古通事见习，15 岁开始学习汉语，18 岁正式升任小通事末席，23 岁升任小通事助。②

何礼之是郑干辅最得意的门生，是日本早期著名的英语教育家和翻译家。早在 1954 年，与另外一位唐通事平井希昌一起，凭借马礼逊编写的《华英·英华字典》自学英语，并得到了长崎奉行的许可与支持。1858 年，何礼之与游龙彦三郎、彭城大次郎、太田源三郎和平井义十郎等四位唐通事，奉长崎奉行之命，跟随英国货船华人船员学习英语，从此何礼之走上了英语教育之路，成为日本最早的英语教育家。由于他英语能力出众，1862 年被调到译家学校任洋学世话挂（教师），次年升任英语稽古所学头，1867 年被召到江户任海军传习所通辨头取，1869 年成为大阪府立语言学校校长，其间也在家里举办过英语私塾，传授英语。何礼之也是明治初期的日本著名翻译家，出版过《法之精神（万法精理)》（共计 15 卷）等十几部译著，对后来的西学传入以及自由民权运动产生了很大影响。③

1871 年 12 月，日本明治维新政府派遣了规模庞大的使节团，游历欧美 12 国，历时近两年。在这个震惊世界的庞大考察团里就有何礼之的名

---

① 宫田安.唐通事家系论考［M］.长崎：长崎文献社，1979：76－79.

② 宫田安.唐通事家系论考［M］.长崎：长崎文献社，1979：479－495.

③ 許海華.長崎唐通事何礼之の英語習得［J］.関西大学東西学術研究所紀要，2011（44）：314.

字。何礼之担任全权大使的一等书记官，1872 年使节团在美国滞留期间，何礼之负责使节团翻译事务，在华盛顿跟随副使木户孝允进行了宪法等政治调查，其间开始着手翻译孟德斯鸠的《法之精神》。同年 8 月，作为全权大使的先遣人员提前赴英国，一直到 1873 年 6 月，巡回访问了欧洲各国。

何礼之是明治初期的日本政治活动家。使节团回国后，1874 年 2 月他升任内务省五等出仕翻译事务局御用挂，之后历任内务省权大丞、权大书记官、图书局长、大书记官。1884 年 12 月，被推举为元老院议官，1891 年 12 月，荣升为贵族院敕选议员。他是二战前获得此荣誉的唯一华裔。他晚年离开政界，偶尔出任东京区、町级别的议员。①

与何礼之一起学习英语的其他 4 位同僚，可根据宫田安的《唐通事家系论考》查明他们的身世，其中两位是福建籍后裔。

（1）游龙彦三郎（1829～1865），又名彦次郎。他的第一代先祖是福建省福清县籍林时亮（1598～1683）。彦三郎父亲是林家第八代后孙，名为游龙彦十郎（1803～1862），是林家第七代官梅百十郎的次子，早年曾过继到神代家（熊姓华人）做养子，后来继承游龙辰三郎（长乐县籍华人刘一水分家）家的唐通事役株，曾升至大通事过人。②彦三郎属于林家第九代后孙，是林家第八代后孙游龙彦十郎的长子，其弟是外交家林道三郎（驻香港副领事）。彦三郎 15 岁任无薪稽古通事见习，20 岁正式任小通事末席，1860 年升任小通事过人，1865 年英年早逝。③

（2）太田源三郎（1835～1895），又名资政，祖籍福建省福州府，原姓不明。19 岁任稽古通事，20 岁继承父亲役株任小通事末席，幕末唐通事体制解体后赴东京进入工部省，后被调至外务省。④

（3）彭城大次郎（1832～1874），又名中平、太兵卫，是江苏省淮安府籍华人刘凤岐第十一代后人，从 15 岁起做无薪稽古通事，1860 年升至

① 許海華．長崎唐通事何礼之の英語習得［J］．関西大学東西学術研究所紀要，2011（44）：314.
② 宫田安．唐通事家系论考［M］．长崎：长崎文献社，1979：681–682.
③ 宫田安．唐通事家系论考［M］．长崎：长崎文献社，1979：221–227.
④ 宫田安．唐通事家系论考［M］．长崎：长崎文献社，1979：907–931.

小通事过人。他是幕末有名的英语研究专家，1874 年跟随时任陆军中将西乡从道从军，参与"牡丹社事件"（出兵台湾事件），死于台湾。[①]

（4）平井义十郎（1839 ~ 1896），讳希昌，字元宁，号东皋，始祖是平井敦昌，祖籍不明，原姓为平，平井是敦昌日本妻子的娘家姓。义十郎是平井家第十代唐通事，14 岁起任无薪稽古通事见习，18 岁继承父亲的役株任稽古通事，23 岁升任小通事助。他和何礼之一起学习英语，并一起走上了英语教育之路，幕末唐通事体制解体后，在长崎地方政府任最高翻译官——外国管事役所挂诸司长，享受很高的待遇。[②]

四　日本明治初期的福建籍华裔外交官

据王力的《近代驻华日本领事贸易报告研究》[③]，日本从 19 世纪 70 年代开始，在中国上海、福州、香港以及美国和欧洲一些国家和地区设立了领事馆。19 世纪末期，在驻中国领事馆担任过领事职务的唐通事及其后代有 5 人，他们都是福建籍后裔，还有两位华裔担任驻美国领事，其中一位是福建籍。

（1）林道三郎（福建籍），任驻香港副领事（1873 - 4 - 20 ~ 1873 - 09 - 12）。

（2）郑永宁（福建籍），两度出任驻华临时全权公使（1874 - 11 - 29 ~ 1875 - 02 - 10，1878 - 03 - 10 ~ 1879 - 03 - 08）。

（3）蔡祐良（福建籍），任驻上海领事代理（1875 - 09 - 25 ~ 1875 - 11 - 16）。

（4）吴硕（福建籍），任驻厦门领事代理（1876 - 09 - 11 ~ 1877 - 01 - 09）。

（5）郑永昌（福建籍），两度出任驻天津领事（1896 - 03 - 09 ~ 1897 - 7 - 28 任二等领事，1897 - 12 - 22 ~ 1901 - 04 - 01 任一等领事）。

（6）柳谷谦太郎（原籍不明），任驻旧金山领事（1876）。

---

① 宫田安.唐通事家系论考 [M].长崎：长崎文献社，1979：268 - 289.
② 宫田安.唐通事家系论考 [M].长崎：长崎文献社，1979：934 - 949.
③ 王力.近代驻华日本领事贸易报告研究 [M].北京：中国社会科学出版社，2013：43.

（7）叶雅文（颍川君平，福建籍），任驻纽约领事（1880）。

另外，还有颍川重宽（叶重宽，福建籍）、清河矶次郎（四川达阳籍张三峰的第九代后裔）、神代延长（熊姓华人后裔）、郑永邦（福建籍）等人，在外务省担任过书记官或翻译官。

蔡祐良、吴硕与叶雅文在前面已经介绍过了，其他 4 位领事的简历梳理如下。

（1）林道三郎（1842～1873）。是前面提到的游龙彦三郎的弟弟。为了继承唐通事职位，一开始被过继到西村家（漳州籍华人陈潜明的后孙）做养子。1859 年回到本家进入唐通事行列任稽古通事，唐通事体制解体时在小通事助职位上，之后被任命为长崎奉行三等通事，同年被派到神奈川。1868 年 7 月被神奈川府任命为通辨（翻译官），从最底层的翻译官做起，逐步升任神奈川县一等翻译官、典事。1872 年发生玛利亚·路斯号事件时，他负责审理案件，由于表现突出频繁升迁，不仅得到外务省和清政府的嘉奖，而且得到外务卿副岛种臣的赏识，被任命为香港副领事，从神奈川县课长级官员一跃跳到七等级外交官。林道三郎具有语言天赋，精通英语汉语，参与编写《英日辞典》，为西学的传播做了很大贡献。①

（2）柳谷谦太郎（1847～1923）。原籍不明，原姓为柳，先名柳屋美浦松，名义上属于柳姓华人第七代后裔。14 岁开始继承养父的役株任稽古通事见习，曾跟随郑干辅学习英语，19 岁在济美馆（长崎英语传习所）任英语教师，唐通事体制解体时以稽古通事见习这一低微的身份转任长崎外国管事役所挂上等通辨役。1876 年 30 岁时出任驻美国旧金山领事，之后历任外务省书记官、农商务省水产局长代理、特许局局长，后官至从五位高等官四等，退休时为高等官二等五位勋三等。1888 年曾作为事务官被派到巴黎参加世博会。②

（3）郑永宁（1829～1897），原名吴卯四郎（牛郎）、右十郎。很多人说郑永宁是郑成功的后裔，其实二人没有任何血缘关系，郑永宁作为郑

---

① 李斗石. 玛利亚·路斯号事件与在日华人后裔林道三郎［J］. 福建师大福清分校学报，2014（6）：22－27.
② 宫田安. 唐通事家系论考［M］. 长崎：长崎文献社，1979：311－312.

干辅的养子，是名义上的郑家后裔。他的生父为福建晋江县籍吴荣宗的第八代后裔吴用藏（1794～1831）。郑永宁 20 岁才踏入唐通事门槛，23 岁升为小通事过人，唐通事解体时已经成为小通事。作为郑干辅的养子，他踊跃学习英语，初显英语才华，精通英汉日三语。幕末郑永宁和他的吴氏家族亲兄弟在唐通事中占据了半壁江山。明治维新后，凭借语言优势，一开始进入长崎地方政府，与他哥哥吴硕一道任广运馆翻译方（翻译官），1869 年调入外务省，历任大译官、外务少记、一等书记官、权大书记官，曾两度出任驻华临时全权公使。①

（4）郑永昌（1855～1931），郑永宁的次子，继承郑家事业，成为外交官。郑永宁退出外交界后，由他的次子永昌和三子永邦（1863～1916）负责中日外交翻译。郑永昌两度出任驻天津领事。甲午战争后订立《马关条约》时，郑永邦任伊藤博文的翻译，永邦曾任日本驻北京公使馆书记官，义和团事件发生时，他全力保护驻北京日本公使馆，并出面与清政府交涉。1905 年 12 月，永邦跟随外务大臣小村寿太郎到北京签署《满洲善后协约》。②

五　明治时期福建籍华裔教育家和实业家

明治时期在华裔唐通事家族中，涌现了一批教育家和实业家。前面提到的语言学家郑干辅、外交家何礼之同时也是教育家。在此列举其他主要人物。

（1）吴来安（？～1896）。始祖晋江县籍吴荣宗，第八代吴用藏六子，过继到彭城家，被列入《长崎人物传》。明治时期任外务省汉语学校教授，大阪裁判所法官。他精通神道国学，著有《古事记通玄解》等一系列著作，之后整理献给皇室。

（2）阳其二（1838～1906）。始祖漳州府籍欧阳云台，名义上属于阳氏本家第十三代后孙，小通事末席（1855 年任），幕末进长崎港会所。与日本近代活字印刷术开祖本木昌造一起携手创办活字印刷企业，创办横滨

① 宫田安. 唐通事家系论考 [M]. 长崎：长崎文献社，1979：682-683.
② 日本人物辞典编纂委员会编. 日本人物辞典 [M] 北京：商务印书馆，1988：3008.

每日新闻社和王子制纸会社,曾任第一国立银行职员,第二、第三届日本国劝业博览会审查员。

(3)何幸五(1843~1908)。名义上属于福清籍何毓楚家中兴第五代,原名伊代吉,字良英。生父为浙江温州府籍何海庵第七代何荣三郎次子(长子就是著名的贵族院议员何礼之),母亲是福清籍何毓楚家中兴第四代何邻三的次女。小通事末席(1861年任),明治维新后历任神奈川县书记官、工部省小书记官。后调入日本铁路会社,为其做出了贡献,经营过九州铁路会社。

(4)郑永庆(1859~1895)。祖籍为福建省长乐县,郑永宁次子,明治初期实业家,创办日本第一家咖啡馆。关于郑永庆的存在,国内很少有人知道,但在日本他是个相当有名的人物。郑永庆于1859年出生于长崎,由于家门是唐通事世家,从小受到良好的家庭教育,读过"四书""五经"等经典。1874年,其兄永昌留学美国期间,永庆也跟随去美国,进入哥伦比亚大学。1888年,在被烧毁的自家宅院盖起洋馆,成立了日本第一家咖啡馆——可否茶馆。他天真地认为,"文明开化"的年代,可以面向大众创造一个社交场所。但开业不久,无人光顾,背负一大堆债务,只好关门。1995年,没能实现远大抱负的郑永庆,英年早逝。① 虽然郑永庆的咖啡馆没有成功,但给当时的日本社会留下了很深的影响,他把欧美新式咖啡馆风格展示给时人,同时给还没有开化的日本带来了文明的新鲜空气。他于1888年编著《可否茶馆广告》,介绍世界茶馆风情,其遗著至今还保存在日本图书馆。

六 对华裔末代唐通事的基本评价

(一)他们是日本明治维新的功臣

日本幕末和明治初期,在遣清使节团和岩仓遣欧美使节团等重要对外考察团以及其他重要的外国访问活动中,都能找到华裔末代唐通事的身

---

① 郭连友. 唐通事在日本明治维新期发挥的历史作用 [D]. 北京:北京外国语大学日本语研究中心,2015:15-17.

影。他们在考察活动中所充当的角色不仅仅是简单的语言翻译，更重要的是借助语言优势参与考察外国的形势，以及政治、外交、法律、军事、经济、教育、文化、风俗习惯，回国后还整理撰写考察报告，翻译有价值的外国书籍。幕末明治初期，多数末代华裔唐通事率先学习英语，成为日本最早习得英语的英才。他们兴办英语教育机构，培养英语人才，编撰英语辞典，普及英语，造就了何礼之等日本最早的华裔英语教育家。他们凭借英语才华进入日本政界和外交界，并担任了要职，为明治维新文明开化做出了贡献。

（二）　他们在明治初期外交舞台上扮演重要角色

幕末和明治初期，由于刚刚打开国门，日本既缺乏外语人才，也无外交经验，日本外交处于十分被动的地位。日本外交部门一开始没有设专门的翻译官职位，每当与外国交涉或与外国发生纠纷的时候，都由具有外语才华的官员临时充任翻译。率先掌握英语的末代唐通事，虽然处于各级政府的普通官员位置上，但一遇到外交事务和外事纠纷，首先承担了各类翻译工作。这些末代唐通事也不负众望，在外交界和其他领域展示了外语才华，赢得了日本政府的信赖。日本外交正是依靠这些华裔，打破了被动的局面，走向了世界。

（三）　他们是中华文化的传承者

1871 年签订的《中日修好条规》，1872 年发生的玛利亚·路斯号事件等，这些都属于中日平等、友好往来的事例。在此，华裔外交官扮演了和平使节的角色，他们虽身为日本政府官员，但没有忘记自己是华人，不仅传承了中华文化，还为华人做了很多有益的事情。唐通事虽然归化为日本人，但他们世代习得汉语，传承中华文化。日本当局要求他们改姓，但何、吴、郑、蔡、王、杨、周、卢、薛、李姓等唐通事家族还是一直沿用本姓，即使改姓也没有忘记祖籍，用祖籍地名代替姓氏。

（四）　在特殊历史条件下个别唐通事成为日本军国主义的帮凶

在和平时期，中日之间进行平等外交往来的时候，华裔外交官和翻译官起到和平使节的作用。但在近代中日外交史上，华裔在中日和平交流中所起到的作用也是有限的。每当日本觊觎中国、侵略中国的时候，这些华裔外交官不管是否愿意，但在事实上成为日本军国主义的帮凶。从明治初期到甲午战争发生，中日之间签署了不少不平等条约，也发生了琉球漂民事件、日军入侵台湾事件以及中日甲午战争。在这些事件中，末代华裔唐通事充当了外交官和翻译官，为日本政府所利用，为日本侵华战争充当了"马前卒"。

第二节　隐元东渡日本及其对唐通事的教育意义

江户时代，日本最繁华的贸易港口城市长崎，是中日贸易和文化的交会点。长崎不仅是东南沿海华商向往的地方，也是明朝遗民避难首选之地，更是佛教名僧弘法之圣地。在长崎华人世界里，唐通事是最令人羡慕的职业。以唐通事为代表的华人是黄檗僧人东渡弘法的桥梁与纽带，以"黄檗三笔"为代表的黄檗僧人是华人的精神支柱，是唐通事的良师益友。刘宣义是长崎华人后裔的杰出代表，在他青年时期，日本长崎正好迎来隐元等黄檗名僧。隐元与以唐通事为核心的华人后裔之间亲密交往，对他们的成长产生了巨大影响。本节以刘宣义为例，探讨隐元对长崎华裔（唐通事）的教育意义。

一　邀请隐元东渡日本的主导者与推举人

福建省福清县上迳镇东林村是隐元（1592~1673）的出生地，古代上迳被称为灵德里，这里有一座千年古寺——印林寺，正是隐元与佛门结缘之圣地。隐元俗姓林，名隆琦，乳名子房，字曾昺，排行老三，父德龙，母龚氏。[①]

长崎有两家林姓唐通事家族，与隐元同乡同姓。其中一家是林时亮家，另一家是林楚玉家。他们是否同宗，是否出自同一支系？为了考证这个问题，笔者分别探访了林时亮、林楚玉、林曾昺（隐元）的出生地。

① 高桥竹．隐元木庵即非 [M]．东京：丙午出版社，1916：2-3.

林时亮（1598～1683），字公琰，俗称林一官，明万历二十六年（1598）出生于福建省福清县化北里前林村，也就是现在的福清市港头镇前林村。据前林村手抄本《长林族谱》开头记载，入闽始祖林禄公的后孙有十六世披公、十七世九牧公。而前林村林氏家谱的一世祖是入闽始祖林每再公（大明毅武将军，诰赠奉直大夫）；三世祖肇迁前林之始祖林钦仁公；十二世祖国大公（1529～1604，林时亮祖父）；十三世祖大侃公（1546～1626，林时亮父亲），国大公次子行五，号瑞如，遭海劫溺水身故，娶北埔郑氏。林时亮属于十四世，家谱里没有记载林时亮。但笔者认定林大侃为林时亮的父亲，其理由如下。第一，林时亮的第十三代嫡孙林陆朗说："长崎崇福寺祠堂里供奉着牌位，上面写着林时亮（公琰）父亲的名字——瑞如。"① 第二，著名唐通事、诗人、书法家林道荣（林时亮长子），在其书法作品上的落款是：瑞如公之孙、公琰公之子林道荣。第三，林家家谱里明确记载林大侃号瑞如，而且大侃的下一代为"时"字辈，林大侃的亲兄林大佐的两个儿子叫时迪、时善，与林时亮的辈分吻合。

林楚玉（太卿）（1572～1645），福建省福清县灵德里人，日本长崎著名华人。

二 隐元与唐通事之间的互动

1654 年 7 月，隐元来到长崎入住兴福寺。在陌生的异国他乡，语言不通，无法适应，他的精神是很不安的。但长崎有林时亮与林道荣父子、刘一水与刘宣义父子等优秀的华人聚居，给隐元带来了一丝的温暖。唐通事就是隐元生活中的向导，语言上的翻译。刘一水是长崎华人的杰出代表，其子刘宣义又是唐通事的杰出代表。隐元在日本广泛接触华人，关心华人及其后代的成长，也教化无数日本上层人士。隐元与刘宣义父子之间的亲密交往，就是其中的典型例子，也是隐元在日本生活的缩影。刘宣义受隐元的影响，成为著名唐通事、著名学者、著名诗人、著名书法家。

---

① 林陸朗. 長崎唐通事——大通事林道栄とその周辺［M］. 東京：吉川弘文館，2000：10－41.

（一）隐元与刘一水的交往

刘宣义的父亲刘一水（？ ～1658），职业是医师，早年东渡到平户，1618 年移居长崎。刘一水与隐元关系很特殊，早在隐元东渡之前就相识。隐元于 1654 年到日本长崎，刘一水和其子刘宣义，经常拜谒隐元禅师。隐元离开长崎北上时随行翻译就是刘宣义。

隐元离开长崎不久，刘一水十分挂念隐元及随行的儿子，于是给在普门寺的隐元写了一封信。隐元住进普门寺后也给刘一水回了信，此信收录于《隐元禅师语录》（《复一水刘居士》）。① 其内容主要是说："来普门寺已经一年了，每天过着达磨面壁般的日子。还没有慧可（汉传佛教禅宗的二祖）那样立雪断臂的弟子。居住在云山泉水之间，自由自在，无任何拘束。故国来信催老僧回国，令息宣义青年，精进于斯道（翻译），日新月异，但众目之下老僧很少夸奖。"可见，刘一水与隐元的关系很亲密，达到互相倾诉内心苦衷的程度。刘一水与隐元通信，与一代杰出的僧人为友，足以证明刘一水的文化水平不仅仅停留于识文断字的程度，作为医师，具备了培养著名唐通事的资质。

刘一水于 1658 年 11 月 1 日离世，享年不详，墓地在长崎圣寿山崇福寺。刘一水离世那天隐元参谒家纲将军，一个多月后回到普门寺，通过千呆禅师获悉刘一水离世的讣告，此时隐元写了吊文《与道诠刘通事》②，开头写道："闻令尊逝世，初未全信，昨云禅人（千呆）至备悉其事。转使无情老汉莫不长叹。"

隐元与刘一水等第一代住宅唐人之间亲密交往，简直可以用鱼水深情来做比拟。隐元东渡日本起因是华人（唐通事），他们是隐元在日本的最好伴侣，是隐元经济生活的衣食父母。

（二）隐元与刘宣义的交往

刘宣义（1633 ～1695），日本名彭城仁左卫门，讳宣义，字曜哲（耀哲），号东阁，法名道诠。少年时代博文好学，不仅通晓当时的普通话——

---

① 平久保章编. 新纂校订隐元全集：第五卷 ［M］. 东京：开明书院，1979：2226.
② 平久保章编. 新纂校订隐元全集：第五卷 ［M］. 东京：开明书院，1979：2367.

南京话，还懂得福建方言，十多岁被选拔为翻译。《长崎先民传》写道：
"宣义为人博闻好学，且能华音方言土语无不通晓。年十余岁擢译，以博
物著起，起居严重，威仪可则，览者敬服。"① 隐元和刘宣义关系最亲密，
《新纂校订隐元全集》中收录的隐元给刘宣义写的法语、书问、颂古等达
8 篇。

　　1654 年 7 月，隐元到长崎时，刘宣义 22 岁，还没有正式任唐通事，
身份还是内通事。在长崎滞留一年一个多月期间，隐元最赏识的两个年轻
后生，就是刘宣义和林道荣。此二人都是福建籍华人后裔，聪明好学，能
文善书，经常拜谒隐元，深得隐元的宠爱。当隐元离开长崎之际（1655 年
11 月），长崎奉行在一百多人中选择刘宣义做隐元的随行通事。刘宣义之
所以成为百人中的首选，就是因为他是最优秀的青年。就博文好学、聪慧
机敏、能书善文的特点来说，林道荣与刘宣义不分伯仲，但宣义年长 7 岁，
此时林道荣是 17 岁的少年，而宣义是比较成熟的青年，且具备起居严谨、
外表威德仪则。

　　刘宣义是隐元的随身通事，1555 年 11 月至 1657 年 3 月，两人亲密无
间，相处近一年半时间。隐元与宣义年龄相差 41 岁，因宣义谨慎跟随隐
元，传译无误流畅，无微不至地关照隐元起居，简直成了隐元的"拄杖
子"。此时，隐元初来乍到，不通语言，无法与日本人直接沟通，所以汉
日语言双通的刘宣义所起到的作用是不可忽略的。隐元当初的苦衷，在给
费隐师父的信（到日本后的次年）中有所体现："第音语不通，落于传译，
未免有失当机之用。"② 此时隐元因找到了得力的随身翻译而感到欣慰，隐
元在给费隐师父回信的同时也给刘宣义的堂兄刘沂春（鲁庵）的复信《复
阁部鲁庵刘居士》中说："令叔乃子曜哲，奉命追随，为彼传译，亦机会
巧遘，得他大用，或延此耳。兼以聪颖犹人，进而教之，谨闻命矣。"③

　　隐元在普门寺期间（1655 ~ 1659 年前后）给刘宣义写过两篇法语《示

---

　　① 卢骥. 长崎先民传［M］.江户：和泉屋庄次郎校版，1819：1.
　　② 平久保章编. 新纂校订隐元全集：第五卷［M］.东京：开明书院，1979：2196 - 2198.
　　③ 平久保章编. 新纂校订隐元全集：第五卷［M］.东京：开明书院，1979：2303 - 2304.

道诠刘通事》①，第一篇是到普门寺不久写给刘宣义的法语，其意思是说："长崎之主选通事助我之道，在百余人中首选，做到传译无误，机语流畅如流水，成老僧的拄杖子，我老了接机迟钝，道诠以聪敏裨吾。"这不仅是对刘宣义的高度褒奖，也表现了隐元对刘宣义的高度信任。第二篇是两人相处一段后写给刘宣义的法语，是隐元对刘宣义的为人和能力的高度评价，每句第二字竖着读就是"通事道诠"，道诠就是刘宣义的法名。诗偈中写道：

> 能通吾所通，法法尽圆融。
>
> 能事吾所事，头头合至公。
>
> 能道吾所道，言言契祖风。
>
> 能铨吾所诠，句句理皆同。

此时随行的东渡华僧有慧林、大眉、独湛、独吼、南源、恒修、独立，他们多数来自福建。除此之外与隐元随行的还有三个日本和尚。刘宣义与这些和尚亲密接触，1657 年大眉禅师给刘宣义写了一首诗偈《赠曜哲刘通事》。大眉禅师（1616～1673），字性善，晋江县许氏之后，父名瑞宇。1654 年夏，隐元东渡日本之际，其旅程全由大眉预先筹划，大眉跟随隐元到日本，并始终陪伴左右。铁眼和尚尝募刻大藏经之时，让出东林庵助其一臂之力，其德令人仰慕。② 同年 3 月，南源禅师也给刘宣义写了诗偈《送刘译士省亲》，隐元也写《送道诠刘通事回崎》，开头就说"海外知音少，相逢错过多。唯子随四白，道义意如何。末后语勿论，言前会也么？丈夫贵决择，岂肯自蹉跎。归去不加策，追风如骏骚。踏断溪声处，双眸回更高。"③ 隐元把年轻的后生当作知心朋友，表达了对刘宣义及长崎华人的一种期望。这说明刘宣义于 1657 年 3 月回长崎探亲，1658 年 6 月破格直接被任命为小通事。同年 11 月 1 日，父亲一水离世。

---

① 平久保章编. 新纂校订隐元全集：第四卷［M］. 东京：开明书院，1979：2045.
② 山本悦心. 黄檗东渡僧宝传：上卷［M］. 爱知：黄檗堂，1841：16－17.
③ 平久保章编. 新纂校订隐元全集：第六卷［M］. 东京：开明书院，1979：2633.

　　1658 年秋，木庵禅师写给刘宣义一首七言律诗《送秋日曜哲刘善士重往普门》①，这说明，当年秋刘宣义重回普门寺拜谒隐元。

　　1658 年 10 月，刘宣义升格成为大通事。

　　1661 年 5 月，隐元在日本新建寺院命名为"黄檗山万福寺"。这年 11 月，隐元迎来七十大寿，长崎"三福寺"众檀越赠诗志庆，此时刘宣义给隐元写了一封信祝寿，隐元也给刘宣义回了信。《复道诠刘信士》收录于《隐元太和集》。② 1661 年宇治黄檗山万福寺创建之际，刘宣义与大老酒井忠胜（性印）捐西域大木，修建大伽蓝。千呆为此写六言四句《性印曜哲二居士送暹罗大木至黄檗》，以示纪念。

　　1664 年 9 月，隐元隐退，木庵接任万福寺第二代住持。此时，刘宣义已经升任大通事，为已故母亲高原氏举办祭祀活动，请求隐元为母亲写颂古。隐元写的《孝男刘耀哲求荐妣妙心信士》收录于《隐元云涛续集》。③

　　1669 年，隐元隐退第六年。隐元写《喜刘道诠信士至自碕阳》④，开头写道：恍然隔别十余秋。这说明阔别十二年后，两人重逢。此时刘宣义已经在大通事职位上勤务十一年，成为最老资格的大通事。

　　1671 年，刘宣义 39 岁时，为隐元八十寿辰写的贺诗一首《黄檗开山隐老和尚八十寿章》⑤，他的诗词格律严谨，对仗工妥，他对隐元的经历十分了解，高度评价隐元为弘法所做出的历史贡献，表达了作为华裔同乡对高僧的崇敬之情。

　　1672 年，隐元 81 岁，也就是圆寂前一年，给刘宣义写法语《示耀哲通事》，最后两句写道："离名离相空诸有，无灭无生自悄然。智者力行先到岸，不妨默契老金仙。"⑥ 如果说，1557 年写给刘宣义的《送道诠刘通事回崎》是对青年刘宣义提出潜心修禅的期望的话，那么这次是对刘宣义修禅到了一定境界而感到高兴，达到可与佛教最高果位——金仙有默契的

　　① 平久保章编. 新纂校订木庵全集：第八卷 [M]. 京都：思文阁，1992：1092.
　　② 平久保章编. 新纂校订隐元全集：第七卷 [M]. 东京：开明书院，1979：3286.
　　③ 平久保章编. 新纂校订隐元全集：第八卷 [M]. 东京：开明书院，1979：3638.
　　④ 平久保章编. 新纂校订隐元全集：第九卷 [M]. 东京：开明书院，1979：4455.
　　⑤ 平久保章编. 新纂校订隐元全集：第十一卷 [M]. 东京：开明书院，1979：5422.
　　⑥ 平久保章编. 新纂校订隐元全集：第十卷 [M]. 东京：开明书院，1979：4994.

程度，表达了大师对后生成长的肯定。对于刘宣义来说，这首诗偈是隐元的绝笔。

三 隐元对刘宣义成长的影响

刘宣义自普门寺回来后，立即被任命为唐通事。他在任职期间，以隐元为榜样，谦虚谨慎、刻苦读书、加强修养、勤奋工作，成为长崎著名唐通事，与福清籍林道荣一并被誉为唐通事"双璧"。

（一）刘宣义是著名唐通事、学者、诗人、书法家

刘宣义不仅是著名的唐通事，也是著名的文人、书法家。《长崎先民传》云："藤荫镇（名胜登牛达氏）亦服其（刘宣义）才，宠遇优渥。是时林应寀亦以书名闻，故义与寀书夜陪伺守厅赋诗属文。未之有间，一日守延二人置酒。偶分杜少陵东阁官梅之句各赐以号，义为东阁，寀为官梅。"①

刘宣义任大通事期间在位的有一位叫牛达重喬的长崎奉行，1671 年 9 月上任，1681 年 4 月退位，10 年间有五年在长崎。牛达爱读书，善诗文，门下召集有才华的文人，经常举办诗宴，营造文化气氛。有一天邀请刘宣义和林道荣二人举办诗宴，根据杜甫的《和裴迪登蜀州东阁亭送客逢早梅相忆见寄》（杜甫为酬和友人裴迪而创作的七律），取其中第一句"东阁官梅动诗兴"中的"东阁""官梅"，赐给二人为号。这就是刘宣义的号"东阁"的来历，时间大概是 1676 年。

《先哲丛谈续篇》② 写道："东阁，虽躬译司，擅长文学，前后镇台凡是来长崎者，无不崇重。牛达镇台尤其服其才识，给予特殊优厚的待遇。"意即，刘宣义（东阁），认真履行通事一职，同时擅长文学，前来赴任的历届长崎奉行都十分敬重他。刘宣义任唐通事 38 年间，服侍过 13 位长崎奉行，其中牛达重喬特别赏识刘宣义。

《先哲丛谈续篇》接着写道："东阁主要学濂洛（周敦颐和程颐），但

---

① 卢骥. 长崎先民传 ［M］. 江户：和泉屋庄次郎校版，1819：1 - 2.
② 东条耕子藏编. 先哲丛谈续篇：卷二 ［M］. 日本国史研究会，176 - 180.

并没有专守。刘宣义常教导门人说：学问从汉唐至元明，离不开以下六个要件。一曰立本识源；二曰践履躬行；三曰文理稳当；四曰明晰字义；五曰达练古今；取舍长短。"刘宣义虽然主要学习濂洛理学，但他没有墨守成规死守书本，而是根据自己的治学经验总结出做学问的六个要件，放置今天仍有借鉴意义。

刘宣义的部分诗文收录于《长崎名胜图绘》旧刊本，主要篇目有《大浦落雁》《爱宕暮雪》《神崎归帆》《松森新天神庙记》《圣福寺造建贺诗》等。刘宣义的墨宝大多流失在民间，由于他的子女早逝，没有人整理收藏，多数著述和墨宝真迹流失，令人遗憾。日本福济寺于二战前出版图片集《光风盖宇》，其中收录了刘宣义的肖像和他的一幅墨宝，这是当时的福济寺收藏的，可惜战争期间毁于美国的原子弹。

1658 年 10 月，刘宣义升格为大通事。从此一直到离世，在大通事任上勤奋劳作足足 37 年。卢千里在《长崎先民传》里写道："（宣义）名声甚著，富拟公室，虽闾乡诸吏及百执事莫与之抗，乃为冢译，籍在第一。"[①] 意即，刘宣义名声远扬，富得可与王室相比拟，其财富可匹敌于奉行和代官，在长崎的诸官员无人与他抗衡，刘宣义位居唐通事首位。但刘宣义富而不淫，奢而不靡，居高而不傲，将大部分家产用于施善，捐建公共设施和寺院。

（二）隐元对以刘宣义为代表的唐通事（华人）的影响

隐元于 1654 年到长崎，此时刘宣义是 22 岁的青年。隐元在长崎滞留期间，与刘一水和刘宣义父子交往密切。1655 年 11 月离开长崎赴普门寺时，随身翻译是刘宣义。1657 年 3 月，刘宣义回到长崎任小通事，之后刘宣义在繁忙的唐通事事务中，仍然保持与隐元之间的联系。两人的关系持续了近 20 年，影响了刘宣义成长的整个过程。1673 年，隐元圆寂时，刘宣义已经成为著名唐通事、诗人、学者、书法家。刘宣义的成就除了与其父亲刘一水严厉的家教、其个人聪慧的天赋和勤奋好学有关系之外，也离不开隐元的影响。两人之间并没有建立师徒关系，但胜似师徒。隐元的人

---

① 卢骥. 长崎先民传 [M]. 江户：和泉屋庄次郎校版，1819：1.

格魅力，对以刘宣义为代表的唐通事（华人）起到潜移默化的教育作用，隐元的言传身教影响了刘宣义的一生。

第一，隐元领袖般的人格魅力，影响了长崎华人及其后裔。隐元是大学问家，在福清黄檗山万福寺期间，以一千日为限，闭门通读过《大藏经》，到日本之前已经成为华南一代著名僧侣，他的语录早已传到日本。他在日本开辟新黄檗山万福寺，创建黄檗宗。隐元临终之时，日本太上法皇特赐"大光普照国师"之号。领袖的风范，影响了众多在日华人，福建籍第一代住宅唐人刘一水、林时亮、林楚玉、王心渠、魏之琰、陈冲一、欧阳云台、何毓楚、俞惟和等人，以隐元为榜样，积德行善，注重儿女的教育，成为有诚心的儒商。他们跟着隐元笃信佛教，慷慨解囊捐建佛寺，成为隐元弘法的强大后盾。

第二，隐元言传身教，造就了刘宣义等一批华人英才。隐元是著名诗人，他喜作诗、擅作诗，他精于诗道，一生笔耕不辍，创作了5000余首诗偈。

第三，隐元的高贵品德，影响了世代唐通事。隐元品行高尚，他把毕生精力献给弘法大业，从不以权谋私，不营私情。像希运禅师一样，坚持"孝有三"：一为小孝，甘脂奉养，孝以物质；二为中孝，光宗耀祖，孝以精神；三为大孝，度其灵识超升，孝以灵魂。出家人修行得道，渡父母成佛，孝以佛性，此乃大孝中之大孝也。隐元有一个亲侄子叫林汝（濡）默，有一年乘商船渡海到长崎，因既不是商人，也不是华僧，引起长崎奉行的怀疑，经林道荣出面协调解救，按照即非禅师的意愿把他接到崇福寺。林汝默实际上是投靠伯父隐元，想来日本谋个差事。但隐元闭门不见，严厉教训侄儿道："我无意让你归化，回去励精修业。"林汝默在日本黄檗山山门外待了三天三夜，隐元仍然毫不动情，林汝默无奈回到长崎找即非，在乘船回国的途中不幸遇难，即非把遗体葬到崇福寺墓地。隐元得知噩耗，非常悲恸。隐元在林濡默生前写过《示汝默姓》："两曜讯如梭，百年一刹那。当机须猛省，日用莫蹉跎。处世依吾训，立身在汝曹。广行天下善，方显出头高。"① 隐元在诗偈中曾经忠告侄子，立身要靠自己。隐

---

① 增田廉吉. 鎖国の窓［M］.大阪：毎日新聞社出版局，1943：63 - 64.

元与林汝默的故事，在唐通事之间流传，无形中成为唐通事品行教育的素材。

　　隐元领袖般的人格魅力，坦荡、正直的品格，执着弘法的一生，无私、大无畏的精神是华人的精神财富，不仅教化了无数日本人，也影响了刘宣义等一代又一代长崎华人。隐元从未专门从事过教育工作，但他感化、影响、教育了无数人，从这一点上说，隐元也是了不起的教育家。

参考文献

一　日文文献

（一）期刊论文

1. 喜多田久仁彦. 唐通事の中国語について［J］. 研究論叢，2016，(87)．

2. 王雪. 北京官話教科書『清語会話案内』の成立過程及東びその言語の一考察［J］. アジア研究，2016，(14)．

3. 奥村佳代子. 世紀長崎における口頭中国語：「初進館」の内容に基づく『譯家必備』再考［J］. 東アジア文化交渉研究 = Journal of East Asian cultural interaction studies，2016，(9)．

4. 喜多田久仁彦. 唐通事の中国語について［J］. 研究論叢，2016，(87)．

5. 中嶋幹起. 唐通事の学んだ言語とその教科書：『訳詞長短話』と『東京異詞相［シュウ］解』(第 12 回大会報告　中国語教材のあゆみ：過去から未来へ)［J］. 中国語教育，2015，(13)．

6. 許海華. 幕末における長崎唐通事の体制［J］. 東アジア文化交渉研究，2012，5.

7. 許海華. 長崎唐通事何礼之の英語習得［含何礼之履歴］［J］. 関西大学東西学術研究所紀要，2011，(44)．

8. 錦織亮介. 長崎唐通事の肖像画［J］. 研究紀要，2011，(6)．

9. 奥村佳代子. 『唐語便用』の会話文における語彙と語法—疑問、命令、依頼の表現を中心に［J］. 関西大学外国語学部紀要，2010，(2)．

10. 喜多田久仁彦.唐通事の職掌について―『譯家必備』から見る職務の一端 [J].京都外国語大学研究論叢,2010,(76).

11. 蔡雅芸.『増補華夷通称考』に見る中国地名の字音注記―「中華十五省」を中心に [J].東アジア文化環流,2009,2 (2).

12. 楊春宇.黄檗宗唐音と唐通事唐音の異同についての管見 [J].中国語研究,2008,(50).

13. 奥村佳代子.唐話資料「和漢俗語呈詩等雑事一、二 漢文一」所収「長短話」と『訳家必備』―個々の資料に見られる関連性 [J].アジア文化交流研究,2008,(3).

14. 若木太一.唐通事・林道栄の生活と文事―雅俗訳通 [J].国語と教育,2007,(32).

15. 劉小珊.大航海時代の南蛮通辞 [J].論集,2007,53 (3).

16. 奥村佳代子.長崎通事の唐話観―日本人のための唐話との比較において (長崎と日中文化交流) [J].アジア文化交流研究,2007,(2).

17. 楊春宇.社会言語学の視点から見た清代漢語音と日本近世唐音の研究序章―近世における中日文化交流についての一断想 [J].社会システム研究,2006,(4).

18. 朱全安.深見玄岱について：近世日本における中国語の受容に関する一考察 [J].千葉商大紀要,2004,41 (4).

19. 孫杰生.特別寄稿 試論唐通事与唐話的傳播在中日交流史上的價値 [J].創大中国論集,2004,(7).

20. 奥村佳代子.唐通事資料に見られる唐話の変化 [J].中国語研究,2003,(45).

21. 原田博二.阿蘭陀通詞の職階とその変遷について [J].情報メディア研究,2003,2 (1).

22. 若松正志.書評と紹介 林陸朗著「長崎唐通事―大通事林道栄とその周辺」[J].国史学,2002,(177).

23. 喜多田久仁彦.唐通事の危機意識について [J].研究論叢,2002,(60).

24. 荒野泰典. 林陸朗著「長崎唐通事—大通事林道栄とその周辺」［J］.歴史評論, 2001,（611）.

25. 喜多田久仁彦. 唐通事の教本について :『小孩兒』『養兒子』の教本としての特徴［J］.研究論叢, 2001, 58.

26. 木津祐子.『唐通事心得』訳注稿［J］.京都大學文學部研究紀要, 2000, 39.

27. 瀬戸口律子. 初談「唐話」［J］.大東文化大学外国語学研究, 2000, 1.

28. 中嶋幹起. 唐通事の学んだ言語:『訳詞長短話』と『東京異詞相集解』［J］.（分科会「東アジアの都市の人々のことばと文化」論文）. 京都産業大学国際言語科学研究所所報, 2000, 21.

29. 若木太一. 唐通事・劉宣義の生活と文事［J］.国語と教育, 2000, 24.

30. 林陸朗.「国益」と長崎唐通事（研究余録）［J］.日本歴史, 1999,（608）.

31. 喜多田久仁彦. 唐通事の教本『養兒子』（三）［J］.研究論叢, 1998, 51.

32. 喜多田久仁彦. 唐通事の教本『養兒子』（二）［J］.研究論叢, 1997, 49.

33. 喜多田久仁彦. 唐通事の教本『養兒子』（一）［J］.研究論叢, 1996, 47.

34. 徳永和喜. 薩摩藩の唐通事について［J］.南島史学, 1998,（51）.

35. 若木太一.『彦山勝景詩集』の詩人たち 唐通事・禅僧・儒者 活水学院日本文学会二十周年記念号［J］.活水日文, 1997, 35.

36. 若木太一.「唐通事由来書」考［J］.長崎大学教養部紀要（人文科学篇）, 1997, 38（1）.

37. 山本巌. 唐通事始続考［J］.宇都宮大学教育学部紀要（第1部）, 1989.

38. 山本巌. 唐通事始考［J］.宇都宮大学教育学部紀要（第1部）,

1988, (38).

39. 大橋百合子. 方言資料として見た長崎通事の語学書―魏竜山「訳詞長短話」及び岡島冠山の諸著作など [J]. 語文研究, 1985, (59).

40. 大橋百合子. 唐通事の語学書―「訳詞長短話」管見 [J]. 語文研究, 1983, (55).

41. 六角恒広. 唐通事と唐話教育 [J]. 早稲田商学, 1981, (292).

42. 和田正彦. 長崎唐通事中の異国通事について: 東京通事を中心として [J]. 東南アジア ―歴史と文化―, 1980, (9).

43. 大日本近世史料「唐通事会所日録七」 [J]. 東京大学史料編纂所報, 1968, 3.

44. 正宗一宏. 近世中日貿易における唐通事―密貿易研究への序説として [J]. 史学研究, 1959, (72).

45. 板沢武雄. 蘭学発達の基盤及び契機としての漢学 [J]. 法政史学, 1958, (11).

46. 松本功. 唐通事の研究―特に訳司統譜・唐通事会所日録を中心として [J]. 法政史学, 1958, (10).

47. 松本功. 唐通事の研究: 特に訳詞統譜・唐通事会所日録を中心として [J]. 法政史学, 1957, 10.

48. 唐通事会所日録研究会. 唐通事会所日録の研究 [J]. 史学研究, 1954, (54).

49. 林雪光. 長崎に唐通事の資料を探る [J]. 外事論叢, 1948, 2 (4).

50. 安野真幸. 長崎の唐人屋敷 [J]. 1994.

(二) 学位论文

1. 許海華. 幕末明治期における長崎唐通事の史的研究 [D], 関西大学, 博士 (文学), 甲第 450 号, 2012 - 09 - 20.

2. 森公章. 古代日本の対外認識と通交 [D]. 東京大学, 博士 (文学), 乙第 14359 号, 1999 - 06 - 14.

3. 劉序楓. 清日貿易史の研究: 長崎貿易時代 (1644 - 1861) を中心に [D]. 九州大学, 博士 (文学), 乙第 5809 号, 1995 - 01 - 12.

4. 喜舎場一隆. 薩琉関係史の研究 ［D］.國學院大學, 博士（歴史学）, 乙第 111 号, 1993 - 03 - 02.

（三）著作

1. 大庭脩. 江戸時代日中の秘話 ［M］.東京：東方書店, 1980.

2. 林陸朗. 長崎唐通事—大通事林道栄とその周辺— ［M］.吉川弘文館, 2000.

3. 増田廉吉. 鎖国の窓 ［M］.大阪：毎日新聞社出版局, 1943.

4. 西川如見遺書. 第 4 編 増補華夷通商考：5 巻 ［M］.東京：秋林堂蔵版, 1898 - 1907.

5. 李献璋. 長崎唐人の研究 ［M］.佐世保親和銀行, 1991.

6. 法政大学国際日本学研究所.「日本意識」の根底を探る—日本留学と東アジア的「知」の大循環 ［M］.2014.

7. 山协焞二郎. 長崎の唐人貿易 ［M］.吉川弘文館, 1964.

8. 若木太一. 長崎先民傳注解 ［M］.東京：勉誠出版, 2016.

9. 平久保章編. 新纂校訂隱元全集 ［M］.東京：開明書院, 1979.

10. 平久保章編. 新纂校訂木庵全集 ［M］.東京：思文閣, 1992.

11. 平久保章編. 新纂校訂即非全集 ［M］.東京：思文閣, 1993.

12. 大庭脩. 日中交流史話 ［M］.大阪：燃焼社. 2015.

13. 山本悦心編. 黄檗東渡僧宝伝 ［M］.爱知：黄檗堂, 1941.

14. 長崎県. 長崎県史 ［M］.東京：吉川弘文館. 昭和 60 年.

15. 田边茂启. 長崎実録大成 ［M］.手書き版.

16. 颍川君平. 訳司統譜 ［M］.1897（出版社なし）.

17. 宮田安. 唐通事家糸論考 ［M］.長崎：長崎文献社, 1979.

18. 東条耕子蔵編. 先哲叢談続編 ［M］.日本国史研究会, 1906.

二 中文文献

（一）期刊论文

1. 童家洲. 明末清初日本长崎福建籍华侨述略 ［J］.福建师范大学学报（哲学社会科学版）, 1990 (4).

2. 邵继勇 . 长崎贸易中的唐通事 [J].江南大学学报（人文社会科学版），2008（5）.

3. 刘小珊 . 活跃在中日交通史上的使者——明清时代的唐通事研究 [J].江西社会科学，2004（8）.

4. 吴伟明 .17 世纪的在日华人与南洋贸易 [J].海交史研究，2004 （1）.

5. 蒋春红 . 从 "唐话课本五编" 管窥唐通事的汉语教育 [J].现代语文（语言研究版），2016（7）.

6. 许海华 . 旧长崎唐通事与近代日本对华交涉 [J].浙江外国语学院学报，2015（2）.

7. 王来特 . 长崎唐通事与德川日本的 "怀柔远商" [J].外国问题研究，2016（1）.

8. 郭阳 . 日本长崎唐通事眼中的康熙复台——以《华夷变态》为中心 [J].台湾历史研究，2013.

9. 王振忠 . 清代前期对江南海外贸易中海商水手的管理：以日本长崎唐通事相关文献为中心 [J].海洋史研究，2012.

10. 闻广益 . 商务汉语教育的早期实践：谈日本江户时代唐通事汉语教学的一大特点 [J].文史丛刊，2013.

11. 李斗石 . 明清之际日本长崎福建籍唐通事家系概略 [J].福建史志，2014（3、4）.

12. 李斗石 . 玛利亚·路斯号事件与在日华人后裔林道三郎 [J].福建师大福清分校学报，2014（6）.

13. 李斗石 . 幕末至明治初期华裔唐通事对日本外交翻译的贡献 [J].集美大学学报，2018（1）.

14. 钱仁康 .《魏氏乐谱》考析 [J].音乐艺术，1989（4）.

（二）学位论文

1. 沈丁心 . 唐通事在明治维新期发挥的历史性作用 [D].北京：北京外国语大学，2015.

2. 庞晓宇 . 唐通事创设管窥——以文化至天保年间唐通事的增员为中

心 [D].郑州：河南大学，2015.

3. 邢万里.日本近世长崎唐通事浅析 [D].长春：东北师范大学，2015.

4. 吕田.从《忠臣藏演义》看江户期唐通事周文次右卫门的汉译手法 [D].长春：长春工业大学，2016.

5. 陈金丽.日本江户时代唐话的受容：以冈岛冠山的"唐话"为中心 [D].武汉：华中师范大学，2012.

6. 杨柳."唐船风说书"研究：以唐船风说书的构成要素和制度化过程为中心 [D].青岛：中国海洋大学，2011.

7. 孙文.《华夷变态》研究 [D].杭州：浙江大学，2009.

8. 闫荣盛.日本江户时代汉语教科书《唐话纂要》研究 [D].西安：陕西师范大学，2012.

（三）著作

1. 林观潮.隐元隆琦禅师 [M].厦门：厦门大学出版社，2010.

2. 林观潮.临济宗黄檗派与日本黄檗宗 [M].北京：中国财富出版社，2013.

3. （清）魏源.海国图志 [M].李巨澜评注.郑州：中州古籍出版社，1999.

4. 鲁宝元，吴丽君编.日本汉语教育史研究——江户时代唐话五种 [M].北京：外语教学与研究出版社，2009.

5. 张升余.日本语音研究——近世唐音 [M].北京：外语教学与研究出版社，2008.

6. 陈智超，韦祖辉，何龄修编.旅日高僧隐元中土来往书信集 [M].北京：中华全国图书馆文献缩微复制中心，1995.

7. 汪向荣.日本教习 [M].北京：生活·读书·新知三联书店，1988.

8. 陈杰.江户幕府 [M].西安：陕西出版集团、陕西人民出版社，2013.

9. 孙文.唐船风说：文献与历史 [M].北京：商务印书馆，2011.

10. 漆明镜.魏氏乐谱解析 [M].上海：上海音乐学院出版社，2011.

11. 朱舜水. 朱舜水集 [M]. 北京：中华书局，1981.

12. 朱清泽，郑建新. 郑成功 [M]. 北京：军事科学出版社，2007.

13. 日本东亚同文会编. 福建省全志 [M]. 李斗石译. 延吉：延边大学出版社，2015.

图书在版编目（CIP）数据

　　闽籍唐通事研究／李斗石著. -- 北京：社会科学
文献出版社，2019.5
　　ISBN 978 - 7 - 5201 - 4734 - 7

　　Ⅰ.①闽… Ⅱ.①李… Ⅲ.①日语 - 翻译 - 文化史 -
中国 - 古代②家族 - 研究 - 中国 - 古代 Ⅳ.
①H365.9 - 092②K820.9

　　中国版本图书馆 CIP 数据核字（2019）第 080730 号

闽籍唐通事研究

著　　者／李斗石

出 版 人／谢寿光
责任编辑／吕霞云　王京美
文稿编辑／许文文

出　　版／社会科学文献出版社·社会政法分社（010）59367156
　　　　　地址：北京市北三环中路甲29号院华龙大厦　邮编：100029
　　　　　网址：www. ssap. com. cn
发　　行／市场营销中心（010）59367081　59367083
印　　装／三河市龙林印务有限公司

规　　格／开　本：787mm × 1092mm　1/16
　　　　　印　张：18.75　字　数：289 千字
版　　次／2019 年 5 月第 1 版　2019 年 5 月第 1 次印刷
书　　号／ISBN 978 - 7 - 5201 - 4734 - 7
定　　价／118.00 元

本书如有印装质量问题，请与读者服务中心（010 - 59367028）联系